소태산대종사의 생생한 법문
생불님의 함박웃음

김정용 지음

소태산대종사 진영

지은이 **김 정 용**

1925년 전북 정읍 출생. 본명 삼룡(三龍), 법호 문산(文山), 정용(正勇)은 법명. 유일학림, 동국대학교 불교학과 졸. 문학박사(일본 츠쿠바대학).

1938년 원불교교조 소태산대종사 문하에 출가하여 교무가 되었다. 원불교 군산교당 교무를 거쳐 원광대학교 교수로 봉직하고, 원불교 수위단원, 원광대학교 총장, 마한백제문화연구소 초대소장, 전북애향운동본부 총재, 한국원불교학회 초대회장을 역임하였다. 원불교 종사위, 전라북도 어른상, 국민훈장 무궁화장 등의 서훈을 받았다.

저서에 『한국미륵신앙의 연구』(韓·日), 『원불교』(공저), 『익산문화권의 연구』, 『동방의 등불 한국』, 『미륵불』(공저), 『창조에의 여백』이 있고, 기념논집에 『한국문화와 미륵사상』(화갑), 『마한·백제문화와 미륵사상』(고희), 『소태산대종사와 원불교사상』(고희) 등이 있으며, 논문에 「백제 익산천도와 그 문화적 성격」외 다수가 있다.

현재 만년의 수양에 전념하면서, 원불교원로수도원(남) 원장, 익산사랑장학재단 이사장, 백제문화유산지킴이 위원장을 겸하고 있다.

책 머리에

　원불교 교조인 소태산대종사님을 나는 5년여 동안 받들며 공부하였다. 일찍이 대종사님과 정산종사님의 역사적인 만남이 우리 집에서 이루어진 인연을 쫓아 1938년(원기 23), 14살의 어린나이로 익산총부를 찾게 되었는데, 그것이 나의 운명을 결정짓는 계기가 되었다. 일제 말기인 당시의 어려웠던 여건 속에서 새 부처님을 모시고 주경야독하는 황홀한 삶을 살았다.
　조모님은 나에게 대종사님을 생불님이라고 일러주셨다. 그리고 생불님에 대해 여쭈니 그 뜻을 세 가지로 새겨주셨다. 첫째는 칠보사에 모신 부처님과 같으나 살아계시기 때문에 말씀도 하시고 진지도 드시며 웃기도 하신다는 것이요, 둘째는 이마에 백호광명이 비쳐 생불님의 곁에서는 어두운 밤에도 책도 볼 수 있다는 것이요, 셋째는 사람의 마음을 훤히 꿰뚫어 보신다는 것이었다. 여든살을 훌쩍 지나 나의 생애를 되돌아보니, 생불님을 받들고 닮아가며, 그 언행을 되새겨온 은혜로운 기간이었다.
　대종사님의 언행은 《대종경》과 《대종경선외록》에 생생하게 수록되었다. 이에는 법문의 의지가 잘 밝혀 있으나, 분량 등으로 인해서 설법연기 즉 법문이 설해진 상황성이 생략되고, 많은 법문이 채록되지 못한 안타까움이 있다. 원광대학교에서 재직할 때는 〈대종경강의〉를 통해 구전심수(口傳心授)하던 그 시절의 생생한 법문을 새기며 더욱 새롭게 느꼈었다. 그리고 1991년 (원기 76)부터 4년간에 걸쳐 《월간원광》에 〈소태산대종사의 그 때 그 말씀〉이라는 이름으로 47편의 일화와 편편 법문을 소개했었다.

 이제 원불교 개교 100년을 내다보면서 이들 법문을 재정리해서 출간하고자 한다. 그간에 틈틈이 모아온 법문을 정리하였더니, 합하여 90여 편이 되었다. 이를 4편으로 나누어 편목을 〈제1편 간단없는 공부법〉, 〈제2편 도인 만드는 공장〉, 〈제3편 세계의 일등국〉, 〈제4편 구세주로 오신 대종사님〉으로 삼았다. 책 제목인 《생불님의 함박웃음》도 그 가운데 한 편으로, 대종사님을 처음 뵙던 상황을 새긴 내용인데, 일생을 통하여 나의 신앙으로 자리 잡은 모습이다.

 그러나 중성공회(衆聖共會)의 대도회상에 집군성이대성(集群聖而大成)하신 대종사님의 면모를 어찌 좁은 소견으로 다 알았다 하겠는가? 법문을 정리하면서 주의해온 바가 행여라도 과장하거나 견강부회(牽强附會)해서는 안된다는 것이었다. 수록 내용의 많은 부분을 《대종경》 등에서 확인할 수 있어 편편의 말미에 관련 법문을 실어두었다. 아무쪼록 이를 통해 대종사님 법문을 바르게 이해하고, 원불교 교리를 공부하며 실천해 가는데 도움이 된다면 더 이상 다행함이 없다.

　아울러 이 법문집을 발간하는데 있어서 여러 동지들의 은혜를 입었다. 《월간원광》에 법문을 실을 때에는 구술한 내용을 대연교당 조학심교무가 정리해 주었는데, 이번에는 추부교당 김종은교무가 그 역할을 담당하고 편집과 교정의 수고를 다해 주었다. 그리고 원광대학교 정역원장 양현수교무가 편집체제와 법문대조, 인물고증 등을 담당해 주었다. 여기에 감사의 뜻을 적어 오래 간직하고자 한다. 또한 발간을 담당해준 원불교출판사 사장 김덕영교무, 원광사 사장 심도윤교무와 관계자 여러분께 깊은 사의를 표하는 바이다.

2010년(원기 95) 1월 길일
원불교 남자원로수도원에서 김 정 용 합장

목차

책머리에

제1편 간단없는 공부법

1. 금산사 송대에 그린 일원상 … 15
2. 대종사님과 《금강경》의 인연 … 16
3. 코 풀기보다 쉬운 견성 … 20
4. 혼미한 영혼을 깨우는 쇳소리 … 23
5. 모태가 저승 … 27
6. 최후일념은 최초의 움 … 30
7. 생생약동하는 우주의 기운 … 35
8. 나 닮아라, 나 닮아라 … 39
9. 일심 · 알음알이 · 실행 … 42
10. 신통과 도인 … 46
11. 부처님의 응화신 … 50
12. 간단없는 공부 … 55
13. 육신 병은 의사에게 … 59
14. 까닭 없는 허송세월 … 63
15. 은선양악의 수행 … 66
16. 성불로 통하는 믿음 … 70
17. 작은 데서부터 오래 공들이라 … 73
18. 마지막 고비 수자상 … 76
19. 수양 없는 놈 … 79
20. 솔성의 기본인 성리공부 … 82

21. 마음 묶는 공부	85
22. 부처 만드는 태조사법	88
23. 알기 쉽고, 실행하기 쉬운 교법	92

제2편 도인 만드는 공장

1. 생불님의 함박웃음	99
2. 호강하는 걸 어찌 볼거나	105
3. 복불복 죄불죄	108
4. 선두 기러기와 기러기 떼	112
5. 일하기 싫으면 먹지도 마라	117
6. 아껴 쓰지 않으면 빈천보 받는다	121
7. 사가 일에 마음 뺏기지 않게 하라	125
8. 교자는 졸지노라	129
9. 속은 폭 잡고 믿어보라	132
10. 안 난 폭 잡고 살아라	136
11. 남에게 못 주어서 걱정인 세상이다	140
12. 도량을 깨끗이 하라	144
13. 무위이화로 틀림없다	148
14. 색안경을 벗자	152
15. 고생철학	155
16. 무주상보시	158
17. 못자리판	161
18. 인지위덕	164
19. 도인 만드는 공장	168
20. 욕속부달	171
21. 여자들을 해원시켜야	174
22. 솔선수범	178

23. 신성은 법을 담는 그릇　　　　　　　　181
24. 나를 먼저 살펴라　　　　　　　　　　186

제3편 세계의 일등국

1. 세계종교 본부가 될 금강산　　　　　　191
2. 세계의 일등국　　　　　　　　　　　　196
3. 일본의 지서가 된 총부　　　　　　　　199
4. 일본 순사에게 숙식비 청구　　　　　　202
5. 일경, 조실 툇마루 밑에서 감시　　　　204
6. 눈병으로 일본에 가지 않을 수 있으셨다　207
7. 《불교정전》 편수의 고비　　　　　　　210
8. 천수 누리지 못하고 먼 수양길 떠나신 대종사님　214
9. 일본인들에게 비친 대종사님　　　　　　217
10. 일제의 억압속에서 대종사님을 도운 사람들　220
11. 방언공사 자금 건으로 취조한 영광경찰서　224
12. 죽은 사람 살려냈다는 소문으로 김제경찰서의 취조　226
13. 천황 물러가라는 글로 인해 이리경찰서에서의 취조　227
14. 일본군 부대 본부가 된 총부　　　　　　230
15. 독립운동가 도산 안창호 선생의 교단 방문　232
16. 불천노를 보이시다　　　　　　　　　　234
17. 정산종사의 토굴생활　　　　　　　　　237
18. 일제의 동하선 기간의 간섭　　　　　　240
19. 일원상기와 일장기　　　　　　　　　　244

제4편 구세주로 오신 대종사

1. 대종사님의 꾸중   249
2. 도둑질이나 않느냐   253
3. 음해하지 마라   257
4. 수염에 불 끄듯   259
5. 대종사님 모신 소창대회   261
6. 대종사님 성체   265
7. 미륵불의 꿈, 용화회상의 기쁨   271
8. 춤추고 절하는 보살들   275
9. 대종사님의 일상사   280
10. 검소하게 사신 대종사님   284
11. 대종사님의 위트   287
12. 저절로 딱 떨어져 버리는 눈   289
13. 새벽 좌선시간에 오시는 대종사님   290
14. 대종사님 진짓상   292
15. 인류 구원의 터 신용리   294
16. 촌부 앞마당의 연못   296
17. 무엇을 구하러 왔느냐   300
18. 만사 만법에 능통하신 대종사님   304
19. 구세주로 오신 대종사님   308
20. 계룡산 신도안의 〈불종불박〉명 선돌   312
21. 스승 찾아오신 정산종사   319
22. 만남을 위한 이심전심   322
23. 약속된 만남   324
24. 화해리에 팔산님을 보내시다   328
25. 강연대회에서 10갑   330
26. 개교100년, 나가지 않는 한 책임지리라   334

제1편
간단없는 공부법

금산사 송대에 그린 일원상

영광에 계시던 원불교 교조 소태산대종사(少太山大宗師 朴重彬, 1891~1943)님은 1919년(원기 4년) 가을, 총부 부지를 정하기 위하여 김제 금산사의 송대에 몇 달간 기거하셨다.

이때 송대 벽에 일원상(一圓相)을 그려 붙이셨다. 대각일성(大覺一聲)을 그대로 표현하신 것이다. 대종사님께서 1916년(원기 1) 대각하시고 "만유가 한 체성이며 만법이 한 근원이로다. 이 가운데 생멸 없는 도와 인과보응 되는 이치가 서로 바탕하여 한 두렷한 기틀을 지었도다."라고 하셨는데 그 한 두렷한 기틀을 일원상(○)으로 그리신 것이다.

대종사님께서 송대 벽에 일원상을 그리신 때는 제법성지인 변산 실상사에 가시기 전이었다. 제법하시기 전에 신앙의 내성이요, 수행의 표본인 일원상을 이미 완성하시고 그에 따라 제법이 되었다고도 생각해 볼 수 있다.

그리고 1935년(원기 20) 중앙총부에 대각전을 건립하시고 정식으로 법신불 일원상을 봉안하셨다. 이처럼 일원상은 금산사 송대에서 최초로 구상하시고 직접 그리신 상징으로 사료적인 가치가 있다고 하여 고산 이운권(高山 李雲捲, 1914~1990) 종사가 뜯어서 총부로 가져왔는데 후에 유실되어 참으로 안타깝다.

대종사님과 《금강경》의 인연

영광은 영광스런 땅이다. 새 부처님 대종사님께서 탄생하셔서 발심·구도, 그리고 1916년(원기 1) 대각을 이루고 새 회상을 여신 성지이다. 이러한 대종사님의 제도사업(濟度事業)에 있어서 인연 깊은 경전이 《금강경》 곧 《금강반야바라밀경(金剛般若波羅蜜經)》이며, 이에 관련한 법문이 《대종경》서품 2장에 전한다.

4월 28일(음 3. 26) 대각을 이룬 대종사님께서는 깨달으신 바를 확인하기 위해 과거 성현들이 내놓은 경전들을 열람하셨다. 유학의 사서삼경(四書三經)에서부터 주위에서 구해 보실 수 있는 경전들이었다. 5월 8일(음 4. 7) 새벽 대종사님께서는 영몽(靈夢)으로 《금강경》을 보시고, 일산 이재철(一山 李載喆, 1891~1943) 대봉도를 모악산 불갑사(母嶽山佛甲寺)로 보내 《금강경》을 얻어오게 하셨다. 금강경을 보신 대종사님께서는 서가모니불과 같은 진리를 깨달았음을 아시고, 서가모니불을 성중성(聖中聖)으로 찬탄하신 다음, 연원불(淵源佛)로 삼아 불법선언(佛法宣言)을 하셨다.

영광은 불연(佛緣)이 깊은 땅이다. 백제시대인 384년(침류왕 2) 동진(東晉)에서 마라난타(摩羅難陀)가 최초로 불법을 장래한 곳이 영광으로 이에 인연하여 법성(法聖)이라는 이름이 붙었으니, 지금의 법성포이다. 그가 이 지역에 불갑사를 짓고 수도인 하남위례성으로 올라가게 되었다. 불갑이라는 이름에서 그 의미가 드러나지만, 깨달음의 꽃인 꽃무릇이 군락지를 이룬 이 절에는 코브라형 서까래 등이 이국적이다. 대종사님께서 불갑사에서 《금강경》을 구해 보신 일은 우연이 아니다.

대종사님께서 구인제자와 저축조합·방언(防堰) 역사·법인(法認)기도를 마치고, 1919년(원기 4) 석장(錫杖)을 부안 변산으로 옮겨 교리강령을 마련하신 다음, 1924년(원기 9) 창립총회와 함께 제도사업의 기지로 정하신 곳이 익산이다. 그런데 익산 또한 불교, 특히 《금강경》과 인연이 깊은 곳으로 주목된다.

익산은 백제 무왕(재위 600~641)이 도읍을 옮겨 국력신장을 꾀한 곳으로, 왕궁이 익산총부 가까이에 있다. 당시의 내원외사(內院外寺) 제도에 의해 건설한 국찰이 용화산 미륵사이다. 경내가 무려 7만평에 이르는 동양 최대의 규모인 이 미륵사는 국보 11호인 미륵사지 석탑이 있고, 2009년(원기 94) 그 초석에서 불사리와 각종 장엄구가 쏟아져 나와 세상을 놀라게 하였다. 삼국시대 이래 한국 미륵신앙의 중심지에 대종사님께서 원불교중앙총부를 정하신 것이 우연이 아니라고 나는 생각하고 있다.

그런데 왕궁성 내에 위치한 제석사지에서 사리용기와 함께 금판(金板) 《금강경》이 출토되었다. 중국의 관세음신앙 영험기인 《관세음보살응험기》에 그 내역이 적혀 있는데, "백제 무왕(武廣王)이 지모밀이라는 땅으로 도읍을 옮기고 새로 절을 지었다. 정관 13년 기해(639) 11월에 큰 비가 오고 뇌성이 치더니, 드디어는 제석정사(帝釋精舍)에 화재가 났다. 불당과 7급부도(불탑) 내지 회랑과 방이 전부 타버렸다. 그런데 탑아래 초석가운데 갖가지 칠보와 불사리와 수정병이 있었다. 또 금판을 만들어 《금강경》을 새겼는데 목

칠함에 들어 있었다. 초석을 열어보니 모두 타 없어졌는데, 오직 불사리병과 《금강경》과 칠함만이 그대로였다. 수정병을 살펴보니 움직이지 않았는데도 불구하고 사리가 하나도 없었다. 없어진 바를 알지 못하고 병을 대왕에게 가지고 가니, 대왕이 법사를 청하여 곧 참회하고 병을 열어 들여다보니까 불사리 6과가 병 안에 영롱하게 들어 있었다. 밖에서 보아도 6과가 완연하게 보였다. 대왕과 모든 궁인들은 신심을 더욱 돈독히 하여 곧 공양을 올리고, 절을 다시 지어 이를 안치하였다."고 전하고 있다. 1965년(원기 50) 이 제석사지에 위치한 왕궁리5층석탑을 해체하였더니, 《금강경》과 함께 불사리함이 그대로 들어 있었다. 그것이 오늘날 국립중앙박물관에 소장된 《금제금강경판》 19매 등의 유물로, 국보 123호로 지정되어 있다.

 교단에서 《금강경》을 중시한 것은 대종사님의 교법연원에 의해 밝혀지는 일이지만, 실제로 동·하선의 정기훈련에는 반드시 이에 대한 강의가 있었다. 주로 주산 송도성(主山 宋道性, 1907~1946) 종사가 담당해 주셨는데, 학원이 열리고 난 후에는 이를 교과목으로 배정하여 배우도록 하였다. 1940년(원기 25) 제1회 교리강연대회에서 내가 받은 부상도 《금강경》이었다.

 최근 김성택 교무가 원불교역사박물관에서 불갑사 발간 현토본(懸吐本) 《금강경》을 찾아 대종사님께서 보신 것으로 고증하였다. 좌산(左山 李廣淨, 1935~)상사님께 소장 내용을 듣고 확인해 본 결과 이에는 대종사님 자필로 '정사(丁巳)'라 쓰여 있는데, 이는 대각의 이듬해인 1917년(원기 2)에 해당한다. 대종사님과 인연 깊은 《금강경》, 그것도 대각 당시에 친히 열람하신 경전이 오늘에 전하니 참으로 기쁘다.

《대종경》 서품 2장

　대종사 대각을 이루신 후 모든 종교의 경전을 두루 열람하시다가 금강경을 보시고 말씀하시기를 「서가모니불(釋迦牟尼佛)은 진실로 성인들 중의 성인이라.」 하시고, 또 말씀하시기를 「내가 스승의 지도 없이 도(道)를 얻었으나 발심한 동기로부터 도 얻은 경로를 돌아본다면 과거 부처님의 행적과 말씀에 부합 되는 바 많으므로 나의 연원(淵源)을 부처님에게 정하노라.」 하시고, 「장차 회상(會上)을 열 때에도 불법으로 주체를 삼아 완전무결한 큰 회상을 이 세상에 건설하리라.」 하시니라.

코 풀기보다 쉬운 견성

대종사님께서 자주 말씀하셨다.

"내가 하라는 대로만 하면 견성성불(見性成佛)하기가 코 풀기보다 쉽다. 코 풀기보다 쉽게 견성성불하는 법을 가르치니 별것 아닌 것처럼 너무 가볍게 생각하고 다른 길을 기웃거리는 사람이 있는데 이는 잘못된 생각이다. 앞으로 내가 하라는 대로만 하라. 곧 삼학팔조 사은사요만 실행하면 견성성불이 그 가운데 있다. 세상에 코 푸는 일을 어렵게 생각하는 사람은 없을 것이다. 코를 푸는 데는 휴지를 대고 손을 대는 수고로움이라도 있지 않느냐? 그러나 견성하는 데는 그럴 필요가 없으므로 코 풀기보다도 쉽다.

내가 스승도 없이, 누구의 지도도 없이 혼자서 고생을 하면서 깨달음을 얻었고 또 체험을 하고, 그 내용을 알고 그렇기 때문에 너희들은 나처럼 고생하지 않고 쉽게 견성 성불하도록 그 법을 가르쳐 주고 있다. 그것이 삼학팔조 사은사요인데 글자 수는 8자밖에 안 되지만, 그 여덟 자 속에 무궁무진한 진리가 다 들어 있다. 또 어린애들도 한 번만 들으면 교리의 대강을 다 알고 외울 수 있을 만큼 쉽다. 그러니 내가 가르쳐 주는 대로만 하면 견성이 코 풀기보다 쉽지 않겠느냐?

그런데 요즘 사람들은 쉬운 것은 싫어한다. 쉬운 것은 알맹이가 없는 것처럼 가치 없게 보고 소홀히 생각들을 한다. 그래서 같은 말을 해도 적(的)자를 넣어 가지고 철학적으로 어떻고, 과학적으로 어떻고, 방법론적으로 이렇고 하는 말들을 하더라. 그 적이라는 것이 뭐냐? 그 적자 넣기를 좋아하는 것이 왜 그러느냐? 쉬운 말로 하면 남들이 알아 주지 않는 것 같기 때문에 그러는 것이 아니냐. 그러나 진실로 그 진리를 깨닫고 부처가 되게 하는 것은 적자에 있는 것이 아니라 쉬운 방법에 있는 것이다.

너무 쉽게 알려 주니까 그것이 병통이 되어 이 회상에 들어와서 '이 공부 이 사업을 하겠습니다.' 해 놓고는 얼마 안돼서 나가겠다고 하는 사람이 있다. '어디를 가느냐?' 하고 물으면 '저 산에 들어가서 팔만대장경을 공부하고 올랍니다' 또 '어디로 가느냐?' 하면 '외학을 좀 할랍니다' 한다. 그것이 무슨 이유냐? 우리 법이 너무 쉽기 때문에 알아 주지 않아서 그렇다. 절에 가서 팔만대장경을 잘 읽고 알려고 하면 어려우니까 그것만이 공부인 줄 안다. 아무개와 아무개를 봐라! 이 쉬운 것을 버리고 어려운 것을 하겠다고 야단이다.

너무 쉬운 것이 병통인데, 성불하는 법은 쉬워야지 어려운 법으로는 못한다. 그 어려운 공부를 하는 것은 학자들이다. 학자가 부처는 아니다. 부처가 되겠다는 것과 학자가 되려는 것은 근본적으로 다르다. 나한테 온 것은 성불하러 온 것이지 학자 되려고 온 것은 아니지 않느냐? 학자가 되려는 생각이 있거든 나가서 어려운 것을 찾아 외학을 하든지 하고, 여기는 성불하러 왔고 도인 되려고 모인 곳이니 달리 어려운 것을 찾으려 하지 말고 내가 하라는 대로, 가르치는 대로 삼학팔조 사은사요 이것만 실행하면 된다. 이것이 전부라고 생각하고 내가 하라는 대로만 실행해라. 그러면 모두 다 도인이 되고 견성성불을 하게 된다."

우리의 교법이 알아듣기 쉽다는 의미로 자주 해주신 말씀이다. 《대종경》 서품 11장에서는 "도 이루는 법을 알고 보면 도 이루기가 밥 먹기보다 쉽다"고 밝히셨는데 이처럼 견성성불하고 도인되는 공부는 생활을 떠나서 멀리 있는 것이 아니요, 어려운 문자 속에 있는 것이 아니라 밥 먹고 코 푸는 일상생활 속에 있는 것이며, 대종사님의 가르침 속에 길이 있음을 말씀하신 것이다.

《대종경》 수행품 45장에서 외학과 외지 구하는데 정신을 빼앗김을 경계해 주셨고, 47장에 몸을 상하지 않고 사반공배(事半功倍)하는 공부 길을 밝혀 주셨다. 이는 "내가 하라는 대로만 하면 견성성불하기가 코 풀기보다 쉽다"고 하신 법문과 연관된다.

> 《대종경》 서품 11장
> 방언 일이 준공되니 단원들이 서로 말하기를 「처음 시작할 때에는 평지에 태산을 쌓을 것같이 어려운 생각이 들더니, 이제 이 만큼 되고 보니 방언은 오히려 쉬운 일이나 앞으로 도(道) 이룰 일은 얼마나 어려울꼬.」 하는지라, 대종사 들으시고 말씀하시기를 「그대들이 지금은 도 이루는 법을 알지 못하므로 그러한 말을 하거니와, 알고 보면 밥 먹기보다 쉬운 것이니 그 넉넉하고 한가한 심경이 어찌 저 언 막기같이 어려우리요. 그대들이 이 뜻이 미상하거든 잘 들어 두었다가 공부 길을 깨친 뒤에 다시 생각하여 보라.」

혼미한 영혼을 깨우는 쇳소리

　대종사님의 작은 아들인 길주(吉珠, 법명 光靈)가 이리농림학교 재학 중에 요절했다. 당시 학원생이었던 나는 그와 자주 만났고, 가까이 했었다. 그가 요절한 날도 근처에 있었다.
　길주가 열반하자 즉시 조실에 계신 대종사님께 연락을 드렸고, 대종사님께서 바로 오셨다. 오시자마자 총부감원인 이건양 선진에게 대각전의 종을 떼어 오라고 하셨다. 그때는 일정기로 대각전의 종이라고 해야 작은 학교에서 공부의 시작과 끝을 알릴 때 '땡땡땡' 치는 것과 같은 종이 대각전 큰 창문 위에 걸려 있었다. 대종사님의 명을 받들어 종을 떼어 오지 중을 계속해서 치게 하셨다. 그렇게 한참 동안 치게 하시더니 이어 설법 하셨다. 설법의 내용은 다음과 같다.

　"사람이 죽으면 육신에서 영혼이 떨어져 나간다. 그 영이 육신에 함께 있을 때는 사람이 무슨 말을 하면 알아듣기도 하고, 느끼고 이해하기도 하지만 육신과 분리된 때는 혼미해져서 맑은 정신을 갖지 못한다.

그 혼미한 영을 조금이라도 각성시키는 데는 쇳소리가 제일 좋다. 길주가 공부할 기회를 별로 갖지 못했고, 어머니의 사랑을 받으며 학교나 다니다가 갑자기 어린 나이에 죽었으니 내가 이놈한테 이야기를 좀 해주어야겠는데 영이 혼미하여 내가 하는 말을 잘 알아 듣지 못할 것 같아서 길주의 영을 각성시키고 내 말을 잘 듣게 하기 위해서 쇳소리를 내게 한 것이다.

내가 오늘 길주에게 특별히 당부하고 싶은 말은, 사람이 죽어갈 때에 가장 무섭고 가장 조심할 바가 애착 탐착이라는 것이다. 영(靈)이 애착 탐착을 여의지 못하고 거기에 걸려 있으면 정상적인 길을 따르지 못하고 전위되어 궤도에서 이탈하게 된다. 그래서 애착 탐착에 끌려 오게 된다. 그 애착 탐착이 사람에게 있으면 그 사람 주위를 맴돌고, 물건에게 있으면 그 물건 주위를 맴돌아 영이 높이 뜨지를 못한다.

길주가 이 세상에 태어나서 제 어머니 사랑 속에서 학교나 다니다 죽었으니 언제 수양공부를 했고 애착 탐착 떼는 공부를 했겠느냐. 그러니 제 어머니 하운(十陀圓 梁夏雲 대사모, 1890~1973)이한데 애착 탐착이 붙어서 주위를 맴돌 것이다. 그러면 지금 하운이 집안에 인도 수생할 인연이 있는가 생각해 보라. 하운이가 애를 낳을 것인가, 아니면 누가 이 집안에 어린애를 낳을 사람이 있는가? 이 집안 사람에게는 잉태할 기연이 없지만, 집 주위에는 우마육축(牛馬肉畜)이라든지 쥐라든지 곤충이라든지 하는 것들이 가득 차 있지 않겠느냐? 동물들이 새 생명을 잉태할 때는 평소보다 강하게 끌어 당기는데, 만약에 길주의 영이 주위를 맴도는데 쥐가 잉태하려고 강하게 끌어들일 때는 길주가 무슨 능력으로 감당하겠느냐? 길주가 거기에 빨려 들어가 쥐새끼가 되어서 돌아다닌다고 생각해 봐라. 그러면 하운이는 쥐새끼가 길주인 줄도 모르고 때려잡으려고 할 것이 아니냐. 그러니 애착 탐착이라는 것이 얼마나 무서운 것이냐.

염라국이 다른 데 있는 것이 아니다. 길주에게는 하운이가 살고 있는 이 집안이 염라국이다. 그리고 여기 몸을 의탁하고 있는 것들이 염라대왕이요, 명부사자다. 그러니 죽음에 당해서는 어떤 경우라도 착심을 놓아 버리고 초연한 마음, 무심으로 떠나야 한다. 착심이 없어야 영이 높이 뜨고, 영이 높이 솟아야 인도 수생의 기연을 따라 바른 길을 갈 수 있는 것이다.

애착 탐착, 이것은 반드시 떼버리고 가야 하는 것이다. 이 점을 깊이 명심해야 한다."

이 말씀에서 중요하게 강조하신 내용은 영혼이 육신에서 떨어져 나올 때는 혼미하기 때문에 그 영을 깨우쳐 줘야 한다는 말씀이다. 그리고 영을 깨우쳐 주는 데는 쇳소리가 제일 좋다고 하신 점이다. 당시 요령도 사용하고 있었지만 대각전의 종을 떼어다가 크게 쇳소리를 내게 하신 점을 주목하지 않을 수 없다. 이 점은 나를 크게 놀라게 했고, 이 법문은 감명 깊은 내용으로 새겨졌다. 지금도 그 때의 상황이 생생하다. 불교에서 바라를 치고, 요령을 울리고, 종을 치고, 풍경소리를 내는 것도 모두 같은 원리이다.

교단에서는 처음에는 요령을 사용하다가 뒤에 숭산 박광전(崇山 朴光田, 1915~1986) 종사가 일본에서 좌종을 도입하여 현재까지 사용하게 되었는데, 당시 숭산 종사는 좌종 치는 법까지 직접 가르쳐 주셨다.

교단의 각종 법요 행사, 특히 재·제사 의식에서 이 좌종을 많이 울리게 된 것은 이 법문에 근거한 것이라고 생각된다. 또 하나 중요하게 강조하신 점은 죽음을 당해서 애착 탐착은 반드시 떼어 버려야 한다는 말씀이다.

이때의 법문이 《대종경》 실시품 32장과 천도품에 부분적으로 수록되어 있다.

> 《대종경》 천도품 18장
>
> 대종사 선원 대중에게 말씀하시기를 「그대들은 염라국(閻羅國)과 명부사자(冥府使者)를 아는가. 염라국이 다른 데가 아니라 곧 자기 집 울타리 안이며 명부 사자가 다른 이가 아니라 곧 자기의 권속이니, 어찌하여 그런고하면 보통 사람은 이생에 얽힌 권속의 정애(情愛)로 인하여 몸이 죽는 날에 영이 멀리 뜨지 못하고 도로 자기 집 울안에 떨어져서 인도 수생의 기회가 없으면 혹은 그 집의 가축도 되며 혹은 그 집안에 곤충류의 몸을 받기도 하나니, 그러므로 예로부터 제불 조사가 다 착 없이 가며 착 없이 행하라고 권장하신 것은 그리하여야 능히 악도에 떨어지는 것을 면할 수 있기 때문이니라.」

모태가 저승

　내종하처래 거행하처거(來從何處來 去行何處去). 과연 우리는 어디에서 왔으며, 어디로 가는 것인가? 세상 말이 살아있는 세상을 이승이라 하고 죽어가는 세상을 저승이라 하는데 저승은 과연 어디인가?
　이런 종류의 의문은 인간이라면 누구나 한번쯤 가져 보는 궁금증이요, 종교가나 철학자는 물론이요 우리 모두가 해결해야 할 문제이다. 우리에게는 현재 살고 있는 일만이 크고 중요한 것이 아니라 죽음의 문제를 해결하는 일도 사는 일 못지않게 큰 일이다. 그래서 모든 종교가에서는 이 죽음의 문제, 즉 사후의 일에 대해서 밝혀주었고 특히 불교에서는 생(生)과 사(死)의 문제 해결을 공부의 궁극적인 목표로 삼기도 한다.
　대종사님께서 윤회되는 이치를 자주 설하여 주셨고, 삼세(전생·현생·내생)윤회에 대해서도 법문을 해주셨지만 "저승이 어디냐 하면 바로 모태(母胎)가 저승이다." 하신 말씀이 더욱 생생하다.
　사람들은 흔히 죽으면 저승에 간다고 한다. 죽어서 간다고 하는 저승은 바로 모태를 말한다. 저승이라고 하든지, 내생이라고 하든지, 악도라고 하든지, 하여튼 그것은 모태를 말한다고 볼 수 있다. 사람은 10개월 동안 모태 속에 있다가 모태 밖으로 나와 한평생 살다가 다시 죽어서 모태로 돌아간다. 이 원리를 깨달으면 생사대사(生死大事)를 깨닫는 것이다. 처자권속과 재산과 명예 등에 집착하여 사는 보통사람들에게 죽음이란 대단히 두려운 일이다. 이로 인해서 사후에 대한 여러 관습들도 생겨났을 것이다.

 부활을 기원하여 미라를 보존하기도 하고, 관속에 여러 가지 소장품들을 함께 넣어 주거나, 심지어 순장제도까지 있었다. 그러나 모태 밖에서 살다가 모태로 돌아가는 원리를 깨치면 죽음이란 결코 두려울 것이 없다.

 공타원 조전권(空陀圓 曺專權, 1909~1976) 종사가 병중에 계실 때 젊은이들이 "선생님! 빨리 나으셔서 오래 사셔야지요." 하고 위로를 드리니 "너희들 나한테 그런 욕되는 말 하지 마라. 나도 얼른 가서 새 옷으로 갈아입고 너희들처럼 씩씩하게 살련다. 그런데 나보고 이 헌옷 입고 오래 살라고? 차표 사두었으니 얼른 갔다 와야지." 하셨다.

 대종사님께서 밝혀 주신 생사거래의 이치를 공타원님은 자각하셨던 것이다.

 천지만물이 모태에서 왔다가 모태로 돌아가는 것은 분명한데 어느 모태로 돌아가느냐 하는 것은 살아온 삶에 따라, 지은 바대로 제각기 다르게 결정된다. 포악한 동물과 같은 생활을 한 사람은 그러한 동물의 모태로 돌아가고, 이웃과 인류사회에 공헌한 사람이나 수도에 정진한 사람은 선연의 모태로 돌아간다는 것이다.

 이러한 원리에 근원하여 생과 사가 둘이 아니요, 생사가 거래임을 깨달아 안다면 능히 생사의 번뇌로부터 해탈을 얻을 것이다.

《대종경》 천도품 10장에서 "살아온 세상을 이승이라 하고 죽어가는 세상을 저승이라 하여 이승과 저승을 다른 세상같이 생각하고 있으나 다만 그 몸과 위치를 바꿀 따름이요, 다른 세상이 따로 있는 것이 아니다."고 하셨다.

이 세상에서 아무개로 살다가 죽으면 이 세상에 사는 누군가의 모태로 탁태했다가 산월이 되면 이 세상에 다시 태어나서 사는 것이다. 그러기에 모태에서 와서 한평생 살다가 죽게 되면 육신은 지수화풍(地水火風) 4연으로 흩어지고 소소한 영식은 천당이나 서방정토가 아닌 어느 누구의 모태로 돌아갔다가 다시 이 세상에 태어난다. 그러기 때문에 사람뿐 아니라 동물 식물 만유가 다 모태에서 왔다가 모태로 돌아가는 것이 생사의 원리이다. 이어 나는 다음의 서원을 세웠다.

誓願偈 서원게

萬有何處來 만유는 어느 곳에서 왔는가.
來從母胎來 오되 모태로 쫓아 왔고
去向母胎去 가되 모태를 향해 간다.
萬古如如法 만고에 여여한 법
願生龍華會 원컨대 용화회상에 나서
值遇彌勒佛 미륵불을 만나리라

최후일념은 최초의 움

어느 성자가 인간의 죽음에 대해서 대종사님처럼 쉽고 명쾌하게 가르쳐 주셨던가? 대종사님께서 《대종경》 천도품 5장에 "아무야 정신을 차려 나의 말을 잘 들으라" 하시며 죽음의 길을 잘 다녀올 수 있도록 하셨다.

사람이 죽을 때 공포와 애착 탐착, 증오심을 가지면 악도에 떨어지게 된다. 그래서 대종사님께서는 최후일념(最後一念)이 청정하면 지은 대로 받아 오게 되지만 최후 일념이 공포나 애착 탐착, 증오심을 갖게 되면 그것이 움터서 나오게 된다고 경계하셨다.

곧 미워하는 마음이 최후 일념이 되면 새 몸을 받을 때, 지은 업보는 놔두고 보복을 하기 위한 몸을 받는다는 것이다. 애착 탐착 또한 영이 높이 뜨지 못하고 재물이나 사람의 주변을 맴돌게 된다. 그리고 주위에서 사람의 몸을 받을 수 있는 상황이 아닐 때에는 짐승, 미물 등으로 태어날 수 있다는 것이다.

대종사님께서 제법성지에 계실 때 돼지의 비명 소리를 들으시고 돼지의 전생을 알 수 있다고 말씀해 주셨는데 이런 이야기도 자주 해 주셨다.

"옛날 월명암에 멧돼지 한 마리가 뛰어오더니 구석진 헛간으로 들어갔다. 이 광경을 본 스님은 짚더미로 멧돼지가 들어간 곳을 덮어 주었다. 조금 후에 포수가 땀을 뻘뻘 흘리며 헐레벌떡 뛰어와 "스님! 멧돼지를 몰고 왔는데 보시지 않으셨어요?" 스님은 포수에게 "물이나 한 잔 마시고 가라."고 앉게 하고 말씀하셨다.

"당신 과거 생은 지관이었소. 지관이었던 당신이 변산 일대를 종일 돌아다니다 보니 몹시 허기가 졌소. 그래서 허기진 배를 채우려고 나가는데 한 사람이 묘에 벌초를 하고 마침 도시락을 먹고 있었소. 배가 고파서 기진맥진한 당신은 그 사람에게 밥 좀 남겨 달라고 사정했소. 그러나 그 사람은 아랑곳하지 않고 꿀딱 다 먹어 버렸소. 당신은 "에이 죽일 놈"하고 그 자리에서 아사(餓死)하여 버렸소. 그리고 그 원한으로 몸을 받으니 바로 독사였소. 독사는 묘에 벌초했던 사람이 자주 다니면서 마시는 옹달샘에 살다가 여름날 물을 마시러 온 그 사람을 물어서 죽여 버렸소. 독사에게 물리니 죽어가면서 "네 이놈의 독사 죽인다."라는 최후 일념으로 죽었고, 그가 죽어서 독사를 죽일 수 있는 멧돼지로 태어났소. 멧돼지는 결국 또 독사를 죽였소. 독사는 그런 생각은 안 했지만 독사가 죽어서 포수가 되었으니 독사를 죽인 멧돼지를 죽이려고 하고 있소. 그러니 당신이 몰고 온 멧돼지를 잡지 않으면 인과는 여기에서 끝나요. 인과란 엎치락뒤치락 하오."

포수는 스님의 말씀을 듣고 인과를 깨달아 불도(佛道)에 귀의하여 큰 도인이 되었다"

대종사님께서 "산돼지의 죽음을 보니 전날에 산돼지가 지은 바를 가히 알겠고, 오늘 포수가 산돼지 잡음을 보니 뒷날 포수가 당할 일을 또한 가히 알겠도다."하신 말씀과 일맥 상통한다. 대종사님께서 최후일념이 최초일념이 된다고 하시며 최후일념을 청정히 하도록 촉구하셨다.

바로 최후일념이 선행되기 때문이다. 최후일념으로 공포, 애착 탐착, 증오심을 갖게 되면 자연 보복하기 가능한 몸을 받게 되는 것이다. 이같이 죽음에 임박하여 최후의 일념이 무섭다고 한 성자를 나는 대종사님 외에는 보지 못했다. 성자들의 내생설(來生說)을 알아보면 예수님께서는 사람이 죽으면 천당 아니면 지옥에 간다고 하는데 과학의 발달로 달나라 별나라는 확인 되었지만 죽어서 간다는 하늘나라는 찾을 때까지 믿으라는 말밖에 할 수가 없다. 공자님께서는 제자 계로가 죽음이란 무엇이냐고 여쭈니 "이생 일도 모르는데 어찌 후생을 알겠느냐"고 답해 현실을 중시하고 있음을 알 수 있다. 그렇다고 후생을 부인한 것은 아니다. 부처님은 영혼은 불멸하여 삼세를 통해 12인연으로 윤회한다고 하셨다.

곧 무명(無明)으로 인해 업을 짓는 행위가 나타나고(行), 모태에 가서 탁근이 되고(識), 지수화풍의 4대색과 수상행식의 4대식이 어울려 정신과 육체를 형성하고(名色), 정신과 육신이 안이비설신의의 육근을 출입하며(六入), 육근이 육경을 접촉하는 촉(觸)과 괴롭고 즐겁고 좋고 나쁜 것을 감수하는 수(受), 괴로운 것을 피하고 사랑스러운 것을 취하는 애(愛), 취하려는 취(取), 취하려는 것으로 말미암아 새 생명의 씨앗을 장만하는 유(有), 그리고 유로 인하여 태어나고(生) 태어나면 늙고 병들고 죽는 노병사(老病死)가 있게 된다. 모든 중생은 이 12인연법에 끌려 다니고 있다. 부처님께서 밝히신 이 삼세 윤회설은 구체적이며 과학적이고 사실적이다.

대종사님께서도 이 삼세 윤회설을 그대로 수용하셨다. 업에 따라 돌고 돈다는 것이다. 대종사님께서 대각하시고 "생멸 없는 도와 인과보응 되는 이치가 한 두렷한 기틀을 지었도다."하신 것이 바로 삼세 윤회설이다.

　대종사님께서는 천도품에 간절하게 죽음을 준비하는 사람이나, 죽어가는 사람이 귀를 기울일 수 있도록 밝히셨다. 대종사님 법문은 전무후무하다. 곧 간결하고, 가슴에 닿도록 해 주신 것이다.

　이승과 저승이 따로 있지 않고 현실 속에서 육신은 지수화풍 4연으로 흩어져 버리지만 영혼은 불멸하여 위치를 바꾸는 것이다. 나는 다른 성자들보다 대종사님이 보다 위대한 성자라는 것을 이 생사에 대한 법문을 통해서도 확연히 드러내고자 한다. 다른 어떤 성자도 밝히시지 않으신 '소소령영한 영식이 현실에서 위치만 바꾸어서 다시 난다.' 는 것을 가르쳐 주셨기 때문이다.

　생사대사(生死大事)라고 하는데 죽음에 대해서 생각하기 싫어하는 사람에게 지은 업에 의해 모태로 돌고 돈다는 법문을 받아들이게 하셨다. 생(生)은 자연의 이법대로 지은대로 태어나게 된다. 태어나서는 죽을 때까지 살아간다. 그래서 잘 살아야 잘 죽고, 잘 죽어야 잘 낳게 된다. 낳을 때는 자기 맘대로 못 태어나니 살아 갈 때 잘 살아서 잘 죽는 것이 살 태어나는 길이다.

　죽음에 대한 공포, 애착 탐착, 원착을 놓고 청정한 마음 챙겨서 잘 죽는 일이 큰일이다. 대종사님께서는 그 큰일을 해결 할 수 있도록 가르침을 주셨으니 잘 살고, 최후의 일념이 움튼다는 사실을 알아 늘 청정심을 챙기도록 해야겠다.

《대종경》 인과품 12장

대종사 봉래 정사에 계시더니 마침 포수가 산돼지를 그 근처에서 잡는데 그 비명소리 처량한지라, 인하여 말씀하시기를 「한 물건이 이로움을 보매 한 물건이 해로움을 당하는 도다.」 하시고, 또 말씀하시기를 「산돼지의 죽음을 보니 전날에 산돼지가 지은 바를 가히 알겠고, 오늘 포수가 산돼지 잡음을 보니 뒷날 포수가 당할 일을 또한 가히 알겠도다.」

《대종경선외록》 생사인과장 2절

대종사 말씀하시었다. "사람이 명을 마칠 때 최후 일념이 내생의 제일 종자가 되어서 그대로 움이 트고 나오는 것이다. 그러므로 사람의 일생 복 가운데 최후의 일념을 잘 챙겨 가지고 가는 것이 제일 큰 복이 되는 것이다."

생생약동하는 우주의 기운

　우주 만유의 근원이 되는 본체, 그것을 대종사님께서는 법신불 일원상의 진리로 말씀하시고, 또는 사은의 본원과 여래의 불성 등으로 표현해 주셨다. 또 다른 말씀으로 '생생약동하는 기운이다'고 하셨다.

　"우주에는 살려고 꿈틀거리는 힘으로 가득 차 있다. 그래서 어느 것 하나도 죽어 있는 것이 없다. 내가 그 증거를 들어 주겠다. 사람의 몸에 생긴 종기에서 나오는 고름으로 말할 것 같으면 살이 썩어서 생기는 것이다. 그래서 그 더럽고 고약한 냄새가 나는 고름에는 아무런 능력이 없다고 생각할 것이다. 똥도 마찬가지다. 음식물이 몸속에서 소화가 되어서 나온 쓸모없는 분비물이니 무슨 생명력이 있을 것이냐고 생각할 것이다.
　그러나 그것들도 절대로 죽은 것이거나 썩어 없어질 것만은 아니다. 그 자체는 죽은 것 같으나 그에 갊아 있는 생의 요소는 그대로 살아있다. 자 봐라. 그 썩어서 고약한 냄새가 나는 고름이나 똥을 배추포기나 무 밑에다가 거름으로 쓴다고 하면, 그 고름이나 똥을 주지 않은 것 보다 훨씬 더 풍성하게 자라지 않겠느냐. 만약 그 고름이나 똥이 죽어서 전혀 살려는 힘이 없다면 배추와 무가 풍성하게 자라지 않을 것이다.

비록 썩어서 죽은 것 같지만 그 가운데는 생생약동하는 기운이 깊이 있기 때문에 그 살려는 힘이 배추와 무에까지 옮겨진 것이다. 그러기 때문에 고름이나 똥이라고 하는 그 자체는 변화를 하고 없어지지마는 생의 기운은 영원히 지속하는 것이다. 그러니까 우주만물은 어느 것 하나도 죽지 않고 살아 있으며 끊임없이 변화하면서 존속되고 있다."

나는 어린 시절이에 이 법문을 받들어서 '그런가 보다'고 생각했는데, 후에 유일학림에서 숭산 박광전 종사의 강의를 받들면서 뜻 깊은 법문으로 가슴에 새기게 되었다. 숭산종사는 일본 동양대학에서 철학을 전공하였는데 쇼펜하워(Arthur Schopenhauer, 1788~1860) 사상을 가지고 졸업논문을 썼다. 그리고 유일학림에서 동양철학과 서양철학을 강의 하셔서 쇼펜하워의 사상을 배웠다.

숭산 박광전 종사

쇼펜하워는 다음과 같이 말했다. "이 세상에는 살려는 의지로 가득 차 있는데 그 중에서 사람은 유독 살려고 하는 의지가 다른 것보다 매우 강하며, 이 살려고 하는 의지를 사람의 음성으로 비유하면 가장 높은 소리를 내는 소프라노는 인간이요, 테너는 동물이요, 미물이라고 하는 지렁이도 건들면 꿈틀거리며 강한 생의 의지를 나타낸다. 다음의 알토에 해당하는 것은 식물이다. 무거운 흙을 밀고 올라오는 연약한 새싹도 생의 의지다. 베이스에 해당되는 것은 광물이다. 돌도 서로 살려고 하는 의지로 뭉쳐 있기에 단단한 것이며, 흙이 물과 합하면 단단해지는 것도 바로 이런 생의 의지이다. 이처럼 우주에는 살려는 의지로 충만 되어 있다"

쇼펜하워는 늘 우주의 근본 원리가 무엇일까를 궁구했는데, 어느 날 깊은 산길을 걷다가 무거운 흙을 밀고 솟구치는 새싹을 보고 우주의 근본 원리를 터득하고 가가대소(呵呵大笑)했다고 한다. 살려고 하는 의지를 본 것이다. 작은 씨앗에서 터져 나와 그 무거운 흙을 밀고 나오는 것은 그 연약한 새싹에 살려는 의지가 솟구쳐 있기 때문이라고 본 것이다.

이 강의를 들으면서 나는 "사람이 만물 가운데 살려는 의지가 가장 강하다고 한다면, 왜 생을 포기하고 자살하는 사람이 많이 나옵니까?"하고 여쭈었다. 숭산종사는 "쇼펜하워는 자살에 대해 살려고 하는 의지를 완전히 포기한 것이 아니라 더 좋은 생을 추구하기 위한 행위라고 하였다."고 하셨다.

대종사님께 받들었던 생생약동하는 충만한 기운, 하나도 죽은 것이 없이 살아 있는, 살려고 하는 기운과 숭산종사님을 통해 접했던 쇼펜하워의 철학을 들으면서 사상적으로 연결됨을 알게 되었다. 숭산종사도 이러한 점에서 대종사님 사상과 일원상을 연구하면서 쇼펜하워의 철학을 연구했고 논문을 쓰게 되지 않았을까?

《대종경》 천도품 15장

대종사 말씀하시기를 「세상의 유정(有情) 무정(無情)이 다 생의 요소가 있으며 하나도 아주 없어지는 것은 없고 다만 그 형상을 변해 갈 따름이니, 예를 들면 사람의 시체가 땅에서 썩은즉 그 땅이 비옥하여 그 근방의 풀이 무성하여질 것이요, 그 풀을 베어다가 거름을 한즉 곡식이 잘 될 것이며, 그 곡식을 사람이 먹은즉 피도 되고 살도 되어 생명을 유지하며 활동을 하게 될 것이니, 이와 같이 본다면 우주 만물이 모두 다 영원히 죽어 없어지지 아니하고 저 지푸라기 하나까지도 백억 화신을 내어 갖은 조화와 능력을 발휘하나니라. 그러므로 그대들은 이러한 이치를 깊이 연구하여 우주 만유가 다 같이 생멸 없는 진리 가운데 한량없는 생을 누리는 것을 깨쳐 얻으라.」

나 닮아라, 나 닮아라

　대종사님 말씀 가운데서 아주 인상적이었고 또 신기하고 이상하게 들었던 말씀으로 '나나니'의 이야기가 있다. 지금 생각하면 스승이 제자를 키우는 일이나, 제자가 스승을 닮아 가려는 노력이 얼마나 정성스러워야 하는가에 대한 가르침이다.
　대종사님께서 말씀하셨다.

　"'나나니'라고 하는 곤충이 있는데 이 나나니는 자기의 유충을 모아 놓고 늘 '나 닮아라, 나 닮아라'라고 한다. '나나나나, 나나나나' 하는 나나니의 소리는 바로 유충들로 하여금 어미인 자기를 닮으리는 뜻으로 '나 닮아라, 나 닮아라' 하는 소리이다. 이 유충들에게 계속해서 '나 닮아라' 하면서 정성을 쏟으면, 어느 정도 시일이 지나 그 유충이 어미를 닮아 나나니가 되는 것이다.
　우리 범부들이 우매하고 욕심에 끌려서 생각과 말과 행동이 결국 중생의 탈을 벗지 못하고 있는데, 이런 중생이라도 부처님을 닮기 위하여 공부를 할 때는 나나니같이 일관된 정성을 쏟으면 부처가 될 수 있다. 저 곤충도 나 닮으라고 하는 정성 속에 드디어 날게 되는데, 하물며 최령한 인간이 진정으로 부처 되리라는 서원을 세우고 일관된 정성을 쏟는다면 어찌 이뤄지지 않겠느냐. 그러니 너희들도 어제는 조금 했다가, 오늘은 안하고, 또 내일은 하고, 이렇게 했다 안 했다 그러지 말고, 오직 쉼 없이 계속한다면 본래의 서원대로 쉽게 부처를 이루게 될 것이다."

'나나니'는 벌과의 곤충으로 몸의 빛깔은 검고 날개는 투명하며 약간 황색이 돈다. 실처럼 가늘고 긴 베자루 끝에 6마디로 된 불룩한 배가 있는데 제 3마디는 적갈색이다. 7~8월에 땅에 작은 굴을 파서 집을 짓고 다른 유충을 사냥하여 먹는다. 한국 · 일본 · 사할린 등지에 서식한다.

대종사님께서 왜 이 나나니를 예로 들어 말씀을 하셨는지, 또 이 나나니의 생태를 어떻게 파악하시고 말씀을 자주 해 주셨는지는 알 수 없으나, 당시 우리에게는 대단히 인상 깊은 법문이었다.

이 법문을 받들면서 교훈으로 삼았던 것은 첫째, '부처를 닮아라', '부처를 이루리라'로 대종사님을 닮아가라고 하신 뜻으로 받아 들여졌다. 왜냐면 대종사님이 곧 새부처님이시기 때문이다. 일반적으로 '부처를 이룬다'고 할 때는 아득하게 생각할 수 있으나, 어떤 표본을 놓고 그대로 닮아간다고 할 때는 쉽게 느껴진다. 가까이에 계시는 대종사님을 부처님으로 모시고 대종사님을 닮아 가는 것이 부처를 이루는 쉽고 빠른 길임을 깨우쳐 주신 것이다. 그러니까 직접 "너희들은 나를 닮아라." 아니 하시고, 그냥 "부처를 이루리라"고 하셨으되 그 말씀 속에는 바로 대종사님을 닮으려는 정성을 쏟으라는 뜻이 있다.

둘째는, 곤충도 그렇게 정성을 쏟으면 굼벵이가 나비가 되는 것인데, 의식이 있는 인간이 노력을 하고 정성을 들이면 부처가 되는 일은 어려운 일이 아니다는 법문으로 받아들였다.

우리가 부처가 되지 못하고 기질변화가 쉽게 되지 않는 것은 나나니와 같은 정성을 지속하지 못하기 때문이다. 부처 이루는 일을 어렵고 멀게만 생각하지 말고 오직 일관된 정성만 들이면 누구나 부처가 될 수 있다는 교훈이다.

> 《대종경선외록》 선원수훈장, 1절
>
> 원기 25년 동선(庚辰冬禪) 경전 시간에 대종사 말씀하시었다. "공부 시간에는 잘하는 사람의 말이든지 못하는 사람의 말이든지 일심 정력을 들이대어 처음부터 끝까지 잘 듣고 내 공부에 대조하는 마음이 있어야 그 공부가 향상될 것이요, 만일 잘하는 사람의 말은 혹 듣고 잘못하는 사람의 말은 헤프게 보아 듣는 둥 마는 둥 한다면 공부에 향상이 없는 동시에 성과가 없을 것이다. 들을 때에도 삼대력을 들이대어 듣고, 행할 때에도 삼대력을 들이대어 행하지 아니하면 도저히 큰 공부를 성공치 못하는 것이다. 나나니가 벌레를 잡다 놓고 일심 정력 들이대어 나나나 소리를 지성으로 하면 결국 그 벌레가 나나니가 된다고 하지 않는가. 곤충도 그와 같이 일심 정력의 효과를 나타내거든 하물며 사람이 삼대력을 들이대어 일심으로 공부사업에 전력한다면 성인 불보살이 못될 것이 무엇이리요."

일심 · 알음알이 · 실행

정신수양 · 사리연구 · 작업취사를 일러서 삼학(三學)이라고 한다. 또는 줄여서 수양 · 연구 · 취사라 하고, 계(戒) · 정(定) · 혜(慧)라고도 하며, 한마디로 삼강령이라고도 한다. 대종사님께서는 주로 '일심 · 알음알이 · 실행'으로 말씀하셨다. 인생의 요도 사은사요, 공부의 요도 삼학팔조를 설하실 때는 꼭 이 셋을 들어 말씀하셨다.

"이 말은 내가 자주 하는 말이다. 이중에는 이렇게 자주 듣는 말은 싫고 새로운 말을 해 줬으면 하고 생각하는 사람도 있을 것이다. 그러나 그것이 아니다. 우리는 평생을 삼학팔조 사은사요를 가지고 공부해야 할 사람들이니, 오늘도 그것을 가지고 얘기하고 내일도 그것을 가지고 공부해야 하고, 내년에도 그렇고 내생에도 일심 · 알음알이 · 실행으로 공부를 계속해야 부처가 되고 소원을 이룰 것이다. 그런데 이 자주 듣는 말은 소홀히 생각하고 새로운 것만을 원한다면 이것은 길이 잘못 든 것이다. 하고 또 하고, 듣고 또 들어서 저신 저골(低身低骨)이 되어야 한다.
일심 · 알음알이 · 실행에 대한 말이 저신 저골이 되어야 어떤 경계를 당할지라도 그 경계, 경계 마다 이 삼학으로 대처를 해 나가게 될 것이 아니겠느냐? 저신 저골이 된 사람은 일단 경계를 당하면 일심으로 안정하려는 생각을 하게 되고, 안정을 얻으면 자연히 옳고 그른 것을 판단하고, 먼저 할 일과 뒤에 할 일의 순서를 아는 알음알이를 얻게 될 것이 아니냐? 그런 후에는 반드시 실행으로 나타나야 하는 것이다.

옳고 그른 것을 판단하여 알았다 하더라도 그것으로 그쳐버리면 천언만어가 아무 소용이 없게 된다. 뭐든지 말로 하든 글로 쓰든 실천과 연결되어야 한다. 내가 우리의 공부를 일심 · 알음알이 · 실행, 이 쉬운 말로 자꾸 반복해서 너희들에게 들려주는 것은, 이 말이 저신 저골이 되어 생활 속에서 실천해 가도록 하려는 것이다."

이 법문을 받들면서 나는 대종사님께서 일심 · 알음알이 · 실행이라는 말씀을 즐겨 쓰신 의도가 어디에 있는 것일까를 생각했다. 제자들로 하여금 쉽게 이 공부 방법을 몸과 마음에 와 닿도록 하기 위해서였다고 믿어졌다.

학문적 또는 학술적인 형식이나 논리를 따지는 그런 말씀이 아니라, 지식인에서부터 초동목수에 이르기까지 그 말씀이 한마디로 마음에 와 닿을 수 있도록 쉬운 말씀으로 가르쳐 주셨다. 쉽게 이해할 수 있어야 생활 속에서 공부를 할 수 있기 때문이다.

일심 · 알음알이 · 실행의 삼학을 말씀하시면서 그 중에서도 실행에 큰 비중을 두고 계셨다.

실행을 강조하신 내용은 《정전》을 통해 알 수 있다. 사은 편에서만 보더라도 배은의 내역을 설명하면서, 비록 안다 할지라도 보은의 실행이 없으면 배은이라고 하셨으니 얼마나 실행에 큰 의미와 비중을 두셨는지 짐작할 수 있다.

이처럼 보은의 실행이 없는 것을 배은이라고까지 규정하시면서 실행에 큰 의미를 두신 부분에 대해서는 수행의 차원에서 뿐 아니라 학문적으로도 관심을 가져야 되리라고 생각한다.

중국철학에서도 주자(朱子, 1130~1200)의 주지주의(主知主義) 사상과 왕양명(王陽明, 1472~1528)의 지행합일(知行合一)사상이 있는데, 지를 주로 하고 있는 주자도 "그 지라고 하는 것은 반드시 행이 같이 이뤄지는 것을 일러서 궁극적 지라 한다."고 했고, 왕양명은 지와 행이 함께 하는 중에도 "선후를 말할 때는 지가 먼저이나, 경중에 있어서는 행이 중하다."고 했다.

이러한 사상들도 대종사님께서 삼학 중에 실행을 중시하신 기본정신과 그 맥락에 있어서 서로 통하는 바가 있다고 본다. 보은을 하지 못했다고 하는 말과 배은했다고 하는 말은 그 의미에 있어서 큰 차이가 있다.

대종사님께서 알고도 보은의 실행이 없는 것을 배은으로 규정하셨다. 이에 큰 뜻이 있음을 다시 생각해 봐야겠다. 바르게 아는 것도 중요하지만 앎을 실행하는 것이 얼마나 중요한지를 강조하신 것이다. 쉬운 말씀으로 자주 말씀해 주시고, 그 말씀이 우리들 가슴에 깊이 새겨져 실생활에서 자연스럽게 실행되도록 하시려는 대종사님의 자비를 다시 느끼게 된다. 결국 삼학공부는 자신이 선을 해서 일심을, 교리를 연마해서 성리를, 일을 당해서 불의는 죽기로써 행하지 않고 정의를 죽기로써 실행하는 공부이다.

《대종경》 교의품 18장

대종사 말씀하시기를 「(전략) 나는 영육 쌍전의 견지에서 육신에 관한 의·식·주 삼건과 정신에 관한 일심·알음알이·실행의 삼건을 합하여 육대 강령이라고도 하나니, 이 육대 강령은 서로 떠날 수 없는 관계를 가지고 한 가지 우리의 생명선이 되나니라. 그러나 보통사람들은 육신에 관한 세 가지 강령은 소중한 줄 알면서도 정신에 관한 세 가지 강령이 중한 줄은 알지 못하나니, 이 어찌 어두운 생각이 아니리요. 그 실은 정신의 세 가지 강령을 잘 공부하면 육신의 세 가지 강령이 자연히 따라 오는 이치를 알아야 할 것이니, 이것이 곧 본(本)과 말(末)을 알아서 행하는 법이니라.」

신통과 도인

대종사님께서는 대각(大覺)의 경지에서 모든 사물을 관찰하고 꿰뚫어 보시므로 사리의 원리와 시종을 아시고, 직접 보고 듣지 아니하되 모든 것을 아시고, 배우지 아니하되 모르는 바가 없으시니, 세상을 바라다보면 미래 세상이 어떤 세상이 오리라는 것을 보신 것이다.

이는 억지로 알아내려는 것이 아니라 자연스러운 현상이었다. 이런 모습을 뵌 제자들은 대종사님께서 신통을 부리신다고 생각했는데, 정작 대종사님께서는 이 신통을 구하는 것을 크게 경계하고 금하셨다.

"신통을 구하는 사람은 큰 도인은 못된다. 신통은 구하려고만 하면 얻을 수 있는 것이다. 그러나 그것으로는 도인이 되지 못한다. 너희들이 여기에 올 때는 도인이 되려고 왔지 신통으로 잔꾀나 부리려고 온 것은 아니지 않느냐. 우리가 도인이 되어 가는 공부를 열심히 하다보면 그 과정에서 신통은 자연히 있어지는 현상이다.

좌선을 하거나 염불을 할 때도, 부처님을 그리고 관음보살을 염원하며 얼마간 열심히 하다보면 부처님이나 관음보살이 나타나 나를 감싸 안고 쓰다듬는 일이 일어나기도 한다. 그러면 뭔가 된 것으로 착각하는 수가 있다. 그것 또한 좌선을 하다보면 정신 기운이 맑아지고 또 간절하게 염원을 하기 때문에 생기는 현상이다. 그럴 때는 그런가보다 하고 범연히 넘겨야지 그것에 끌려 재미를 붙이고 그것을 다시 구하고자 하면 안 된다. 그러다가는 큰 공부를 그르치게 되고 만다.

　신통을 목적으로 그것을 구하려고 하면 신통 그 자체로 끝나지 도인으로까지 되지는 못하는 것이니, 이것은 도인 만들고자 하는 나의 가르치는 바와는 다른 것이다. 너희들은 어떠한 경우라도 신통을 목적으로 구하지 말라."

　대종사님께서는 왜 이토록 신통에 대해서 많은 경계를 하셨고 엄하게 금하셨는가? 초기교단에서 제자들이 대종사님을 뵈올 때, 세상의 앞날도 훤히 내다보시고 제자들을 보면 제자들의 심리상태까지 훤히 다 알고 계시니, 대종사님께서는 신통을 부리신다고 생각할 수 밖에 없었다.

　구인제자(九人弟子)들과 더불어 기도를 하실 때에도, 제자들이 9일긴 집에서 지내나가 10일째, 기도 일에 모이게 되면 일일이 제자들을 바라보시며, 그 동안에 그 집안에 어려운 일이 있었던 제사들은 어떻게 아셨는지 꼭 챙기고 위로의 말씀을 해 주셨다고 한다. 제자들이 생각할 때 참 기이한 일이었다. 누가 말씀을 드린 바도 없는데 어찌 아시고 저렇게 격려를 해주시나 생각하게 되었고, "대종사님은 분명히 신통으로 우리의 일거수일투족(一擧手一投足)을 다 보고 다 아시는구나!" 하는 믿음을 갖게 되었던 것이다.

　그러니 일상생활에서 행동에 위축을 받기도 하고, 어떤 제자는 안방에 드나드는 일도 거북스러웠다고 한다. 대종사님께서도 제자들의 이런 분위기를 아신 후에는 일체의 일에 아는 내색을 보이지 않으시기도 했다고 한다.

 아무튼 제자들의 생각에는 대종사님께서는 신통을 부리신다고 믿었고, 그러니 대종사님을 닮아가기 위해서 제자가 된 우리도 신통 정도는 부릴 수 있어야 하지 않겠느냐는 분위기가 암암리에 팽배해 있었다.

 그도 그럴 것이 도인이 되고 대각을 한다는 것은 너무 호대하고 요원한데 신통은 노력하면 이룰 수 있을 것 같으니까 마음이 그쪽으로 동했고, 또 신통을 바라는 시대적인 민심이 반영된 것이기도 했다. 당시 혼란하고 희망이 없는 암흑시대에 일부 종교 교단에서 이런 신통으로 인심을 얻어 교세를 확장하는 사례도 있었기 때문에 이 영향도 있었을 것으로 생각된다.

 이런 신통에 대해 호기심을 갖는 제자들의 분위기를 살피신 대종사님께서 신통을 목적으로 하여 원만한 공부를 등한히 하고, 편벽되이 신통만 구하려는 것을 경계하기 위하여 자주 신통에 대한 말씀을 해 주셨다고 본다.

 대종사님께서 정산종사(鼎山宗師 宋奎, 1900~1962)를 큰 도인 만들기 위해 토굴생활을 하게 하셨던 것이나, 이운외 할머니의 병환 소식을 듣고 의사를 청하도록 가르쳐 주신 것이 모두 신통을 금하고, 바른 도로써 큰 도를 이루게 하시려는 자비요, 교훈이라고 생각한다.

《대종경》 수행품 42장

　대종사 말씀하시기를「정법 회상에서 신통을 귀하게 알지 않는 것은 신통이 세상을 제도하는 데에 실다운 이익이 없을 뿐 아니라, 도리어 폐해가 되는 까닭이니, 어찌하여 그런가하면 신통을 원하는 사람은 대개 세속을 피하여 산중에 들며 인도를 떠나 허무에 집착하여 주문이나 진언(眞言) 등으로 일생을 보내는 것이 예사이니, 만일 온 세상이 다 이것을 숭상한다면 사 농 공 상이 무너질 것이요, 인륜 강기(人倫綱紀)가 묵어질 것이며, 또는 그들이 도덕의 근원을 알지 못하고 차서 없는 생각과 옳지 못한 욕심으로 남 다른 재주를 바라고 있으니, 한 때 허령으로 혹 무슨 이적(異蹟)이 나타난다면 그것을 악용하여 세상을 속이고 사람을 해롭게 할 것이라. (하략)

부처님의 응화신

자연은 생명의 원천이다. 모든 생명이 이 자연의 품안에서 사랑과 조화를 이루어야 공존과 번영이 가능하다. 요즘 환경공해의 심각성에 대한 걱정의 소리가 높다. 병들어 가는 자연에 대한 우려는 이제 지구인들의 급박한 관심사로 대두되었다. 생명의 보금자리인 환경을 살려야 한다는 소리가 높아갈수록 간절하게 되살아나는 법문이 처처불상이다. 대종사님께서 다음과 같이 말씀을 하셨다.

"처처불상이라는 말은 모두가 부처라는 이른바 범불론(汎佛論)이다."

이 말씀에는 사람은 말할 것도 없고 금수초목, 광물까지도 부처로 보신 대종사님의 사상이 깔아 있다. 이 말씀을 하실 때는 사람을 부처로 보는 것만이 아니고 금수초목도 부처라고 하셨다. '일목일초도 불(佛)의 응화신이다'고 하셨다. 풀 한 포기 나무 한 그루도 바로 부처님이라는 것이다. 이러한 대종사님의 사상은 은(恩)사상으로 이어져 동포은의 보은 조목에 '초목금수도 연고 없이는 꺾고 살생하지 말 것이니라.' 라고 밝히셨다.

대종사님께서는 나무를 무척 사랑하셨다. 사랑하고 소중하게 여기지 않으신 것이 있었겠는가마는 오늘에 와서 생각해도 나무 한 그루 화초 한 포기도 심고 가꾸며 쏟으시던 사랑과 정성이 제자들을 챙기고 가르치시는 것에 조금도 덜하지 않으셨다는 생각이 든다. 총부의 정원을 손수 만들고 가꾸시면서, 또 정원의 나무를 심는다든지 전지를 한다든지 하는 작업이 있을 때는 직접 감역을 하면서 일일이 지도를 하셨다.

여기에 이 나무를 심으라고 정해 주시고, 그 돌은 저기에 놓으라고 하시면서 나무 한 그루 돌 하나도 가볍게 다루지 않고 소중하게 생각하시는 모습을 뵈면서 처처불상 사상의 일단을 감히 짐작할 수 있었다. 설법하실 때의 모습이나 나무를 다루실 때의 모습이나 소중히 여기시는 모습이 한결같으셨다. 그 모습은 대종사님께서 평소에 "일목일초가 모두 부처님의 응화신이라"고 하신 그 말씀 그대로의 운심처사(運心處事)임을 느낄 수가 있었다. '정말로 나무 한 그루도 부처로 생각하고 부처님을 모시듯 하시는구나' 하는 마음이 들었다.

현재 구조실 앞의 정원은 대종사님께서 손수 심고 가꾸셨다. 그 때 심어 놓으신 나무들이 이제는 거목이 되어서 역사를 말해 주고 있다. 대종사님께서 심고 가꾸실 때 이 나무들에게 쏟았던 사랑도 함께 느끼게 된다.

송대 주변에 있는 소나무는 직접 심지는 않으셨지만 송대를 지을 때나, 그 주위에 큰 돌들을 놓고 경관을 가꿀 때에도 감역을 하셨다.

설법을 하실 때는 "똥 부처" 말씀을 많이 하셨다.

"똥이 부처다. 똥 부처에게 불공을 잘하면 복이 돌아오고, 또 똥 부처에게 불공을 잘못하면 벌이 돌아온다. 똥이 썩어서 죽은 것 같고 아무 능력이 없는 것 같으나 이를 거름 삼아 채소를 가꾸면 그 채소가 그 기운을 받아서 잘 자라게 된다. 이것을 잘못 처리하면 더러움과 악취의 피해를 받는 것이다. 그러니 어찌 더러운 똥이라 하여 이것이 아무런 영험이 없다 하겠느냐?"

 대종사님의 한 제자가 이 가르침을 받들고, 어느 기독교인이 자신이 믿는 신은 무소부재(無所不在)하다고 하는지라, 그에게 묻기를 "신이 무소부재하다면 똥에도 신이 있는가?" 하니 그가 화를 내면서 "어찌 그 더러운 것에 신성한 신을 비유하여 모독하느냐?"고 말하는지라 그에게 "우리는 똥에도 부처의 성품이 깃들어 있다고 한다. 그 똥 부처를 잘 이용하면 좋은 거름이 되어 우리에게 복을 가져다주지마는 잘못 다뤘을 때 와지는 피해를 생각하면 분명한 일이 아니냐?"고 말했다고 하였다. 대종사님께서는 "고름도 부처다" "똥도 부처다." "죽지 않고 살아 있다." 하셨으니 이것이 바로 범불사상(汎佛思想)을 쉽게 일러주기 위해서 그렇게 말씀하신 것이 아닌가 생각한다.
 어느 제자가 대종사님께 여쭙기를 "금수초목이 부처라면 맹수나 독사같이 인간에게 해를 입히는 것들도 부처입니까?" 하니, "맹수나 독사가 해를 입힐 때 대적하지 말고 피하면서 부처로 공경하라." "벌레나 곤충, 병균들도 부처인가?"를 여쭈니 "그들도 부처인 것은 분명하며 그들 나름의 능력으로 영향을 미치는 것이다. 함부로 살생하지 말며, 혹 그들로 인하여 생명을 잃게 되거나 몸을 상하게 될 경우에는 생명보존을 위해서 불가피한 것이다."고 하셨다.
 리우환경회의에서 대기오염을 정화시킬 수 있는 대표적인 방법으로 녹색식물인 나무를 '생명의 나무'로 이름 지었다. 지구상의 생명은 중병을 앓고 있다. 자연을 죽여 가는 과학기술문명의 성장으로 자연은 이제 우리 인간의 생명까지 위협하게 되었다는 것이다. 한 그루의 나무를 심고 가꿔가며 아끼는 것은 생명의 존엄과도 통한다. 생명의 나무에서 생명의 존엄을 터득할 수 있다면 훨씬 좋은 세상이 된다.

이러한 때에 대종사님의 나무 한 그루, 풀 한 포기까지도 부처라고 가르쳐 주시고 사랑과 정성을 쏟으며 생명존중의 대자비심과, 사랑과 조화로 공존해 가는 우주의 대 진리를 몸소 보여주셨던 큰 교훈에 새삼 감복하지 않을 수 없다. 처처불상의 사상으로 중병에 시달리는 지구를 구하고, 자연과 조화롭게 살아야 할 때이다.

중앙총부 구조실 가는 길의 전경

《정전》 수행편, 불공하는 법

　과거의 불공 법과 같이 천지에게 당한 죄복도 불상(佛像)에게 빌고, 부모에게 당한 죄복도 불상에게 빌고, 동포에게 당한 죄복도 불상에게 빌고, 법률에게 당한 죄복도 불상에게만 빌 것이 아니라, 우주 만유는 곧 법신불의 응화신(應化身)이니, 당하는 곳마다 부처님(處處佛像)이요, 일일이 불공 법(事事佛供)이라, 천지에게 당한 죄복은 천지에게, 부모에게 당한 죄복은 부모에게, 동포에게 당한 죄복은 동포에게, 법률에게 당한 죄복은 법률에게 비는 것이 사실적인 동시에 반드시 성공하는 불공 법이 될 것이니라.(하략)

간단없는 공부

가끔 후진들을 만나 "요즘 공부 잘 하는가?"라는 말을 하게 되고, 다른 사람들도 흔히 이런 말로 후진들을 챙기는 것을 자주 보게 된다. 또 요즘 들어서 부쩍 많이 하는 말이 "공부하는 교단이 되어야 한다." "도량이 공부하는 분위기가 되어야 한다." "공부하는 동지라야 영원한 동지다." 라고 한다.

내가 이런 말을 하고 또 주위에서 이런 말을 하는 것을 듣게 될 때마다 생각하는 것은 '과연 공부 잘 하느냐고 묻는 사람이나 거기에 답변하는 사람이나 그 공부라고 하는 말을 어떤 의미로 쓰고 받아들이고 있는가? 그리고 대종사님께서 공부라는 말을 어떤 의미로 사용하셨던가'를 생각하게 된다.

공부라는 말을 사전적으로 풀이하면 학문을 배우고, 배운 것을 익힌다는 뜻이지만, 대종사님께서 주로 '일심·알음알이·실행'이라는 공부의 요도를 많이 말씀하셨기 때문에 그때 우리가 받아들이기에는 공부라고 하는 것은 삼학공부인 줄만 알았었다. 그러니까 부처가 되기 위한 도덕공부, 즉 마음공부만을 공부라고 말씀하시는 것으로 알았다. 그런데 살아 오면서 세상에서 공부라는 말을 많이 쓰고 있으니까 우리 교단에서도 공부라고 하는 개념도 많이 달라지고 있는 것 같았다. 공부라는 말을 하는 사람과 때에 따라서 그 성격과 내용을 달리하고 있었다. 때로는 수학중인 학생에게 학문에 열심히 임하고 있느냐는 말이 되기도 하고, 때로는 마음이 다른 곳으로 흐르지 않고 본무에 충실한가를 묻는 말이기도 하고, 때로는 마음을 바르고 맑고 밝게 하는 공부를 잘하고 있는가를 묻는 말이 되기도 했다.

대종사님께서는 분명히 이 회상에서는 "마음 사용하는 법을 배우고 가르친다."고 하셨고, "마음을 다스리는 도학공부는 모든 학술의 주인이요 모든 공부의 근본이 된다."고 하셨으며, 이 회상에 입문한 사람들을 '공부인' 이라고 하셨다. 또 '공부인' 들에게 간단없는 공부법으로써 훈련해 가도록 정기훈련법과 상시훈련법을 제정하여 물샐틈없이 공부하게 하셨다.

교단적으로 과학과 도학을 병행해야 하는 수학 중의 예비교역자들의 경우에는 공부란 무엇을 의미하는가? 이들은 이 두 가지를 충실하게 해야 되지만 주종에 있어서는 도학공부가 주요, 과학 공부는 아울러 닦아야 할 학문으로 종이 되는 것이다.

그러니까 대종사님께서 말씀하신 공부란 학교에 가서만 하는 공부가 아니요, 일정한 수학기간에만 하는 공부도 아니다. 일생 동안 아니 영생을 두고 계속해야만 하는 공부이다. 요즘에는 세상에서도 평생교육이라 하여 사람의 배움에는 끝이 없다는 말을 하고 있다. 성불 제중하는 일은 도학공부로 영생을 두고 하는 공부이다. 그러므로 더욱이 간단이 없는 공부일 수밖에 없다.

원불교에서 말하는 훈련이라는 의미도 일반적인 훈련의 의미와는 다른 개념이다. 일반적인 훈련의 의미는 일정한 목표나 기준에 도달하기 위해서 실천시키는 실제적인 활동을 의미하기 때문에 그 목표나 기준에 도달하면 끝이 나거나 휴식에 들어가게 된다. 그러나 대종사님께서 말씀하신 훈련이란 간단없는 공부로 일정기간의 정기훈련을 마치면 상시훈련이 시작된다. 또 상시훈련으로 훈련을 하다가 기간이 되면 정기훈련이 시작되어 끊임없이 계속되는 공부이다.

대종사님께서 이 훈련에 대해서 "정기훈련은 상시훈련을 하기 위한 훈련이고, 또 상시훈련은 정기훈련의 기본이 되도록 하는 훈련이다."고 하셨다. 그래서 무시선 무처선(無時禪 無處禪)에 대해서 "간단없는 공부법"이라고 말씀하시고, 대중의 분위기를 살피면서 대중들의 마음이 '정말로 그렇다'고 받아들이는 것 같지 않은지 대종사님 스스로 "참, 이렇게 좋은 공부법이 또 어디 있겠느냐?" 감탄하곤 하셨다.

대종사님께 훈련에 대한 말씀을 받들 때만 하더라도 마음에 확실하게 부딪혀 오지는 않았는데 살아오면서 생각하니 굉장한 말씀으로 느껴진다. 그것은 동정간(動靜間) 간단없는 공부를 하도록 훈련시키신 것이다.

대개 공부는 일이 없을 때에 하는 것으로 생각하고, 일이 있을 때는 그냥 그 일만 열심히 하면 되는 것으로 생각하는데, 대종사님께서는 일이 있을 때나 일이 없을 때나 한결같은 공부심으로 살아가도록 가르쳐 주셨으니, '간단없는 공부'라는 이 한 말씀 속에는 우리들을 모두 부처 만들기 위한 대종사님의 깊은 사랑이 들어 있음이 느껴진다. '그렇게 고심하셔서 이렇게 물샐틈없는 공부법을 밝혀 주셨구나!'라고 생각하면 하해와 같은 은혜에 감사의 마음이 넘쳐난다.

특히 상시응용 주의사항과 교당 내왕시 주의사항을 밝혀주시고, 그것을 조사하기 위하여 일기법도 두셨으니 이처럼 세밀한 수행

방법이 또 어디 있겠는가? 부지런히 공부하여 부처를 이루고 대종사님께 크게 보은해야겠다.

《대종경》 교의품 29장

대종사 선원 대중에게 물으시기를 「그대들은 여기서 무엇을 배우느냐고 묻는 이가 있다면 어떻게 대답하겠는가.」하시니, 한 선원(禪員)은 「삼대력 공부를 한다 하겠나이다.」하고, 또 한 선원은 「인생의 요도를 배운다 하겠나이다.」하며, 그 밖에도 여러 사람의 대답이 한결같지 아니한지라, 대종사 들으시고 말씀하시기를 「그대들의 말이 다 그럴 듯 하나 나도 또한 거기에 부연하여 한 말 하여 주리니 자세히 들으라. 무릇 무슨 문답이나 그 상대편의 인물과 태도에 따라 그 때에 적당한 대답을 하여야 할 것이나, 대체적으로 대답한다면 나는 모든 사람들의 마음 작용하는 법을 가르친다고 할 것이며, 거기에 다시 부분적으로 말하자면 지식 있는 사람에게는 지식 사용하는 방식을, 권리 있는 사람에게는 권리 사용하는 방식을, 물질 있는 사람에게는 물질 사용하는 방식을, 원망 생활하는 사람에게는 감사 생활하는 방식을, 복 없는 사람에게는 복 짓는 방식을, 타력 생활 하는 사람에게는 자력 생활하는 방식을, 배울 줄 모르는 사람에게는 배우는 방식을, 가르칠 줄 모르는 사람에게는 가르치는 방식을, 공익심 없는 사람에게는 공익심이 생겨나는 방식을 가르쳐 준다고 하겠노니, 이를 몰아 말하자면 모든 재주와 모든 물질과 모든 환경을 오직 바른 도로 이용하도록 가르친다 함이니라.」

육신 병은 의사에게

《대종경》 실시품 31장에는 한 제자의 병이 위중하다는 보고를 받고 말씀하신 내용이 실려 있다. 정산종사님의 어머니이신 이운외(準陀圓 李雲外, 1872~1967) 할머니가 병환이 나자 친근자가 대종사님께 이 사실을 보고 드리고 어떻게 해야 할 것인지를 여쭈었다. 대종사님께서는 "어서 의사에게 알려 치료받도록 하라." 하셨다. 우리는 이 평범하고 일상적인 말씀에서 대종사님의 큰 뜻과 가르침을 받들어야 한다.

당시의 제자들은 자신의 공부하는 것은 물론 가정의 대소사까지도 대종사님께 일일이 보고를 드리고 지도를 받으며 살았다. 그러니 이운외 할머니의 병환도 제일 먼저 대종사님께 알리는 것이 당시의 상황으로는 당연한 일이었다. 대종사님께서는 의사에게 알려 치료를 받게 하라는 말씀만 하셨다. 왜 그러셨을까?

얼마 후 평복이 되었을 때 하신 말씀에서 그 깊은 뜻과 가르침을 알 수 있다.

"일전에 운외가 병이 중하매 나에게 먼저 방침을 물은 것은 그 길이 약간 어긋난 일이니라. 나는 원래 도덕을 알아서 그대들의 마음병을 치료해 주는 선생이요, 육신 병의 치료는 각각 거기에 전문하는 의사가 있나니, 이 앞으로는 마음병 치료는 나에게 문의할지라도 육신병 치료는 의사에게 문의하라. 그것이 그 길을 옳게 아는 것이니라."

대종사님께서 말씀하신 병든 사회는 얼핏 생각하면 사회의 병리현상으로 이해를 할 수 있겠으나, 이 말씀 가운데는 반드시 몸과 마음이 함께 병들었다고 하는 의미가 전제되어 있다. 마음의 병리현상을 주로 밝히셨다 하더라도 육신의 병도 함께 내포되어 있다고 봐야 할 것이다. 다만 마음의 병은 도덕으로 종교가에서 치료하고, 육신의 병은 의사에게 치료 받도록 하신 것이다.

대종사님께서 교단 초창기에 경제적 기반을 세우기 위해 언답을 막으셨고, 중앙총부에 오셔서는 산업기관으로 보화당약방을 창설하셨다. 보화당 창설로 그치지 않고 그 수익금은 장차 병원설립의 기금으로 하라는 부촉의 말씀까지 하셨다.

공산 송혜환(公山 宋慧煥, 1905~1956) 선진님은 보화당 책임자로 오래 봉직하셨는데, 대종사님 열반 후에 중앙총부 교정원의 예산심의 과정에 늘 의견을 달리하는 부분이 있었다. 교정원에서는 수입원이 없어서 경제적인 어려움이 있으니 보화당의 수익금을 교정원에 보태려고 하였고, 공산 선진님은 "이것은 대종사님께서 나한테 분부하신 말씀이다. 대종사님께서는 보화당을 창설하실 때에 제생의세하라 하셨고, 또 그 수익금을 키워서 꼭 병원을 세우라고 하셨다. 대종사님께서 분부하신 이 일을 꼭 이뤄내야 한다. 교정원이 아무리 어려워도 다른 방책을 구해야지 병원을 세우려는 목적

외에 이 돈은 쓸 수 없다."는 강한 의견을 내세웠다.

　대종사님께서 보화당을 설립하시고 또 병원 설립을 부촉하셨던 것은 무슨 의미인가? 마음병만 치료하는 것으로 병든 사회를 치료한다고 생각하셨다면 굳이 병원설립을 부촉하기까지 하셨을까? 대종사님께서 돈을 벌기 위해 병원을 설립하라고 하신 것은 아니다. 영육쌍전의 견지에서 마음병과 육신 병을 따로 보지 않고, 몸과 마음이 함께 건강한 사회를 구상하시고, 마음병 치료와 육신병 치료를 함께 생각하셨다고 본다.

　당시 일부 신종교에서 자행되었던 교주의 육신병 치료행위는 사회적인 문제가 되기도 했다. 이는 교주를 신격화 하려는 데서 야기된 것이다.

　대종사님께서는 개교의 동기에서도 "일체생령을 광대 무량한 낙원으로 인도한다" 하셨는데, 이 낙원세계는 마음의 병만 치유되었다고 해서 이루어지는 세상이 아니라 육신병도 치유되어야 한다. 다만 치료하는데 있어서 마음병은 종교가의 도덕으로, 육신 병은 의술로 다스려야 한다는 구분을 분명히 하신 것을 명심해야 할 것이다.

《대종경》 수행품 57장

또 말씀하시기를 「공부하는 사람이 각자의 마음병을 발견하여 그것을 치료하기로 하면 먼저 치료의 방법을 알아야 할 것이니, 첫째는 육신 병 환자가 의사에게 자기의 병증을 속임 없이 고백하여야 하는 것 같이 그대들도 지도인에게 마음병의 증세를 사실로 고백하여야 할 것이요, 둘째는 육신 병 환자가 모든 일을 의사의 지도에 순응하여야 하는 것 같이 그대들도 지도인의 가르침에 절대 순응하여야 할 것이요, 셋째는 육신 병 환자가 그 병이 완치 되도록 까지 정성을 놓지 아니하여야 하는 것 같이 그대들도 끝까지 마음병 치료에 정성을 다하여야 할지니, 이와 같이 진실히 잘 이행한다면 마침내 마음의 완전한 건강을 회복하는 동시에 마음병에 허덕이는 모든 대중을 치료할 의술까지 얻게 되어, 너른 세상에 길이 제생 의세의 큰일을 성취하게 되리라.」

까닭 없는 허송세월

대종사님께서 제자들이 까닭 없이 허송세월 보내는 것에 대해 대단히 염려하셨다. 실제로 까닭 없이 세월만 보내고 있는 제자가 있다고 보셨는지 아니면 행여 그런 제자가 있게 될까 봐 미리 일깨워 주신 것인지는 헤아릴 수 없으나, 아무튼 당신의 문하에 있는 제자들이 까닭 없이 무위도식하고 허송세월하지 않도록 자주 경책을 주셨다.

"자기가 해야 할 뚜렷한 일과 목표를 가지고 살면서 늘 자신을 반조하고 성찰하고 그렇게 살아야 한다. 그래서 남이 장에 가니까 두엄지고 장에 가는 식으로 다른 사람 하는 대로 그저 따라 하면서 살아서는 안 된다. 아무 목적도 없이, 별 하는 일도 없이 이 회상에 와서 대중들과 한 무리로 어울려서 어영부영 세월만 보낸다면 아무 소용없는 일이다."

이 말씀을 받들면서, 그때 마음으로도 '나는 놀고먹지는 않고 일을 하면서 살기 때문에 나 보고 그런 말씀을 하시는 것은 아니겠지'라고 생각하면서 단순하게 받아들였다. 그런데 차츰 철이 들면서 이 말씀은 생각하면 할수록 '우리 제자들이 생활 속에서 공부

심을 놓지 않도록 이렇게까지 늘 챙기고 깨우치며 키워주셨구나'
하는 깊고 넓고 크신 은혜를 절감하게 된다.

"아무 까닭 없이 남이 하니까 그저 남 하는 대로 하면서 사는 사람을 '종일통곡에 부지하마누라상사다(終日痛哭 不知何婦人喪事)'라고 한다. 대종사님께서 말씀하셨다.

"하루 종일 통곡을 하고서도 어느 부인이 상을 당했는지 모른다면 그 하루 종일의 통곡이 무슨 의미가 있겠느냐?
어느 재상이 여러 마누라를 두고 사는데 마누라가 여럿이고 보니 초상도 자주 있게 되었다. 그러니 아무 까닭 없이 사는 하인들은 남들이 통곡을 하니까 따라서 종일 통곡을 하였지만 정작 누가 돌아가셨기에 그렇게 통곡을 하느냐고 물으면 알지를 못한다. 그러니 이처럼 허망한 일이 어디에 있겠느냐?
대중들의 피땀으로 이루어진 이 밥과 이 옷을 입고 이곳에 살면서 이렇게 까닭 없이 허송세월을 보낸다면 저 세상에서 사는 것만도 못하여 성과는 없고 오히려 죄악만 행하는 결과를 가져올 것이다. 그런 사람들은 여기에 와서 살아야 할 하등의 이유가 없다. 그러니 정신을 차려서 뭔가 표준을 세워 두고 조석으로 대조하고 반조하는 생활을 해야지 그렇게 까닭 없이 살아서는 안 된다."

'종일통곡에 부지하마누라상사다' 하신 이 말씀은 옛 글귀를 재미있게 변용하신 말씀이다. '부인'이라 해야 할 것을 흔히 사용하는 '마누라'라는 명칭을 쓰신 것이 기억에 강하게 남아 있다.
뒤에 정산종사님께서 한 학인을 꾸중하신 일이 있다. 유일학림 당시 한 학인이 늘 웃고 다니는데 본래 성격이 낙천적인지는 몰라도 우리가 보기에도 까닭 없이 사는 것 같아 보였고, 공부에도 별 진전이 없었다. 하루는 정산종사께서 무슨 말씀을 하시다가 그 학인에게 아주 간단하고 쉬운 질문을 하셨는데 대답을 하지 못했다. 그러자 "저 아무개는 아무 까닭 없이 웃고만 다닌다."고 나무라시며 "웃고 다니는 데도 까닭이 있고 표준이 있어야 한다."고 하셨다.

결국 그 학인은 전무출신의 서원을 지키지 못하고 도중에 가정으로 돌아갔으니 그의 생활이 까닭 없는 허송세월이었음을 증명한 셈이다. 우리가 처음에 이곳에 올 때는 목적을 세우고 오지만, 살다보면 잊어버리고 까닭 없이 살아갈 수도 있고, 아예 공부하는 마음을 놓아 버리고 허송세월을 하며 대중 속에서 덤으로 살아가는 수도 있다. 이런 생활은 도가에서뿐 아니라 세상 어느 곳에서 살든지 경계해야 할 자세이다.

'나는 무엇을 하는 사람인가?' '무엇을 하기 위해 여기에 있는가.'를 생활 속에서 반조하면서 본분 사를 잊지 말고 이를 실현해 가기 위해 표준 있는 생활을 해야겠다. 무슨 큰일이나 하는 것처럼 바쁘게 어둥대며 살아도 아무런 까닭이 없이 살며 평생을 살아도 자신에게 남는 것은 허망함 뿐이다.

우리의 목적이 성불제중(成佛濟衆)이라고 한다면 그 목적 실현을 위해서 정열을 다 쏟고 그 서원이 이루어지도록 일관된 정성이 있어야지 그렇지 않고 남들 하는 대로 어울려서 물 흐르는 대로 파도치는 대로 흔들리며 쏠려 다닌다면 어찌 목적 있는 생활이요, 서원 있는 인생이라 할 것인가? 오늘도 대종사님의 이 말씀을 생각하면서 이 하루가 목적과 서원에 부합되는 생활이었는가? 나는 오늘 하루를 까닭 있게 보냈는가, 아무 까닭 없이 보냈는가? 반조해 본다.

은선양악의 수행

은선양악(隱善揚惡)은 모든 성현들이 다 같이 자비와 사랑의 정신으로 가르친 대인관계의 윤리라고 생각한다. 대종사님은 대인관계에 있어서 은악양선의 가르침을 말씀으로도 많이 하셨지만 실지로 은악양선을 보여 주기도 하셨다. 설법을 하실 때에 조금이라도 칭찬할 만한 제자가 있으면 얼마나 크게 추어올리며 칭찬하시는지, 말씀하시는 대종사님은 물론이요 듣는 사람들도 다 같이 우쭐거릴 정도로 굉장하였다.

내가 14살의 나이로 처음 총부에 와서 대종사님을 뵈올 때 어른을 뵈러 가는데 빈손으로 가는 것은 예의가 아닌듯하여 셈베(煎餠)과자를 사가지고 와서 "대종사님 입맛 다시라고 가져 왔습니다."라고 말씀드렸을 때 박장대소하셨는데 설법을 하실 때에 그 일을 종종 거론하셨다.

"정용이 그 어린 것이 나를 보러 오면서 보따리에 뭘 싸 가지고 왔더라. 그래서 그것이 무엇이냐고 물었더니 나 입맛 다시라고 셈베과자를 가져왔다고 하더라. 그 어린 나이에 어떻게 그런 소견이 났는지 기특하지 않느냐? 어린 것이 어른을 뵈러 가면서는 빈손으로 가지 않는 것이 예의라는 것을 알고 있더라."

내가 생각해도 기특한 일이기는 하지만 그렇다고 해서 그렇게 크게 칭찬들을 만한 일은 아니었다. 더구나 한 번도 아니고 내가 들은 것만 해도 너 댓번 되었으니, 그 사소한 일을 그렇게 크게 드러내시고 칭찬해 주시는 것이 너무 과하다는 생각이 들어질 정도였다.

대종사님께서는 이렇게 작은 선행이라도 크게 칭찬하고 드러내 그 싹을 키워주셨다. 이러한 은악양선의 방편을 쓰시는 한편으로는 그 반대 개념이랄 수 있는 은선양악의 말씀을 강조하셨다.

은악양선은 다른 사람에 관계된 것이요, 은선양악은 자신에 관계된 태도이다. 《정전》 솔성요론 10조의 다른 사람의 그릇된 일을 견문하여 자기의 그름을 깨칠지언정 그 그름을 드러내지 말 것이요와 11조의 다른 사람의 잘된 일을 견문하여 세상에다 포양하여 그 잘된 일을 잊어버리지 말 것이요는 은악양선을 말씀한 것이며, 요훈품 24장은 자신 수행에 있어서 은선양악을 말씀하신 것이다.

칭찬을 하시거나 선행을 드러내는 것도 크게 하셨지만 때로는 대중 앞에서 꾸중도 크게 하셨다. 제자의 잘못이 보이면 대중 앞에서 꾸중하셨고, 그런 다음 그 제자를 조용히 불러 특별히 챙겨 주셨다.

"섭섭했느냐? 너니까 내가 그렇게 안심하고 뭐라고 할 수 있었다. 그렇지만 너만 들으라고 한 말이 아니다. 그렇게 해야 다른 사람들도 자기 잘못을 깨칠 것이 아니냐?
선은 들추어낼수록 그 공덕이 작아지고 악은 숨겨둘수록 그 뿌리가 깊어지는 것이다. 그러니 작은 실수지마는 그것을 대중들 앞에 들춰냄으로써 너도 다시는 그런 잘못을 안 하게 될 뿐 아니라,

그런 잘못이 있는 사람에게는 그 잘못을 반성하고 고치는 계기가 되고, 그렇지 않은 사람일지라도 그런 잘못을 미연에 방지하도록 경각심을 일깨워 주기 위한 것이다."

 수행인이 자신의 잘못을 드러내서 고쳐가고, 잘한 것은 숨겨두는 겸손의 덕을 쌓아가는 공부를 하면 그 공덕이 크고 오래 가게 된다. "다른 사람의 선행은 널리 드러내 여러 사람에게 보감이 되게 하고, 자신의 선행은 안으로 숨겨 공덕이 되게 하며, 다른 사람의 잘못은 숨겨주어 한때의 실수로 앞길이 막히지 않게 하고, 자신의 잘못은 드러내 그 악의 뿌리가 깊어지기 전에 고칠 수 있도록 하라."는 그 교훈은 서로 관계를 맺으며 살 수밖에 없는 인간사회에서 깊이 새겨 둘 법문이다.

 뒷날 숭산종사는 "대개의 사람들은 자신의 잘못에는 '그럴 수도 있지' 하고 남의 잘못에는 '그럴 수가 있는가?' 하는데, 공부하는 사람들은 이것을 바꿔서 '남의 잘못에는 그럴 수도 있지' 하고 자신의 잘못에는 '그럴 수가 있는가?' 하면서 남에게는 이해와 용서를, 그리고 자신에게는 매서운 질책으로 정진해야 한다."고 하셨는데 서로 연결이 되는 말씀으로 생활 속에서 쉽게 표준 삼을 수 있도록 하신 것이다.

《대종경》 실시품 39장

　대종사 매양 신심 있고 선량한 제자에게는 조그마한 허물에도 꾸중을 더 하시고, 신심 없고 착하지 못한 제자에게는 큰 허물에도 꾸중을 적게 하시며 조그마한 선행에도 칭찬을 많이 하시는지라, 한 제자 그 연유를 묻자오매 대종사 말씀하시기를「열 가지 잘하는 가운데 한 가지 잘못하는 사람은 그 한 가지까지도 고치게 하여 결함 없는 정금 미옥을 만들기 위함이요, 열 가지 잘못하는 가운데 한 가지라도 잘하는 사람은 그 하나일지라도 착한 싹을 키워 주기 위함이니라.」

성불로 통하는 믿음

　믿음은 대각성불(大覺成佛)의 기초이다. 대종사님께서는 신(信)에 대한 말씀을 무수히 하셨고, 정말 귀에 못이 박힐 정도로 다지고 강조하셨던 말씀이 아니었나 생각된다. 종교인에 있어서는 무엇보다도 믿음이 우선이다. 이 믿음이 아니고서는 그 무엇도 가히 그 성공을 보지 못하기 때문이다.
　"큰 믿음이 있으면 반각(半覺)은 된다." 하신 대종사님 말씀은 바로 모든 일이 이 믿음으로 시작됨을 말씀하신 것이라고 생각된다. 수도인의 구경 목표는 바로 대각성불이다. 대각성불이라는 구경의 목표에 도달하기 위해서는 안내가 필요하다. 그 안내가 바로 대각성불하신 선지자의 지도와 가르침이다. 대각성불의 구경처를 모르는 중생으로서는 그 지도와 가르침에 따라 그대로 가면 구경 처에 이를 수 있게 된다.
　이때에 가장 중요한 것이 무엇인가? 선지자의 대각성불하심을 믿고, 그 깨달으신바 진리를 믿고, 그 가르침대로 실행하면 반드시 성불 할 수 있다는 믿음이 그것이다.
　대종사님께서는 당신의 지도에 따라 공부하는 것으로 만족하지 않고 밖에서 다른 공부를 찾거나, 공부 길을 찾지 못해서 방황하는 제자를 보고 크게 걱정도 하시고 탄식도 하셨다.

"나는 그 길을 몰라서 모진 고생을 했다. 그러나 너희들은 내가 그 길을 알아서 손바닥에 쥐어주듯 알려 주었으니 내가 하라는 대로만 하면 금방 성불할 것이다. 내가 이미 깨달아서 가르쳐 준 이 진리만 철저히 믿는다면 그것은 반 대각은 한 것이다. 그러니 꼭 그대로 믿고 정진해라. 성불을 하겠다고 이 회상에 와서 내 말을 믿지 않고, 내가 하라는 대로 하지 않으면서, 다른 것을 구하려고 한다면 내 제자는 아니다."

'시작이 반이다.'는 격언도 있지만, 큰 믿음은 바로 대각으로 인도하는 지름길이다. 대종사님께서 깨달은 진리를 믿어야 한다고 하실 때에는 먼저 인과보응의 진리를 특히 많이 말씀하셨다. 그 중에서도 《업보차별경》을 자주 말씀하셨다.

어린 시절이라 인과가 철두철미하게 믿어지지 않았지만 대종사님께서 그렇게 말씀하시니 그런가 보다 하는 정도의 믿음을 가졌었다. 그런데 지금에 와서 그때를 상기하며 '왜 그렇게 인과보응의 진리를 간절히 강조하셨을까' 생각해 보면, 그것은 '믿으라, 믿어야 한다.'는 깊은 의미라 생각된다.

인과의 진리를 믿느냐, 믿지 않느냐에 따라 인생관이 달라지고 삶이 달라진다. 인과보응에 대한 철저한 믿음으로 세상을 사는 사람과 그렇지 않은 사람의 세상사는 모습은 같을 수 있겠는가? 인과의 진리를 믿는 데에도 그냥 머리로만, 말로만 그렇다고 믿는 것과, 가슴으로, 깨달음으로 철저하게 확신하는 것과는 다르다. 인과를 정말로 확신한다면 아무리 복을 짓지 말라고 해도 짓지 않을 수가 없고, 아무리 죄를 지으라고 해도 지을 수가 없는 것이다.

마찬가지로 대각을 하신 대종사님을 믿고, 밝혀주신 진리를 믿고, 그 가르침 따라 그대로 행하는 것이 성불의 길임을 정말로 확실히 믿는다면 이미 대각의 절반은 이룬 것이다. 또한 이렇게 확실한 믿음이 선다면 그대로 정진하지 않을 수 없을 것이니, 대각성불의 길이 가깝지 않겠는가? 큰 믿음은 반각이요, 그 믿음은 바로 대각성불로 통한다.

> 《대종경》 신성품 7장
>
> 대종사 말씀하시기를 「도가에서 공부인의 신성을 먼저 보는 것은 신(信)이 곧 법을 담는 그릇이 되고, 모든 의두를 해결하는 원동력이 되며, 모든 계율을 지키는 근본이 되기 때문이니, 신이 없는 공부는 마치 죽은 나무에 거름하는 것과 같아서 마침내 결과를 보지 못하나니라. 그러므로 그대들도 먼저 독실한 신을 세워야 자신을 제도하게 될 것이며, 남을 가르치는 데에도 신 없는 사람에게 신심 나게 하는 것이 첫째가는 공덕이 되나 니라.」

작은 데서부터 오래 공들이라

　대종사님께서 저녁에 선방(禪房)에 나오셨다. 이때 교감인 주산 송도성(主山 宋道性, 1907~1946) 종사와 선원생들이 함께 자리하고 있었다. 대종사님께서 순산 김창준(純山 金昌俊, 1911~1957) 선진에게 "창준이는 전무출신을 어떻게 생각하는가?" 하고 물으셨다. 그러자 순산 선진은 "저는 앞으로 전무출신을 10년만 할랍니다." 하고 대답했다. 대종사님께서 크게 웃으시더니 "그래, 창준이는 10년만 하고 갈거여?" 하셨다.

　순산 선진이 총부에 와서 선방의 감원 일을 하고 있을 때였다. 퍽 순진하고 고지식한 분이었는데 하루는 불을 때고 있으니 박창기(默山 朴昌基, 1917~1950) 선진이 휴지가 담긴 휴지통을 주면서 "이것도 태우세요." 하였다. 잠시 후 박창기 선진이 휴지통을 달라고 하니 순산 선진 하는 말이 "아까 불에 태우라고 하고는?" 하는 것이었다.

　그 휴지통은 대나무로 만들어 알록달록 채색된 좋은 것이었는데 그 속에 담긴 휴지와 함께 이미 아궁이 속에 들어가 타버린 뒤였다. 그런 순산 선진이 "전무출신을 10년만 하고 간다."고 말씀드리니, 곁에서 들으신 주산종사도 웃으시다가 "창준씨! 전무출신은 죽을 때까지 하는 것이지 어떻게 10년만 해? 어디서 그렇게 듣고 왔어?" 하셨다.
이때 대종사님께서 말씀하셨다.

"전무출신은 성불을 하기 위한 길이니 10년이 아니라, 한 평생만 해서도 안 되고 영생을 목표로 해야 한다. 성불하려고 온 사람이 10년만 해서 성불하겠느냐? 무슨 일이나 그 결과를 얻도록까지는 참고, 견디면서 오랜 세월 열과 성을 다해야 되는 것이다. 공부뿐이 아니다. 우리 회상이 지금 이렇게 미미하고, 누가 볼 때 사람도 몇 안 되고 집도 초라하다고 해서 어서 빨리 좋은 집도 짓고 사회에서 인증도 받고, 교세를 확장하려고 서두는 것은 큰 성공을 보기가 어렵다. 먼 날을 두고 작은 일에서부터 이루고 또 이루면서 커 나가야 탄탄하고 큰 발전이 된다."

이처럼 대종사님의 포부는 큰 데에 두셨으나 결코 작은 것을 소홀히 하지 않으셨다. 오히려 작은 것에 대한 대종사님의 마음 쓰심은 퍽 신중하셨다. 제자들의 잘못한 일에 대해서 꾸중을 하시되, 비록 그것이 작은 일이라고 해도 큰 죄를 지은 듯이 꾸중 하시고 걱정을 하셨고, 잘한 일에 대해서 칭찬하실 때도 비록 그것이 아주 작은 선행일지라도 장한 일을 한 듯이 기뻐하시며 크게 칭찬을 해 주셨다.

왜 그러셨을까? 악은 그 싹이 자라기 전 그 뿌리가 깊지 않을 때라야 끊기가 쉬우며, 선은 그 작은 싹을 잘 키워야 큰 선도 행할 수 있기 때문이다. 그러므로 선은 그 선이 아무리 작다 하여도 가벼이 생각지 말고 행하며, 악은 그 악이 아무리 작다 해도 크게 알아 행하지 말라는 것이 대종사님의 뜻이셨다.

공부를 하는 것이나, 일을 하는 것이나, 사업을 하는 것이나, 교단을 발전 시켜가는 것이나 모두 작은 것으로부터 소홀히 하지 않고 오랜 세월을 꾸준히 쉬지 않고 공을 들여가는 데서 성공을 보는 것이지 짧은 시일에 갑자기 이루어지는 것이 아니다. 이 교훈은 한탕주의를 바라고 노력 없이 쉽게 성공하기를 바라는 풍조가 만연한 이 시대에 더욱 값진 교훈으로 되새겨야 할 것이다.

《대종경》 교단품 30장

대종사 말씀하시기를 「(전략) 그대들은 공부나 사업이나 기타 무슨 일이든지 허영심과 욕속심(欲速心)에 끌리지 말고 위에 말한 이소성대의 원칙에 따라 바라는 바 목적을 어김없이 성취하기 바라노라.」

마지막 고비 수자상

대종사님께서 공부인이나 또는 사업을 하는 사람들을 격려하고 부촉하실 때에 "목을 잘 넘겨라. 이 고비를 잘 넘기면 괜찮다."는 말씀을 자주 하셨다. 특히 수도인들의 공부심을 독려하시며 넘어야 할 고비를 말씀하실 때는 "《금강경》에서 밝힌 아상(我相)·인상(人相)·중생상(衆生相)·수자상(壽者相) 떼는 공부를 잘 해야 한다."고 하셨다.

"사상 중에서도 아상이나 인상이나 중생상 보다 수자상 떼기가 더 어렵다. 도를 닦는 사람에게 수자상 극복하기가 가장 어렵기 때문에 사상 중에서도 맨 마지막에 둔 것이다.
우리의 30계문 중에 탐심·진심·치심을 없애는 것을 맨끝에 둔 것도 이것을 극복하는 일이 가장 어렵고 힘들기 때문이다. 마찬가지로 이 수자상은 불지(佛地)를 눈앞에 둔 수도인에게 가장 어려운 마지막 고비이다.
공부인에게는 역경보다 순경에서 공부심을 잘 보존하기가 어렵다. 총칼을 들이대고 위협하는 경계에서는 오히려 독한 마음으로 이길 수 있다. 어려운 경계는 사람을 강하게 만들어주기 때문이다. 그러나 내게 듣기 좋은 말로, 혹은 값비싼 물질로 마음을 빼앗고 유혹을 하면, 넘어가는지도 모르는 사이에 빠져들기 쉽다. 좋은 환경, 순탄한 생활은 사람을 약하게 만들기 때문이다.

그런데, 이 순경보다도 더 넘기기 어려운 고비가 무엇이냐 하면 그것이 바로 수자상을 떼는 일이다. 이 수자상은 백척간두진일보(百尺竿頭進一步)하는 공부이다. 이러한 심경과 공부심이 아니고서는 극복할 수 없다. 이 회상에 와서 오랜 세월 수도와 적공을 했다 하더라도 이 수자상에 걸리고 보면 큰 도인은 못된다. 백척간두에서 한걸음 떼어 놓는 일만큼이나 힘들고 어려운 것이 수자상을 떼는 공부인데, 이 수자상만 떼고 보면 그가 바로 큰 도인이다. 이것만 뛰어 넘으면 다른 어려움은 없다. 이를 하근기, 중근기, 상근기 가운데 제일 넘기 어려운 중근기병이라고도 한다."

수자상이란, 일정한 기간의 목숨이 있다는 집착에서 일어난 분별심으로 나이나 지위가 높다는 것에 집착하여 그것만을 앞세우는 소견을 말한다. '내가 수도생활 몇 년을 했다.' '내 공부가 어느 경지에 이르렀다.' '내가 지금 어느 위치에 있다' 하여 자부하는 집착이다.

불교의 시간관은 영원이요 무한이다. 영겁(永劫)이라는 표현을 하기도 한다. 겁이란 범천의 하루요, 인간세계의 4억 3천 2백만 년을 1겁이라 하여 인간의 보통 시간으로는 헤아릴 수 없는 아득한 시간을 말한다.

이러한 영겁의 시간 속에 '나이를 몇살 먹었느니, 수도를 몇 년 했느니, 공사를 얼마나 했느니' 하는 것을 따지고 계산한다는 자체가 얼마나 부질없는 일이겠는가? 더구나 이에 집착하여 대우를 계교하고 섭섭한 마음을 일으킨다면 이 또한 그 오랜 세월 수도와 적공이 허망한 일이다.

  요즘 생각해 보니, 교단의 연조와 함께 내 나이도 많아졌다. 연조가 깊어지고 어른이라는 대우가 돌아옴에 따라 '수자상이 마지막 고비요, 이 고비를 잘 넘겨야 큰 도인이라' 하신 이 말씀이 더욱 가슴에 생생하게 살아난다.

《대종경》 변의품 19장

  한 제자 여쭙기를 「금강경 가운데 사상(四相)의 뜻을 알고 싶나이다.」 (중략) 대종사 말씀하시기를 「아상을 없애는 데는 내가 제일 사랑하고 위하는 이 육신이나 재산이나 지위나 권세도 죽는 날에는 아무 소용이 없으니 모두가 정해진 내 것이 아니라는 무상의 이치를 알아야 될 것이며, 인상을 없애는 데는 육도 사생이 순환 무궁하여 서로 몸이 바뀌는 이치를 알아야 될 것이며, 중생상을 없애는 데는 본시 중생과 부처가 둘이 아니라 부처가 매하면 중생이요 중생이 깨치면 부처인 줄을 알아야 될 것이며, 수자상을 없애는 데는 육신에 있어서는 노소와 귀천이 있으나 성품에는 노소와 귀천이 없는 줄을 알아야 할 것이니, 수도인이 이 사상만 완전히 떨어지면 곧 부처니라.」

수양 없는 놈

 불가에서는 종교적인 인품을 말할 때 수양이라는 말을 주로 사용한다. 대종사님께서도 제자들을 꾸중하시며 '수양 없는 놈'이라는 말씀을 하셨다. 이런 꾸중을 하시게 되는 상황은 많으나 대체로 일심이 되지 못할 때, 욕심을 조절하지 못할 때, 진실되지 못할 때였다. 아무튼 수양이 없는 사람이라고 할 때는 인격적으로 부족하고 인간적으로 덜 된 사람을 두고 말한다고 생각한다.
 수양이라는 말을 사전식으로 풀이하면 도를 닦고 덕을 기르는 일, 심신을 단련하여 지덕을 쌓는 일, 안으로 분별성과 주착심을 없이하며 밖으로 산란한 경계에 끌리지 아니하여 두렷하고 고요한 정신을 양성하고 몸에 있어서 수기를 올리고 화기를 내리며 마음에 있어서 망념을 쉬고 진성을 나타내는 것이라고 한다. 대종사님께서 수양에 대해서 말씀을 하실 때 이러한 포괄적인 의미로 해주셨지만 내 마음에 깊이 새겨진 의미는 수양이란 욕심을 조절하고 일심을 기르는 공부로 이해되었다.
 도가에서는 도심(道心)과 인심(人心)을 구별하여 도심으로 인심을 조절하는 것을 공부의 표준으로 삼고 있다. 서양철학의 이론으로 보면 순수이성이 들어서 감성을 조절하는 것이라고 말할 수 있다.

결국 수양이란 이 욕심 하나를 조절하는데 있다고 해도 과언이 아니다. 욕심을 잘 조절하면 도인이요, 조절이 안되고 끌리는 바가 있으면 도인이 아니다. 목표를 세우고 혼신의 노력을 하는 사람들이 흔히 쓰는 극기(克己)라는 용어도 바로 인간의 끝없는 욕망을 이기는 일이다. 사실 개인뿐 아니라 어느 단체나 사회국가에 있어서도 모든 불화의 원인은 욕심에 있다.

모든 다툼과 분쟁은 권리 명예, 재산 등의 소유욕으로 비롯된다. 온 인류가 평화를 희구하고 있지만, 서로 자기들의 욕심을 버리지 못하기 때문에 평화가 이뤄지지 않는다. 평화를 희구하는 것 마저도 욕심이 되어 평화를 방해하기도 한다.

대종사님께서 전망하신 용화회상(龍華會上)은 욕심이 없는 세상이다. 내 것을 남에게 못주어서 한이 되는 세상이다. 그러기에 그런 세상은 욕심 없애는 공부로 사람사람이 도인이 되었을 때 가능할 것이다.

욕심을 없애고 나누어 갖는다는 것은 물질만을 나누는 것이 아니다. 다른 사람의 고통까지도 나눠가질 수 있어야 한다. '고통분담' 이라는 말도 우리 사회를 평화롭게 이끌어 가려는 방편이라고 할 것이다. 도인은 욕심이 없는 사람이요, 이런 도인들이 사는 세상이 용화회상이요 평화세계이다. 이러한 용화회상의 주인은 수양을 잘 한 사람일 것이다.

《대종경》 수행품 16장

대종사 말씀하시기를 「수양력을 얻어 나가는 데 두 길이 있나니, 하나는 기질(氣質)의 수양이요 둘은 심성(心性)의 수양이라, 예를 들면 군인이 실지 전쟁에서 마음을 단련하여 부동심(不動心)이 되는 것은 밖으로 기질을 단련한 수양이요, 수도인이 오욕의 경계 중에서 마군(魔軍)을 항복받아 순역 경계에 부동심이 되는 것은 안으로 심성을 단련한 수양이라, 군인이 비록 밖으로 기질의 수양력을 얻었다 할지라도 안으로 심성의 수양력을 얻지 못하면 완전한 수양력이 되지 못하고, 수도인이 또한 안으로 심성의 수양력은 얻었으나 실지의 경계에 단련하여 기질의 수양력을 얻지 못하면 또한 완전한 수양력이 되지 못하나니라.」

솔성의 기본인 성리공부

지금도 생생하게 떠오르는 시절이 경진동선(庚辰冬禪, 1940)이다. 비록 공부의 대체를 알 수 없는 어린 나이였고, 처음으로 참여했던 선이었지만 대종사님께서 직접 제자들 한 사람 한 사람 바로잡아 일깨워 주셨다. 특히 선원생 중에는 나처럼 어린 초입자들도 있었는데 그런 초입자들까지도 직접 성리문답(性理問答)을 해 주셨으니, 감동적인 순간으로 기억된다.

대종사님께서 "만법귀일(萬法歸一)하니 일귀하처(一歸何處)냐?" 하고 물으시면, 선원생들은 돌아가면서 자기 생각을 답하였다. 내가 듣기에 '그렇겠다.' 하는 대답도 있었지만, 말도 안 되는 대답도 있었다. 그러면 대종사님께서는 "그러냐?" 하고 빙긋이 웃으셨다. 그때도 인과의 이치나 우주의 진리에 관심이 유난히 깊었던 양산 김중묵 종사는 아주 까다롭고 끈질기게 질문을 하며 파고들었다.

요즘 성리를 중시하고 성리를 이야기해야만 고준한 법설로 생각하기도 하는데, 대종사님께서 성리를 중시하신 본의와는 다른 방향에서 성리공부가 이해되고 있는 경우가 있음을 보게 된다. 대체로 성리를 견성하기 위한 수련으로 생각하고 있다는 점이다. 물론 성리를 문답하고, 성리를 단련시키는 것은 진리를 바르게 깨쳐 알게 하는 공부요, 의리선이라고 할 수 있다. 원리를 깨달아 아는 것을 견성(見性)이라고 하는데 대종사님께서는 이 견성을 큰 공부로 말씀하지 않으셨다. 오히려 초보적인 공부로 생각하시고 초입 자들을 앞에 놓고 직접 성리문답을 하셨다.

"진리를 깨달아 아는 것, 사리간에 밝게 하는 것, 즉 견성은 무엇을 하자는 것이냐? 그것은 궁극적으로 실생활에 다 달아 바르게 활용하자는 솔성에 그 목적이 있는 것이다. 그렇다고 견성이 중요하지 않다는 것은 아니다. 솔성을 잘 하기 위해서는 확실히 깨달아 알아야 한다. 그래서 견성이란 기초적인 공부라고 할 수 있다."

요즘 주위를 보면 견성한 사람은 많은 것 같다. 말을 하고 글을 써 놓은 것을 보면 모두가 금언옥설이요, 심오한 진리를 밝히고 있다. 그러나 실제로 양성을 하고 솔성을 잘 하는 사람은 드물다. 이는 공부의 표준이 견성에 있었기 때문이 아닌가 생각된다.

대종사님께서 일상수행의 요법을 조석으로 외우게 하신 것도 그 조목을 외우고 또 외우는 가운데 저신 저골(低身低骨)이 되어 실생활에 다달아 활용되도록 하기 위함이라고 하셨다. 마찬가지로 성리공부도 현실생활과는 거리가 먼 신비한 언설이 아니요, 견성만을 목적으로하는 공부도 아니다. 솔성을 잘 하기 위한 공부로 실생활과 연결시키는 것이 대종사님께서 성리를 중시하신 본의에 부합되는 공부법이라고 할 것이다.

《대종경》 성리품 7장

　대종사 말씀하시기를 「수도(修道)하는 사람이 견성을 하려는 것은 성품의 본래 자리를 알아, 그와 같이 결함 없게 심신을 사용하여 원만한 부처를 이루는 데에 그 목적이 있나니, 만일 견성만 하고 성불하는 데에 공을 들이지 아니 한다면 이는 보기 좋은 납도끼와 같아서 별 소용이 없나니라.」

마음 묶는 공부

대종사님께서 우리에게 가르치신 바는 한마디로 마음공부이다. 이 마음공부라는 말은 저신 저골(低身低骨)이 될 만큼 들어왔기 때문에 너무나 익숙하고 자연스러운 용어가 되었지만, 실제로 마음공부가 무엇인지, 어떻게 하는 것인지, 길을 잡아 가기에는 막연한 감도 없지 않다.

대종사님께서 "마음공부란 마음을 묶는 공부, 마음을 붙들어 매는 공부이다"는 말씀을 하셨다. 마음은 촐랑이 같아서 한때도 가만히 있지를 못하므로 잘 붙들어 매야 한다는 말씀이셨다. 그러면 이 마음을 어디에 붙들어 맬 것인가?

대종사님께서는 유사시(有事時)의 마음공부와, 무사시(無事時)의 마음공부를 말씀하시며, 동정(動靜)간 한때도 떠나지 않는 공부의 표준을 세워 주셨다. 유사시에는 불의(不義)를 제거하고 정의(正義)를 세우는데 마음을 묶도록 하셨다.

정의란 그 개념을 꼭 집어서 이것이라고 정의(定義)하기는 어려운 것이어서 일에 따라 다른 해석이 될 수 있겠으나, 대종사님께서는 인도정의의 공정한 법칙이라는 말씀을 하셨다. 정의를 판단하는 데는 첫째, 모두에게 이익이 되는가, 둘째, 공변된 것인가, 셋째, 일시적인 것이 아니고 영구적인 것인가, 넷째, 진리성이 있는가를 살피셨다.

이 네 가지의 표준은 대체의 공식이나 다름없지만 사안을 분석하고 정의를 판단하는데 기준이 될 수 있다.

무사시에는 일심에 마음을 묶으라 하셨다. 좌선에 대해서 가르침을 주신 내용은 《정전》 좌선법에 그 방법까지 잘 밝혀져 있는데, 대종사님께서는 좌선을 할 때에는 세 가지로 묶으라고 하셨다.

"첫째는, 입을 다물어 마음을 묶어라. 입이 벌어지면 마음이 풀리거나 혼침(昏沈)에 빠진 증거이다. 입을 다물고 윗니와 아랫니를 지그시 물면 마음이 모아진다.

둘째, 허리를 바로 세우는데 묶어라. 허리가 굽고 힘이 없거나 자세가 바르지 못하면 마음이 풀어진 증거이다. 허리를 바로 세워야 단전에 힘이 모아진다.

셋은, 호흡을 고르는데 묶어라. 호흡이 고르지 않거나 자연스럽지 못하고 억지로 하다보면 맑은 기침이 나기도 한다.

호흡은 단전호흡을 주로 하는데 숨을 들이 마실 때는 내 쉬는 숨보다 조금 강하게 하되 공기는 허파에 넣고 기운은 아래 배 단전에 넣어 단전이 조금 볼록해 지는 느낌으로 조금 멈추었다가 숨을 내쉴 때는 허파의 공기와 단전의 기운이 다 빠져버린 연 후에 다시 들이쉬는 것을 반복하되 이대로 여기에 마음을 묶어라."

이 세 가지가 일심(一心)으로 이어지도록 하고, 이 일심이 계속되면 적적성성(寂寂惺惺), 성성적적의 경지에 들게 되고 이 경지에 이르면 좌선을 통해 심락(心樂)을 누리게 된다.

염불도 마음을 묶는 공부이다. 아미타불을 염하며 계속하여 외우는 나무아미타불 소리에 마음을 묶는다. 마음을 붙들어 매는 공부는 결국 무엇을 하자는 것인가? 그것은 마음을 하나로 모아 그 힘을 기르고 마음을 자유자재 하자는데 목적이 있다. 일이 있을 때나 없을 때나, 슬플 때나 괴로울 때나, 화가 날 때에 일단 마음을 붙들어 매어, 그 하나 된 마음을 마음대로 잘 부려 쓰면 마음공부가 잘된 것이라고 할 것이다.

부처 만드는 태조사법

대종사님 계실 때 선을 하러 오신 노인들이 주머니 두 개를 차고 다니셨다. 그 주머니에는 흰콩과 검정콩이 들어 있었다. 태조사(太調査)법을 시행하셨던 것이다. 곧 흰콩과 검정콩을 사용하여 유념과 무념을 대조했다.

당시는 대부분의 사람들이 문자를 잘 몰랐다. 이런 사람들에게 대종사님께서는 흰콩과 검정콩으로 공부를 시키신 것이다. 이것이 태조사법이다. 일을 당하여 취사하는 주의심을 가지고 한 일은 흰콩을, 취사하는 주의심이 없이 한 일은 검정콩을 넣어 유념과 무념의 수효를 계산하였다. 이것은 유사시 공부로서 그일 그 일에 반드시 마음을 집주시켜서 이 일을 할 때에 저 일에 끌리지 않고, 저 일을 할 때에 이 일에 끌리지 않고 집중을 해야 그일 그 일에 성공을 할 수 있다는 공부다. 이는 바로 경계를 당하여 유념으로 일심을 잘 모았으면 흰콩, 무심코 행했으면 검정콩을 넣는 것이다.

하루 일과를 마치면서 상시일기 할 때 이 태조사를 하였다. 흰콩이 많으면 공부를 잘한 것이요, 검정콩이 많으면 공부를 잘못한 것이다. 지금은 태조사를 시행하지 않는데 좌산상사님이 유무념 그대로 기계를 제작하여 보급시키기도 하셨다. 나는 유무념 대조가 현대인의 현실생활에 꼭 필요한 공부라고 생각한다. 대종사님의 교법은 바로 실천이 따라야 하는 공부법이다. 유무념 대조의 실천은 이 틀에 맞게 행동하게 한 것이다.

　나는 지금과 같은 시대에 얼마나 유무념공부가 필요한지 실감하고 있다. 예를 들어 자동차 사고가 얼마나 많이 나는가? 1년에 몇 천명이 자동차 사고로 죽고, 몇십 만명이 부상당해 장애인이 발생한다고 하니 놀랄 일이다. 정부는 모든 시설에 장애인 시설을 갖추도록 법적으로 조치를 취하고 있으니 사람의 부주의로 생긴 일이 이 같은 불상사를 초래한다. 이 불상사를 없게 하는 가르침이 바로 유무념공부이다.

　농경시대에는 선천적인 장애밖에 없었는데 산업사회, 고도의 기계 사회에서는 작은 부주의로 장애인이 된다. 운전하는 사람의 유무념 대조공부는 차 탈 때에 먼저 목적지를 생각하고 자동차의 부품도 점검해야 한다. 그리고 오롯한 마음을 챙겨서 운전해야 한다. 운전하면서 흡연, 전화 통화, 잡담 등은 무념으로 사고의 원인이 된다. 생명을 싣고 가면서 여러 가지 생각과 행동을 병행한다는 것은 무척 위험한 일이다. 장애물이 있으면 브레이크를 밟거나, 핸들을 움직여야 하고, 순간순간에 유념을 필요로 하기 때문에 운전에 집주해야 하는 것이다. 또 졸음운전과 음주운전은 사망의 지름길이다. 졸음운전과 음주운전으로 인한 피해가 그 얼마겠는가? 졸음운전이 되지 않도록 미리 준비도 해야 하고 음주운전은 절대 해서는 안 된다. 절대 해서는 안 되는 줄 알면서 하니 그것이 문제이며 바로 사고와 연결되는 것이다.

　나는 거듭 차량운전의 필수가 바로 유념공부라고 생각한다. 유염공부만 잘 하고 보면 대부분의 사고는 미연에 방지할 수 있다. 유념공부는 곧 교통법규를 잘 지키는 것으로, 이 시대에 대종사님께서 밝혀주신 유념의 공덕이 얼마나 크고 유념공부가 얼마나 중요한 공부인가?

일상생활에서도 유념공부를 꼭 해야 한다. 물론 한평생 해 왔던 일상생활은 유념공부 없이도 새벽에 일어나, 세수하고 이 닦고 심고 올리고 좌선하고 밥 먹고 하는 등등의 일과가 이루어진다. 그러나 이런 일과 가운데도 내가 유념으로 했는가, 무념으로 했는가는 판가름 난다.

유념하지 않으면 뜨거운 물에 손을 넣을 수도 있다. 무념으로 뜨거운 물을 마실 수도 있다. 일생을 해 왔던 일이라고 마음을 챙기지 않고 하면 이 같은 실수는 빈번히 일어난다. 곧 유념공부는 평생 해야 할 공부길로 방심하지 말아야 한다. 유념으로 한 일은 실수가 되었더라도 공부가 되고, 무념으로 한 실수는 만회할 길이 없다. 잘했는지 잘못했는지 모르기 때문이다. 그래서 되풀이 하는 일이라도 무념으로 해서는 안 되며, 마음을 챙겨 유념으로 해야 하고, 유념공부를 태조사로 하신 대종사님 당대를 생각하여 어떠한 방법으로든지 이 유념공부가 인류를 구원하는 지름길임을 자각하여 모든 사람들이 실행해 가기를 간절히 바란다.

대종사님 당대 어른들이 두 개의 주머니를 차고 다니셨던 모습을 떠 올려 본다. 그리고 유념 공부할 때가 지금이며 누구나 해야 할 시급한 공부라고 강조하고 싶다.

《정전》 수행편, 일기법 중에서

문자와 서식에 능하지 못한 사람을 위하여는 따로이 태조사(太調査) 법을 두어 유념 무념만을 대조하게 하나니, 취사하는 주의심을 가지고 한 것은 흰 콩으로 하고 취사하는 주의심이 없이 한 것은 검은 콩으로 하여, 유념·무념의 번수를 계산하게 하는 것이니라.

알기 쉽고, 실행하기 쉬운 교법

　대종사님께서 마음공부로 불보살이 되도록 교법을 제정하셨다. 이 교법은 현대인에게 아주 적합한 가르침이다. 알기 쉽고 실행하기 쉬운 전무후무한 교법이다. 그러나 이 교법도 실행하지 아니하면 효력이 있을 수 없다. 알기 쉽고 실행하기 쉬운 이 시대의 교법은 우리가 잘 알고 있는 삼학팔조, 사은사요이다.
　삼학은 성불하는 공부요, 사은 사요는 낙원건설의 공부이다. 교리의 요체를 밝힌 일상수행의 요법에서 정·혜·계 셋은 세우고, 불신·탐욕·나·우 하나는 제거하고, 다음의 다섯은 돌리라고 하신 것도 바로 각자가 세우고, 제거하고, 돌리는 공부를 실행하라는 말씀이다. 본인이 세우고 제거하고 돌려야지 본인이 하지 않으면 가치가 없다. 이것이 바로 대종사님의 교법이 얼마나 실천을 중시했는가를 알 수 있는 부분이다. 대종사님께서 삼학을 말씀하실 때 보다 쉽고 간명한 일심·알음알이·실행이라 하셨다. 일심양성의 첩경이 바로 좌선으로 좌선을 해야만 일심이 양성되고, 일심이 양성되어야만 부처를 이룰 수 있다. 일심양성이 안되면 성불할 수 없다. 그러므로 삼학 가운데 가장 중요한 것이 일심양성이며, 일심양성의 중심 역할이 바로 좌선이다. 대종사님께서 좌선에 나오지 않는 사람들을 친히 챙기시며 공부길을 잡아 가도록 하셨다. 그리고 알음알이와 실행, 다른 교법도 재미를 붙일 수 있도록 하셨는데 그것은 바로 실천을 통해서 스스로 달라지고 고쳐지고 성과를 올리는 재미가 솟도록 하셨다.

낮에는 일하게 하시고 밤에는 법설도 듣고 감각감상과 심신작용처리건이며, 유무념과 소득유무를 나누면서 공부하게 함으로써 공동체에서 낙도생활이 되도록 하셨다.

교법을 실천하는 사람만이 일원의 절대 자리를 안 사람이요, 일원의 진리를 실행에 부합시켜서 동(動)과 정(靜)이 한결같은 수행을 하는 사람이요, 일원의 진리를 일반대중에게 간명하게 깨우쳐 알려 주는 사람이라고 할 수 있다.

우리 교법은 실천하기 전과 후가 크게 다르다. 좌선해서 점차 일심이 모아지고, 일심이 모아지면 감로수가 나오고, 정신에는 안정도 얻고 정력이 쌓이며, 시간 가는 줄을 모르는 재미가 넘친다. 특히 계문 하나, 솔성요론 한 조목이라도 실천해서 달라지는 모습에 재미를 붙이는 것이 범부중생이 부처로 바뀌어 가는 길이다.

일과 이치를 알아 가는 알음알이 공부 또한《교전》을 많이 봉독하고 외우고 궁구하여 "만유가 한 체성이요, 만법이 한 근원이로다. 이 가운데 생멸 없는 도와 인과 보응되는 이치가 서로 바탕하여 한 두렷한 기틀을 지었도다." 하신 진리를 하나하나 깨쳐 나갈 때 무궁무진한 재미가 따르게 된다. 몰랐던 것이 알아질 때는 금강 같은 영식(靈識) 하나가 태양처럼 밝아지게 된다.

실행공부도 불의는 어떠한 경우에도 죽기로써 행치 않고, 정의는 하기 싫어도 죽기로써 행하는 재미가 붙으면 성공하지 못할 일이 없다. 일찍이 어느 성자의 교법에 불의를 죽기로써 범하지 말라는 가르침이 있는지 나는 보지도 듣지도 못했다. 또 정의를 죽기로

써 실행하면 범죄 없는 세상은 저절로 만들어 질 것이다. 정의로 살아가는데 어찌 범죄자가 있겠는가?

계문을 잘 지키게 되면 법도 있는 사람으로 존경을 받게 되고, 솔성요론(率性要論) 16조를 잘 실행하고 보면 성인군자로 칭송 받게 된다. 마음병 의사이신 대종사님께서 선(禪)을 통해 일심을 양성하도록 하여 정신의 안정과 담력, 인내력을 길러가게 하셨다. 선을 하게 되면 요즘 많이 걸린다는 우울증도 치료 된다고 한다. 알음알이는 치매가 예방되고, 실행은 범죄가 예방된다.

《대종경》부촉품 12장에 "수도인이 마음을 굳게 세우고 한 번 이루어 보기로 정성을 다하면 아무리 어려운 일이라도 쉬운 일이 되어 질 것이요, 아무리 쉬운 일이라도 안하려는 사람과 하다가 중단하는 사람에게는 다 어려운 일이 된다."고 하셨다.

우리는 대도정법을 밝혀주신 대종사님의 문하에 들어왔다. 밝혀주신 교법을 잘 실천하여 낙원세상을 만들기 위해 모인 것이다.

교법실천에 재미를 붙여야 불보살도 되고, 만 생령도 구원하여 우리 사는 세상, 낙원세상이 되도록 할 수 있다. 이것은 또한 대종사님께 보은하는 길이다.

날로 증가하는 범죄로 도탄에 빠진 중생구원을 위해 법계에서 보내오신 구세주 대종사님의 교법을 상시일기를 통해서 공부정도를 성실하게 점검해 나가고, 그 무서운 욕심을 억제해서 악습이 고쳐지게 하며, 불보살로 달라지는 아름다운 자기 모습에 재미를 붙여서 마침내 성위에 다가서는 보람을 성취하자. 다가오는 백년 성업 준비에 출가 재가 모두가 한 마음 한 뜻으로 힘을 모아 대종사님께 보은자가 되어주기를 간절히 염원한다.

《대종경》 교의품 2장

한 제자 여쭙기를 「어떠한 것을 큰 도라 이르나이까.」 대종사 말씀하시기를 「천하 사람이 다 행할 수 있는 것은 천하의 큰 도요, 적은 수만 행할 수 있는 것은 작은 도라 이르나니, 그러므로 우리의 일원 종지와 사은 사요 삼학 팔조는 온 천하 사람이 다 알아야 하고 다 실행할 수 있으므로 천하의 큰 도가 되나니라.」

제 2편
도인 만드는 공장

생불님의 함박웃음

우리 할머님과 아버님께서 정산종사님을 만국에 한 분 계시는 만국양반이라고 하셨는데 대종사님을 뵙고 "야야, 정산종사님은 달님이시고 대종사님은 해님이시다."고 말씀을 하셨다. 그리고 늘 "생불님 생불님" 하셨다. 나는 "할머니 생불님이 뭐예요?"라고 여쭈니 "야, 칠보산 절에 가면 부처님의 불상이 있지, 생불님은 절에서 모신 부처님과 같은데 잡수시기도 하시고 활동도 하시고 말씀도 하신다. 생불님의 이마에서는 빛이 나서 밤에도 환하게 비춘다. 그리고 사람의 마음을 꿰뚫어 보시고 잘잘못을 다 아신단다."

나는 은근히 할머님의 이 말씀을 확인해 보고 싶은 생각이 들었다. 그리고 14살, 초등학교를 졸업하고 중학교에 들어가지 못한 나는 무료하게 있는데 '불법연구회(佛法研究會, 원불교의 옛이름) 송도성'이라고 적힌 엽서가 아버지께 왔다. 내용은 "삼자 삼룡(三龍, 나의 본명)이를 총부로 보내 주시오."라 하였다. 아버지 옆에서 이 내용을 본 나는 뛸 듯이 기뻤다.

'중학교에 갈 수 있겠다.' 는 새 희망이 용솟음 쳤다. 당시 전라북도에 정읍농림학교와 이리농림학교 그리고 전주농림학교와 공립고등학교가 있었는데 내 나이가 일할 나이가 아니고 중학교에 다닐 나이였기 때문에 원불교 공부나 도인되는 공부는 생각하지 못했다.

가벼운 발걸음으로 총부를 향했다. 아버지께서 여비를 상당히 주셨고 총부 찾아가는 길도 자상하게 알려 주셨다. 총부에 가서 송도성 선생님을 먼저 뵈라고 하셨다. 나는 초행길이었지만 기쁜 마음으로 총부를 향했다. 이것이 나의 출가였으며 당시 내 나이는 14살이었다.

집에서 10리 거리인 정읍역에서 열차를 타게 되면 차비가 몇 원 더 비싸서 20리가 되는 신태인역으로 걸었다. 상당히 먼 거리였지만 뛸 듯이 기쁜 마음은 먼 거리가 문제되지 않았다. 또 열차 표도 반표를 샀으니 그만큼 어렸다. 이리역(지금의 익산역)에서 내려 총부를 향하는 나는 주머니에 돈도 있고 해서 대종사님께 올릴 선물을 생각했다. 그리고 마침 매월당(梅月堂)이라는 일본 과자점이 보여서 들어갔다. 가게에는 양철통에 셈베(煎餠)과자가 가득 들어 있었다. 나는 한 양철통이나 사야 할 것 같았다. 할머님과 아버님께서 총부 가실 때 많은 것을 준비하시는 것을 뵈었기 때문이다.

한 번도 먹어 본 적이 없는 셈베를 주머니에 있는 돈을 몽땅 털어서 샀다. 나로서는 최선을 다해 준비한 선물이다. 가게 주인은 신문지에 똘똘 싸서 노끈으로 묶어 주었다. 그것을 들고 총부를 향해 걷는데 발걸음이 얼마나 가벼웠는지 모른다.

총부에 도착하고 보니 검정 한복을 입은 젊은 분이 지나가고 계셨다. 나는 "송도성 선생님을 뵈러 왔는데 어디에 계십니까?"하고 여쭈니 "따라 오너라, 조실에 계신다."하셨다.

그 어른은 조실 방향만 일러 주고 다른 길로 가셨다. 나는 혼자서 조실에 들어갔다. 조실에는 몇 분의 어른들이 한담을 나누고 계셨다. 점심시간이 막 지난 때였다. 꽤 큰 조실 방 북쪽 방향에 대종사님께서 앉아 계셨는데 남쪽에서 비추는 햇살과 그 햇살이 유리를 통해 대종사님께 비추고 있어서였는지는 모르지만 대종사님 이마에서 광채가 났다. 할머님께서 "대종사님 이마에서는 환한 빛이 솟아서 밤에도 환하다."고 하신 말씀이 바로 확인되었다. 그리고 몇 분의 어른들이 계셨는데 나중에 알고 보니 유산 유허일(柳山 柳虛一, 1882~1958), 의산 조갑종(義山 趙甲鍾, 1905~1971), 도산 이동안(道山 李東安, 1892~1940) 선진과 주산종사였다.

대종사님을 생불님이시라고 들었고, 햇님이시고 보통분이 아니시라는 말씀을 들었는데 직접 뵙게 되니 그저 황홀할 뿐이었다. 무척 큰 성체며, 빛나는 두상, 뒷벽에 꽉 차 보였다. 어린 마음에도 생불님은 보통 사람과는 전혀 다르다는 느낌이었다.

대종사님께 큰 절을 올리고 옆에 계시는 어른들께도 큰 절을 올렸다. 주산종사는 "절 한 자리만 해라." 하셔서 그대로 앉았다. 어느 누구의 안내도 없이 대종사님을 직접 뵙게 되었으니 철없는 나의 행동이 부자연스러웠을 것이다.

대종사님께서 "네가 누구냐?"라고 물으셨고 "정읍 화해리에서 온 김(金) 도(道)자 일(一)자의 삼남 심룡입니다."라고 말씀드리니 대종사님께서 미소 지어 주셨다. 주산종사님이 "제가 오라고 했습니다."라고 하니 대종사님께서 옆에 있는 꾸러미를 보시고 "저것이 무엇이냐?"고 물으셨다. 나는 "대종사님 입맛 다시라고 가져왔습니다."라고 말씀 드리니 나의 말이 끝나기도 전에 대종사님께서 박장대소하셨다. 옆에 분들도 배를 끌어안고 웃으셨는데 나는 왜 웃으시는지 얼떨떨하고 겸연쩍었다. 얼마나 크게 웃으시는지 대종사님의 치아가 다 보였다. 어금니에 작은 반점도 보였다.

한참을 웃으시고 웃음이 그치자 주산종사님이 "촌에서는 입맛 다시라는 말을 경어로도 씁니다."라고 하셨다. 나는 그제야 입맛 다시라는 말 때문에 그렇게 호탕하게 웃으셨음을 알았다.

집에 어른들이 놀러오시면 떡이나 강정 또 동치미라도 내놓고 입맛이라도 다시라는 말을 하셔서 별 생각 없이 했던 것이다. 또 하찮은 물건을 내 놓을 때는 입맛 다시라고 하는 줄 알았다. 이런 내 마음을 주산종사는 훤히 아시고 이해해 주시고 설명해 주셨다.

주산종사의 말씀 이후에도 한참을 더 웃으신 후 대종사님께서 옆방에 있는 시자에게 "이 꾸러미 넣어 두어라. 입맛 다시게."라고 하셨다.

나의 출가는 이렇게 이루어졌다. 그리고 내 평생 "네가 누구냐?" 라는 대종사님의 질문에 나는 대답하며 살았고, "저것이 무엇이냐?"고 물으셨을 때 "대종사님 입맛 다시라고 가져 왔습니다."라고 답변 드리니 박장대소하셨던 성안을 그리며 살고 있다. 그때 큰 웃음으로 주신 "너 불성을 찾으려 잘 왔구나!"의 사랑의 메시지는 지금도 내 마음에 가득하고 오늘을 있게 한 원동력이었다. 대종사님께서 대중에게 법설을 하시면서 "정용이, 저 어린 것이 어른을 뵐 때는 빈손으로 가지 않는 예를 알고 셈베를 한 꾸러미 사왔더라. 옛날에 시집 간 딸이 친정에 오면서 늘 빈손으로 오니 친정어머니가 '너 오는 산 고개에는 명감나무도 없더냐' 하며 서운해 했다는 이야기가 있다."라고 하시며 여러 번 예의범절을 일깨워 주셨다.

참으로 행복한 출가요, 거룩한 성은을 입은 것이다. 어느 누가 첫 출가에 위대하신 성자를 직접 뵙고 말씀을 받들 수 있었겠는가. 나만이 가진 영광이다. 내가 입은 거룩한 성은이 온 누리에 전해지기를 기원해 본다. 어금니가 다 보이게 웃으셨던 대종사님의 웃음이 이 세상 모든 중생들의 얼굴에도 전해졌으면 한다. 이것이 내가 대종사님께 보은하는 길이라고 생각한다. 나는 한평생 만생령의 자부이신 대종사님 성령을 웃음으로 우러러 모시고 이렇게 살고 있다.

대종사님을 생각하면 떠오르는 함박웃음, 나는 1999년(원기 84) 4월 당시를 회상하며 한 편의 글을 지었다.

생불님의 함박웃음

열네 살 철부지가
큰 스승 뵙는 기쁨에
깜박 저지른 '입맛 다시라'는 무례함

함박웃음으로 안아주신 큰 스승
자비로운 사랑 물결 일렁이고
번득이는 눈빛 지혜의 불꽃 일으켜
그 성스러움 희열 용솟음쳤네

칠순 내내 가슴팍에 꽂힌 감동
내 일생 기쁨과 영광의 횃불되어
큰 스승 뫼시고 은혜바다 건너리라

열네 살 철부지가 뵙던 큰 스승
용화세계 이룩하라는 웃음소리
온 평생 귀 가득히 들려오네.

대종사님 주재하셨던 조실

호강하는 걸 어찌 볼거나

　대종사님께서 미래의 전망에 대한 말씀을 많이 하셨다. 경진동선(庚辰冬禪, 1940) 중의 대각전에서 열린 법회에서 "앞으로의 세상은 이러이러한 세상이 되리라"는 말씀이셨다.
　시기적으로는 대종사님 열반 4년 전으로부터 열반에 이르기까지가 되는데, 일제 말기의 핍박이 극심하던 시기였다. 교단적으로도 일본 경찰들의 교단 사찰이 잦아지고, 교단의 간부들이 자주 경찰에 불려 가는 일이 생기면서 분위기는 매우 불안했다.
　일제 당시의 경찰은 이름만으로도 대단히 두려운 존재였다. 무릎까지 올라오는 긴 가죽구두에 일본도를 차고 다니는 경찰들에게서는 요란한 구두굽 소리와 구두에 칼 부딪치는 '쩔그덕' 소리가 났다. 이 소리만 들어도 저승사자를 만난 듯 기가 질리곤 했었다. 거기에다 고등계장이라든지 서장은 금테 모자에 금단추까지 번쩍거리는 위엄을 갖춘 복장이어서 그들이 나타나면 죽을 상이 되곤 했는데, 그들이 총부에 나타나는 일이 빈번하고, 조사를 하면서 간섭을 심하게 하니 우리들의 마음에는 "장차 이 교단이 어찌될 것인가? 교단이 없어지게 되는 것은 아닌가?" 하는 불안감을 떨칠 수가 없었다. 그 시기에 받들었던 미래시대에 대한 말씀은 황당하기조차 했던 말씀들이었지만, 제자들에게 큰 희망과 신념을 불어넣어 주셨고 시대적인 교훈이었다.

대종사님께서 '앞으로 이러이러한 좋은 세상이 오리라' 해도, 청중의 분위기는 그 깊은 뜻을 헤아리지 못하는 듯하니, 아주 걱정스러운 성안으로 "차, 내 말을 알아 듣겠냐. 내 말을 믿겠냐?" 하시고, 답답한 심경을 "김정각(金正覺)의 조는 모양이 꼭 물소 같다."는 말씀으로 대중의 경각심을 일으키고, 신심을 촉구하셨다.

"삼삼(參參)이 어째? 음광(飮光)이가 어머니를 불러내서, '지금 이러다가는 불법연구회 문 닫소. 불법연구회만 믿고 있다가는 큰일 나게 생겼으니, 어머니 나 따라서 나갑시다.' 하면 삼삼이 어찌 허것는가?" 하시면 전삼삼 선진은 "대종사님이 여기 계시는데 지가 어디를 가요?" 하며 일어나 절을 올렸다.

"큰 도력을 얻고 금강산에 앉아 있으면 코 큰 사람들이 와서 서로 모셔가려고 할 것이다. 만약에 그 때 내가 있다면 너희들 호강하는 걸 눈꼴시어서 어찌 볼꺼나."

이런 법문들을 얼마나 실감나게 해 주셨던지, 그 법문을 받들었던 우리들이 이 법문을 받들지 못한 사람을 생각할 때 참으로 안타깝다. 대종사님께서 열반을 앞두시고 미래의 교단과 세상에 대한 전망의 말씀을 자주 하신 것은 큰 의미가 있다고 본다.

첫째는, 제자들이 안고 있는 풍전등화 같은 불안감에 위안을 주고 희망과 믿음을 심어 주기 위함이셨다. 누가 뭐라 해도 이 회상은 원시반본의 대운을 타고난 전만고 후만고의 회상임을 일깨워 긍지를 갖게 하시고, 안심하고 공부하여 기질변화가 되도록 하신 것이다.

둘째는, 제자들을 안심 시키려는 수단으로서가 아니라 부처님의 안목으로 미래를 내다보실 때 분명히 그런 세상이 도래한다고 하는 대종사님의 미래관이다. 그러니 조금도 동요하지 말고, 우리가 주력해야 할 바는 도력을 갖추는데 있음을 일깨워 주셨던 법문이다.

《대종경》 전망품 19장

대종사 말씀하시기를 「근래 어떤 사람들은 이 세상은 말세가 되어 영영 파멸 밖에는 길이 없다고 하나 나는 그렇지 않다고 하노니, 성인의 자취가 끊어진 지 오래고 정의 도덕이 희미하여졌으니 말세인 것만은 사실이나, 이 세상이 이대로 파멸되지는 아니하리라. 돌아오는 세상이야말로 참으로 크게 문명한 도덕 세계일 것이니, 그러므로 지금은 묵은 세상의 끝이요, 새 세상의 처음이 되어, 시대의 앞 길을 추측하기가 퍽 어려우나 오는 세상의 문명을 추측하는 사람이야 어찌 든든하지 아니하며 즐겁지 아니 하리요.」

복불복 죄불죄

대종사님께서 설법하신 내용을 보면 인과(因果)에 대한 말씀이 많았다. 그 법문내용은 《대종경》 인과품 등에 많이 수록되었다. 인과법문을 설하실 때 "복불복(福不福)이요, 죄불죄(罪不罪)이다."하신 법문이 깊게 새겨졌다.

'복불복, 죄불죄'에 대해 그 때는 해석이나 논리적으로 이해하려고 하지 않았고 그저 '복을 짓지 않으면 복을 받지못하고, 죄를 짓지 않으면 죄를 받지 않는다.'는 의미로만 받아들였다. 지금도 이 말씀의 원전이 어디인지는 확실치 않으나 그 말씀의 내용으로 보아 '호리도 틀림이 없다' 또는 '지은대로 받는다.'는 의미로 파악하고 있다. 이에 대해 대종사님께서 말씀하셨다.

"인과라고 하는 것은 호리도 틀림이 없다. 아무도 보지 않는 곳에서 혼자서 지은 죄라도 음계에서는 환히 다 본다. 그래서 복불복이요 죄불죄이다. 특히 살생은 조심해야 한다. 아무리 하찮은 미물이라 할지라도 살생에 따른 과보는 반드시 있다.

미물곤충을 살생했다 할 때, 나는 만물의 영장인 사람이고 상대는 미물이라고 해서 인과가 없는 것이 아니다. 다만 그 상대가 무엇인가에 따라 힘의 범위와 경중이 다를 뿐이다.

자, 모기를 봐라. 모기가 자꾸 달라붙어서 아주 귀찮게 한다. 그 모기가 할 수 있는 능력이라야 겨우 침으로 피를 빨아먹기 위해 따끔하게 찌르는 것밖에 없다. 그리고 한 대 탁 때리면 죽고 만다. 이렇게 모기는 생명이 없어지지만 사람에게 갚을 수 있는 것은 따끔하게 침 한 방 놓는 과보 밖에는 행할 수가 없다.

살생은 같은 살생이라도 지은 상대에 따라서 약하게 받을 수도 있고 강하게 받을 수도 있다. 그러나 약하든 강하든 과보는 분명히 있는 것이다. 또 같은 살생이라도, 대중을 위해서 어쩔 수 없이 살생을 할 때는 절대로 무서워하지 마라. 무서워하면 오히려 저편에서 주는 과보 보다 더 큰 과보를 받을 수 있게 된다. 대중을 위해서 하는 살생이라 해서 인과가 없는 것은 아니나 그 과보는 혼자 받는 것이 아니고 대중이 나눠서 받게 된다. 살생이 무서워 대중을 위해서 해야 할 일을 하지 못해서야 쓰겠느냐?"

인과에 대한 법설을 자주 하시고, 또 제자들도 이 인과의 법문을 깊이 새겨들으면서 살생에 대해서 많은 경계를 하게 되었다. 특히 산업부에서 농원 일을 하던 양신중사는 인과에 대한 관심이 특별히 깊었기 때문에 질문도 많이 했고 학문적인 연구도 했으며, 실제로 과수원에 살충제를 뿌리는 일을 하지 않으려고도 했었다. 사실 그때 생각으로는 그랬다. '아무리 공사라고는 해도 그 많은 벌레들을 죽이면 나만 그 과보를 받을 것이 아니냐? 왜 그런 과보 받을 일을 나 혼자만 할 것이냐? 그러니까 하지 않겠다.'는 마음이 생길 법했다. 그때에 해주신 법문이다.

나는 그때 이 말씀에 대한 질문을 드리지는 못했으나, 후일 정산종사님이 국가 간의 전쟁에서 살생을 부득이 하게 되는 경우의 과보에 대해 질문을 드렸다. 정산종사님께서 "그 과보는 국민이 함께 나눠서 받는다. 피할 수 있으면 피하고, 피할 수 없는 전쟁이라면 너무 두려워하지 말고 임하라"고 하셨다.

이 법문을 특히 새롭게 되살리는 것은 살아가면서 그 무서워함으로 해서 피해를 더 크게 입는 일을 때때로 보아 왔기 때문이다. 일체유심조(一切唯心造)라 했거니와 마음의 두려움으로 해서 상대에서 주는 고통 이상의 고통을 받는 일이 허다함을 보면서 그 법문이 떠올랐다.

한 사람이 어둔 밤중에 화장실에 가다가, 무심결에 쥐를 밟아 죽이게 되었다. 이 사람은 살생을 했다는 죄의식으로 그 밤에 잠을 이루지 못하고 괴로워했다. 그러다가 얼핏 잠이 들었는데 꿈결에 온 방안에 쥐새끼들이 몰려와서 "당신이 우리 어머니를 죽였으니 우리도 당신을 죽여 버리겠다."며 달려들어 온몸을 물어뜯는 것이었다.

악몽에 시달리다가 깨어나 그 쥐를 잘 처리해 주고, 천도도 해 주어야겠다고 생각하고 밖에 나와 보니, 그가 밤에 밟아서 죽였다고 생각했던 쥐는 쥐가 아니라 소금에 절인 무였다는 것이다. 마음 가운데 인과에 대한 두려움 때문에 당한 괴로움이었다.

인과란 호리도 틀림이 없어서 가히 소홀히 할 수는 없다. 그러나 어쩔 수 없이 행한 일에 대해서는 너무 마음 가운데 두지 말고, 무서워 하거나 집착하지 말고 오직 담담한 마음을 길들이고 사심 없는 마음으로 대중을 위해 일하라는 교훈이라고 생각한다.

《대종경선외록》 원시반본장, 17절

　김중묵(金中默)이 교중 과원을 맡으매 매양 소독 제충 등으로 수많은 살생을 하게 되는지라 마음에 불안하여 그 사유를 대종사께 사뢰니, 대종사 말씀하시기를 "과보는 조금도 두려워 말고 사심 없이 공사에만 전력하라. 그러하면, 과보가 네게 돌아오지 아니하리라. 그러나, 만일 이 일을 하는 가운데 조금이라도 사리(私利)를 취함이 있다면 그 과보를 또한 면하지 못할 것이니 각별히 조심하라."

선두 기러기와 기러기떼

1924년(원기 9) 익산총부가 건설되면서 전무출신들의 공동생활이 시작되었다. 당시 총부에 거주하는 전무출신들은 의·식·주의 대부분을 공동으로 해결했다. 곧 필요한 모든 물품도 공동으로 구입했으니 이 일을 맡은 물품 구매원이 있어서 남녀 대중으로부터 필요한 물품을 신청받아 시내에 나가서 사다주는 일을 했다.

사산 오창건(四山 吳昌建, 1887~1953) 선진도 물품 구매를 하셨는데 그때의 일이다. 육타원 이동진화(六陀圓 李東震華, 1893~1968) 선진이 가오르(은단)를 사다줄 것을 부탁하고 돈을 주었다. 가오르는 대종사님께서 즐겨 드셨다. 설법을 하시다가도 이 가오르를 손바닥에 쏟아 드시곤 했다. 사산님은 이 부탁을 받고 시내에 가서 자그마한 가오리 서너 마리를 사오셨다. 이 일로 해서 대중이 박장대소를 했는데 그때 대중의 여론은 두 가지였다. 하나는 사산님이 가오르를 아시고도 대중이 함께 나눠 먹기 위해서 일부러 가오리를 사오셨다는 설과, 또 하나는 정말로 모르셨다는 설이었다.

물품 구매원으로 오부철씨가 있었다. 이 사람이 자주 가는 문방

구에는 예쁘장하게 생긴 주인의 딸이 점원으로 일을 하는데, 늘 물품을 사가는 건장하고 성실하게 생긴 이 젊은이에게 마음이 끌렸고, 그 부모들까지도 좋게 보았다. 그래서 '서로 사랑하는 사이라느니, 결혼을 한다느니' 하는 말들이 있었다.

대종사님께서 이 사실을 알게 되셨다. 누가 보고를 드린 바도 없지만 다 알고 계셨다. 대종사님께서 대중들을 서하실(공회당 서쪽방)에 모이게 하셨다. 모임은 대체로 동하실에서 가졌는데 그날은 무슨 사정이 있었던지 서하실에 50여명이 모였다. 그 자리에서 설법을 하셨다. 나는 그때의 설법이 어찌나 감명 깊었던지 그 상황이 눈에 선하다.

"요사이 오부철이가 솝리를 다니는데 빨간 목댕기를 하고 다니더라. 어째 좀 이상하다 했더니, 솝리 어디에 여자 점원이 하나 있는데 부철이가 그 점원하고 연애를 한단다. 그래서 그 여자한테 좋게 보이려고 빨간 목댕기를 하고 다닌단다.

잘 들어봐라. 저 기러기가 떼를 지어 이쪽으로 갔다가 저쪽으로 갔다가 하는데 모두 선두 기러기의 지도에 따르는 것이다. 그러니까 선두 기러기가 '푸드덕' 하고 날면 기러기들이 모두 뒤를 따라 날고, 선두 기러기가 모이를 찾아 내려 앉으면 또 뒤를 따라 내려 앉아서 모이를 주워 먹고 즐기다가도, 선두 기러기가 또 '푸드덕' 하고 날면 기러기들은 모두 그 뒤를 따른다. 그래서 기러기는 떼를 지어 왔다갔다 하는 것이 약속한 듯 질서가 있다.

우리 회상도 마치 이 기러기 떼와 같다. 내가 선두 기러기가 되어 가만히 살펴보고, 어디 가서 무엇을 해야겠다 하면 너희들이 내 뒤를 쭉 따라와서 함께 공부하고 일하다가, 내가 또 이번에는 어디로 가서 앉으면 너희들 또한 약속한 듯이 내 뒤를 따라올 것이 아니냐? 그래서 여기서 한 회상을 펴고, 또 저기서 회상을 펴고 하면서 세세생생 회상을 펴고 다니게 된다.

그런데 저 기러기를 봐라. 저 기러기들이 아무 지장이 없이 다니다가도 사람들이 쳐 놓은 그물에 걸린다든지, 포수의 총에 맞게 되면 큰일이다. 아무리 선두 기러기 따라 떼를 지어서 날고 싶으나 그물에 걸리거나 총에 맞으면 대열에서 떨어지게 된다.

너희들은 나를 따라 세세생생 함께할 사람들이니 얼마나 소중한 인연들이냐? '이번에는 여기서 회상을 펴자' 해서 따라왔고, 또 다음에는 어디다 회상을 펴자하면 따라올 것인데 그러자면 이 그물과 총을 조심해야 하지 않겠느냐?

우리에게 그물은 재물이다. 재물에 눈이 어두우면 그물에 걸리게 되는 것이다. 우리에게 총은 색이다. 색에 정신을 빼앗기면 총을 맞는 것이다. 이 그물과 총을 피해야만 나와의 소중한 인연이 끊이지 않고, 늘 나를 따르고, 또 너희들을 데리고 다니면서 그 인연이 계속될 것이 아니냐?

부철이는 지금 빨간 목댕기를 하고 다니면서 색의 총을 맞게 생겼으니 조심해야 한다."

이 말씀은 《대종경》 교단품 19장에 그 내용이 요약되어 수록되었다. 오부철을 경책하시는 것이 주가 아니라 대종사님과 당대 제자들과의 소중한 인연을 강조하시고, 이 소중한 인연이 그물과 총에 의해서 낙오 되어서는 안 된다는 것을 간곡히 일깨워 주신 말씀이다.

얼마나 간곡하고 간절하게 말씀하시든지 이 말씀을 하실 때의 성안과 눈빛은 자애로움으로 우리를 어루만져 주시는 듯했고, 정이 담뿍 담겨 넘치는 듯했다. 이때 내 나이가 18살(원기 27년)로 어찌 깊은 뜻을 다 헤아릴 수 있었겠는가마는, 그 말씀의 간절함과 제자들을 소중한 인연으로 한 품안에 안으시는 자비는 충분히 느낄 수 있었다.

"너희들 어쩌다 나를 만났냐? 앞으로 나를 만난 사람 눈이라도 보자고 할 때가 있을 것이다. 그때에 가면 나를 만나지 못한 사람은 억울해서 땅을 치고 통곡할 것이요, 나를 만나서 나와 함께 지내던 사람들은 기쁘고 옹골져서 울 것이다."

이 말씀도 생생하게 떠오른다. 우리들이 대종사님과의 소중한 인연을 잘 모르는 것 같으니, 다시 일깨우고 뇌리에 심어 주시는 의도로 강조해 주셨던 것으로 기억된다.

소중한 인연들이기에 행여 잘못되어 그물과 총에 의해서 한 명이라도 낙오자가 생긴다면 대종사님의 아픔이 얼마나 크실 것인가도 짐작이 되었다. 어찌 다행 만난 인연인데, 낙오되는 사람 없이 세세생생 길이 대종사님을 선두 기러기 삼아 이 소중한 인연을 계속해야 하겠다.

《대종경》 교단품 19장

　대종사 여러 제자에게 말씀하시기를 「우리들의 일이 마치 저 기러기 떼의 일과 같으니, 시절 인연을 따라 인연 있는 동지가 혹은 동에 혹은 서에 교화의 판을 벌이는 것이 저 기러기들이 철을 따라 떼를 지어 혹은 남에 혹은 북에 깃들일 곳을 벌이는 것과 같도다. 그러나 기러기가 두목 기러기의 인솔하는 대열에서 벗어나든지 또는 따라 가면서도 조심을 하지 못하고 보면 그물에 걸리거나 총알에 맞아 목숨을 상하기 쉽나니, 수도하고 교화하는 사람들에게 그물과 총알이 되는 것은 곧 재와 색의 경계니라.」

일하기 싫으면 먹지도 마라

일반적으로 우리 사회에 만연되고 있는 병폐 중에 하나가 노동을 경시하는 현상이 아닌가 생각된다. 그래서 생산직이나, 힘든 노동을 필요로 하는 곳에는 인력이 부족하고 고학력의 실업자들은 늘어만 가고 있는 현실이다. 이처럼 노동을 싫어하는 현상은 그 단체나 그 국가의 발전을 저해한다. 농촌에는 농사지을 일손이 부족하고, 공장에는 생산직의 일손이 부족하다. 이것은 인간의 가치관의 변화라고도 생각된다. 이러한 세태를 보면서 대종사님께서 노동의 가치를 중시하셨던 일들이 더욱 새롭게 생각되고, 몸소 보여 주셨던 노동에 대한 가치관을 후진들과 함께 생각해 보았으면 한다.

물론 "나는 노동에 대해서 이렇게 중요하게 생각한다." 하시고 직접 말씀하신 바는 없었으나, 대중과 더불어 생활하는 가운데 노동을 통한 교단적인 기초를 닦으셨다. 그래서 모든이가 노동을 경험하도록 하셨다.

구인선진과 함께 방언공사를 하시며 회상의 기초를 닦으셨고, 그 후 총부 창립 기에는 산업 부를 창설하여 농사를 짓게 하시고, 엿 장사를 하게 한 것도 노동의 가치를 중요하게 생각하셨기 때문이라고 생각해 볼 수 있다.

공부하기 위해서 총부에 오는 사람은 누구나 노동을 경험해야 했고 노동을 하지 않고 공부만 한 사례는 없었다. 또는 식당에서, 또는 공장이나 산업부에서 일을 하게 하셨다. 지도자로 키워낼 제자들이었지만 기본적으로 노동을 통한 영육쌍전의 정신을 체득하게 하셨던 것이 아닌가 싶다. 그리고 노동을 통해서 그 사람의 신성과 근기를 시험하기도 하셨다.

학원생들이나 사무원들도 공동출역으로 노동을 하게 하셨는데 이런 출역이 있을 때는 대종사님께서 현장에 반드시 나오셨다. 그리고 "아무개, 아무개" 부르며 챙기셨다.

총부에 송대를 지을 때도 대중이 공동출역을 하였고, 대종사님께서 친히 감역을 하셨다. 나무를 심고 정원석을 놓을 자리까지 지적해 주셨다. 이때 나도 학원생으로 이 작업에 동참을 했는데, 대종사님의 지시에 따라 큰 돌을 옮기기 위해 다섯 명이 끙끙대도 돌이 움직이지 않았다. 그때 공동출역에 안 나오기로 이름이 나 있던 한 선진이 나서서 혼자 불끈 들어서 옮겼다. 그러자 "아무개, 저 놈 좀 봐라. 저렇게 기운이 좋고 일을 잘하면서 공동출역에는 늘 빠진다." 하시며 칭찬도 꾸중도 아닌 말씀을 하셨다.

이렇게 공동출역의 현장에는 대종사님께서 반드시 나오셔서 직접 챙기고 감역을 하시며 "일을 안 하려고 하는 사람은 밥도 먹지 말라."고 하셨다. 이는 과거부터 있었던 일일부작이면 일일불식(一日不作 一日不食)이라는 말이지만, 대종사님께서 일하지 않고 놀고먹는 것을 아주 크게 꾸중하시고 몸소 실천으로 보여 주셨다는 것을 알 수 있다. 일에는 정신적인 일들도 있겠지만 육체적인 노동에 대해서 주로 말씀을 하셨고 총부에서 별 일 없이 지내는 사람은 사가로 돌아가야 한다고까지 하셨다.

총부에서 똥을 퍼내고 궂은 일들을 맡아서 해주던 앵두 아버지가 있었다. 그는 궂은 일을 하다가도 선방에서 대종사님께서 설법을 하시거나 학인들이 공부를 할 때에 가끔 툇마루에 걸터앉아서 귀를 기울이곤 하였다. 어느 초여름, 이 날도 동하실에서 대종사님께서 설법을 하시는데 어디선가 똥 냄새가 심하게 풍기자 대중들이 수군거리며 돌아보았다. 앵두 아버지가 똥을 퍼 나르다가 지게를 잠시 내려놓은 채 툇마루에 걸터앉아 설법을 듣고 있었다. 이때 특히 여자 학인들이 코를 쥐어 잡고 찡그리며 못마땅해 하는 표정을 하였다. 이를 보시며 크게 꾸중하셨다.

"너희들 정신이 틀려먹었다. 부처가 따로 있는 줄 아느냐? 앵두 아버지가 부처고 똥이 부처다. 너희들이 시원한 데에 앉아서 잘잘 끄는 치마나 입고 법설이나 들으니까 너희들이 제일이고 잘난 줄 아느냐? 너희들이 해야 할 일을 대신 해 주는 사람을 고맙게 생각하지 않고 궂은 일이나 하는 사람이 와서 냄새 풍긴다고 못마땅하게 생각한다면 그 정신이 틀린 게 아니냐? 너희들이 앵두 아버지보다 나은 게 무엇이냐? 궂은 일이나 한다고 그 사람을 함부로 생각하거나 그런 일을 천시하여 멀리 한다면 그런 사람은 앵두 아버지만 못하다."

지금도 생각해 보면 대종사님께서 얼마나 노동을 중시하셨고 또 영육쌍전의 기본정신을 육체적인 노동으로 질박아 훈련시켜 주셨는지 알 수 있다. 현대 사회가 급료를 더 주고, 대우를 더 잘 해줘도 그 일을 회피하는데 걱정이 아닐 수 없다. 세계적으로도 노동을 싫어하고 천시하는 나라는 발전이 되지 못했다. 일 버러지라고 놀림을 받은 어떤 나라는 경제강국이 되었고, 그런 나라를 예술도 모르고 정서도 없다며 비웃으며 해적질이나 하던 어떤 나라는 경제적으로 어려움을 겪고 있다.

  우리나라 조선왕조 5백 년 동안 사농공상(士農工商)이라 하여 사만 숭상하고 농·공·상을 천시하던 폐단이 오늘날까지 영향을 미치고 있다. 대종사님께서 친히 실천으로 보여 주셨던 노동의 가치를 되새기고, 그 정신을 생활 속에 되살려가야 하겠다.

> 《대종경》 실시품 43장
>
>   대종사 대중 출역이 있을 때에는 매양 현장에 나오시사 친히 모든 역사(役事)를 지도하시며, 항상 말씀하시기를 「영육(靈肉)의 육대 강령 가운데 육신의 삼강령을 등한시 않게 하기 위하여 이와 같이 출역을 시키노라.」 하시고, 만일 정당한 이유 없이 출역 하지 않는 사람이 있거나 나와서도 일에 게으른 사람이 있을 때에는 이를 크게 경책하시니라.

아껴 쓰지 않으면 빈천보 받는다

과학이 발달하고 모든 물자들이 풍요로워지면서 우리의 생활상을 둘러보면 너무나 낭비하는 양상을 보게 된다. 이러한 낭비의 생활은 급기야 지구촌의 자원 고갈과 쓰레기 공해 등의 심각한 환경문제까지 대두되게 하였다. 이러한 현실을 보면서 대종사님께서 연필 한 토막, 종이 한 장, 노끈 하나도 함부로 하지 않고 살려 쓰시던 절약정신과, "이용하는 법을 알면 세상에는 버릴 것이 하나도 없다." 하신 법문이 생각난다.

"종이 한 장이라도 아껴서 써라."

대종사님께서 평소에 아껴 쓰라는 말씀을 자주하셨지만 몸소 실천으로 아껴 쓰시고 폐품까지도 활용하는 모범을 보이셨다. 종이 한 장이라도 아껴 쓰신 일화를 제자들이 후진들에게 전해 줄 때, 처음에는 연필로 쓰시고, 다음에는 지우개로 지우고 다시 쓰시고, 그 다음에 잉크로 쓰시고 했다는 이야기를 한다.

아침에 대종사님 처소를 청소하다 보면 책상 밑에 지우개 찌꺼

기들을 자주 볼 수 있었다. 그러니까 저녁에 원고를 정리하면서 연필로 쓰시고 수정해야 할 곳은 지우개로 지워 다시 쓰신 것이다. 연필도 손으로 잡고 사용하기가 힘들 정도까지 쓰시고 또 깍지를 끼워 쓰셔서 도저히 못쓸 정도가 될 때까지는 버리지 않으셨다.

당시만 해도 대종사님께 무슨 물건을 올릴 때에 지금처럼 좋은 포장지가 아니고 헌 신문지에 싸서 올렸다. 대종사님께서는 포장한 신문지도 차곡차곡 모아 두셨다가 과수원의 복숭아 싸는 종이로 내주시고, 과일을 담아 오는 대바구니도 잘 보관하셨다가 복숭아 판매할 때 쓰도록 내주시곤 하셨다.

"밥 한 알도 우리의 입에 들어오기까지는 농부들의 피땀이 깔아 있지 않느냐. 어떻게 해서 이 밥알이 우리 입에 들어오게 되었는지를 안다면 어찌 소홀히 할 수가 있겠느냐?"

대종사님께서는 실제로 쌀 한 알도 함부로 하거나 가볍게 여기지 않으셨다. 식사 중에 실수로 밥알을 흘리게 되면 주워서 드셨다. "아껴 쓰지 않고 함부로 쓰면 후생에 가서 빈천보를 받게 된다." 하시며 아껴 쓰는 생활이 현실적인 물자절약과 생활의 유익만이 아니라, 진리적으로나 인과적으로 어떠한 결과를 가져오는가에 대해서도 말씀해 주셨다.

"야, 봐라. 그 철철 흐르는 물도 아끼지 않고 함부로 써 봐라. 그러면 후생에 가서 물 귀한 곳에 태어난다. 물이 없어서 아주 고생하는 사막 같은 데서 태어난다. 그러니 아무리 흔한 것이라도 함부로 하지 말고 아껴써야 한다."

당시에는 물자가 워낙 귀하고 부족하던 때이기도 했지만 대종사님의 이러한 절약정신에 의해서 알뜰한 생활을 했었다. 그 중에도 공동 외출복을 마련해 두고 대외적인 공무로 외출을 할 때는 이 외출복을 입었는데, 이것마저 "꼭 필요한 때만 아껴서 입도록 하라"는 말씀을 하셨다. 총부 구내에서야 무슨 옷을 입고 있든 관계가 없겠으나 관공서에 공무를 보러 다닐 때는 양복이 필요하기도 했었다. 그래서 대·중·소로 구별해서 마련해 놓고 옷을 입고 공무를 보러갔다가 돌아오면 바로 벗어서 보관했었다. 그런데 별일이 없이 이 양복 입기를 좋아하고, 또 일을 마치고 돌아와서도 이 옷을 입고 돌아다니는 사람이 있어서 "공용복을 함부로 하지 말라."는 법문을 하신 적이 있을 정도였다. "어떤 사람은 외무를 보러 갈 때나 입고 가는 공용 복을 여기 와서도 입는다더라. 아, 그래서 되겠느냐?"고 설법을 하시는 중에 꾸중을 하셨다.
　물론 당시의 상황이 교단뿐만이 아니라 나라의 형편이 곤궁하던 시절이기도 했지만 그런 가운데도 필요치 않는 낭비가 있을 수 있었다. 종이에다 글을 쓰다가도 몇 자 잘못 쓰면 버리는 수가 있고, 우리 주변에 흔한 것이라 해서 아무 생각 없이 함부로 쓰게 되는 경우도 있게 되었다. 아껴 쓴다는 것은 꼭 풍족할 때만 하는 것이 아니라, 풍족할 때나 부족할 때나 그 처지 처지에서 소중하게 알고 유용하게 쓰며, 아껴서 쓰려는 정신을 가져야 한다는 말씀이라고 생각한다.
　대종사님께서 물건을 절약하라고 하신 말씀은 모든 물자, 자연물까지도 아껴 쓰고 폐품을 재활용하게 하신 것이다. 세계적으로 전개되고 있는 물자 재활용의 문제라든지, 환경보존의 문제들을 가지고 고심하는 것을 보면 대종사님께서 미래를 전망하시고 스스로 실천궁행하심과 동시에 길을 일러주신 것으로 생각된다. 과연 성현의 언행은 당시만이 아니라 먼 앞날까지도 예견하신 큰 교훈임을 생각한다.

'아다바고'라는 간판이 걸려 있는 점포가 있다. '아껴 쓰고, 다시 쓰고, 바꿔 쓰고, 고쳐 쓰자'라는 이 '아다바고'가 확산되어 빈천보를 받지 않는 풍요로운 낙원세상을 만들어 가자.

> 《대종경》 실시품 18장
>
> 대종사 조각 종이 한 장과 도막 연필 하나며 소소한 노끈 하나라도 함부로 버리지 아니하시고 아껴 쓰시며, 말씀하시기를 「아무리 흔한 것이라도 아껴 쓸 줄 모르는 사람은 빈천보를 받나니, 물이 세상에 흔한 것이나 까닭 없이 함부로 쓰는 사람은 후생에 물 귀한 곳에 몸을 받아 물 곤란을 보게 되는 과보가 있나니라.」

사가 일에 마음 뺏기지 않게 하라

출가 교도로서 교단의 일을 하는 사람을 '전무출신'이라고 한다. 전무출신은 원래 정신과 육신을 오로지 공중에 바쳐 개인의 명예와 권리와 이욕은 불고하고 오직 공사에만 전력하는 것이 본분으로 되어 있다.

전무출신에는 특별한 서원을 세워 정남·정녀로 활동하기도 하지만 결혼을 하여 가정을 가지고 활동하기도 한다. 가정을 가진 전무출신의 사가 생활은 교단에서 그 제도가 마련되지 못한 채, 근무하는 곳의 처지에 따라 생활에 도움을 받기도 하고, 그렇지 못한 경우도 있었다. 전무출신의 부인을 '정토(正土)'라고 하는데, 정토는 사가 생활을 책임지는 것이 당연한 일로 받아들여 왔다.

더구나 교단 초창 당시의 선진들은 무아봉공(無我奉公)의 정신으로 가사를 불고하며 살아오셨기 때문에 사가의 생활들이 몹시 곤궁했다. 그래서 대종사님께서 전무출신의 사가 생활을 보조하는 제도를 마련하여 전무출신으로 하여금 사가의 일에 마음을 빼앗기지 않고 공사에 전념하도록 하라는 부촉의 말씀을 주셨다.

《대종경》 교단품 15장의 말씀은 성산 성정철(誠山 成丁哲, 1901~1987)종사의 어려운 사가 생활을 두고 제자들과 더불어 공사를 통해서 그 지원책을 말씀하신 내용이다. 성산종사는 워낙이

성산 성정철 종사

곧고 청렴하신 데다, 오랫동안 영산성지에 근무하면서 공중사에 전념하느라 가정사를 불고하는 생활을 하셨으니 그분의 가정은 어려웠다.

성산종사는 태을교(太乙敎)라는 신종교의 재무부장까지 지내셨던 분으로 상당한 부를 누리며 사셨던 분인데, 우리 회상이 정법회상(正法會上)임을 아신 후 그곳의 생활을 청산하고 빈손으로 이 회상에서 새 출발을 하셨다. 가족들은 총부 구내에서 학원생들의 세탁을 해 주었는데 주위의 동지들이 보기에도 안타까워서 대종사님께 이 말씀을 드리고, 대책을 논의했다.

이 말씀을 하실 때 당사자인 성산종사도 그 자리에 계셨다.

"정철이가 영산에서 생활하고 있는지 오래고, 가정을 돌볼 수 있는 상황도 아니니 사가의 생활이 곤궁하기 이를 데가 없다. 그러니 지금 정철이가 공중사를 그만두고 세상에 나간다고 무슨 돈벌이를 할 수 있는 것도 아니고, 교단 상황으로 봐도 정철이가 영산에서 하고 있는 일은 아무나 대신할 수 있는 일이 아니다. 그러니 정철이가 사가의 어려움에 마음 끌리지 않고 공중사에 전념할 수 있도록 교중에서 사가 일을 보살펴 줄 수 있는 방법을 강구해 보아라."

대종사님의 말씀에 따라서 제자들이 올린 전무출신 사가 생활 지원에 대한 방향은 세 가지로 논의되었다.

첫째는, 곤궁한 사가는 교단에서 보조하는 제도를 두자는 것이었다.

둘째는, 그러한 제도가 아직 서지 못한 때에 돌보지 않을 수 없는 처지의 전무출신은 그가 일반 임원이면 적당한 기간 동안 사가를 돌본 후 돌아오게 하고, 중요 인물이면 회의를 거쳐 교중에서 보조하도록 하자는 것이었다.

셋째는, 전무출신의 사가 생활을 지도하고 보살피는 기관이 총부 안에 서야겠다는 의견이었다.

대종사님께서 이 의견들을 수용하여 앞으로 합당한 제도를 세워 활용하도록 하고, 이를 관장할 기관의 설립을 부촉하셨다. 그때 방조기관(幇助機關)이라는 표현을 쓰셨다. 특히 "교중의 형편이 아직 그렇게 되지 못한 때에는 기관을 적게 벌려서라도 현직에 있는 전무출신으로서 사가 일에 마음 빼앗기는 일이 없도록 하라."는 당부의 말씀을 하셨다.

근래에 전무출신 규정의 개정안을 놓고 여러 가지 면에서 연구 검토하면서 전무출신의 사가생활 지원 대책도 아울러 검토되고 있는 것으로 알고 있다. 이러한 때에 대종사님의 이 말씀을 다시 생각해 본다. 전무출신은 사가에 마음을 빼앗기지 않고 공중사에만 전념해야 하고, 교단에서는 전무출신이 사가 일에 마음 끌리지 않도록 사가 생활을 보장해 주는 제도를 마련하는 일에 중지를 모아야 할 것이다.

《대종경》 교단품 15장

대종사 물으시기를 「전무출신이 사가(私家) 일에 끌리지 아니하고 공사에만 전력하게 하기 위하여, 곤궁한 사가는 교단에서 보조하는 제도를 두면 어떠하겠는가.」 전 음광이 사뢰기를 「앞으로 반드시 그러한 제도가 서야 될 줄 아나이다.」 또 물으시기를 「그러한 제도가 아직 서지 못한 때에 전무출신의 사가 형편이 아주 곤란한 처지에 이르러서 이를 돌보지 않을 수 없게 되면 어찌하는 것이 좋겠는가.」 서 대원이 사뢰기를 「만일, 보통 임원이면 적당한 기간을 주어 사가를 돌본 후 돌아오게 하옵고, 중요한 인물이면 회의의 결정을 얻어 임시로라도 교중에서 보조하는 길을 취하게 함이 좋을 듯 하나이다.」 또 물으시기를 「앞으로 그러한 제도가 시행될 때에 혹 보조를 바라는 사람이 많게 되면 어찌 하여야 하겠는가.」 유 허일이 사뢰기를 「그러한 폐단을 막기 위하여 일반 전무출신의 사가 생활을 지도하고 보살피는 기관이 총부 안에 서야 하겠나이다.」 대종사 말씀하시기를 「세 사람의 말이 다 좋으니 앞으로 차차 그러한 제도를 세워서 활용해 보되, 교중의 형편이 아직 그렇게 되지 못하는 때에는 기관을 적게 벌여서라도 현직에 있는 전무출신으로서 사가 일에 마음 빼앗기는 일이 없도록 하라.」

교자는 졸지노라

대종사님을 모시고 살았던 시절은 나에게 있어서 한창 공부를 해야 하는 시기였고 또한 인생에 있어서 길을 잡아가야 할 시기였다. 그러므로 주로 그런 방향의 말씀이 새겨졌고, 또 무슨 내용이든 그런 방향으로 이해하였다. 그 중에 "도인이 되라"는 말씀과 "신통을 구하려고 하면 도인이 되지 못한다" 하시고, "말 잘하고 글 잘 쓰는데 치우쳐 끌리는 사람은 도인이 되기 어렵다"고 경계하셨다.

시기적으로도 원산 서대원(圓山 徐大圓, 1910~1945) 선진이 손을 잘라 신(信)을 바치고, 또 불경(佛經)공부를 중시하여 절을 찾아 떠나려고 했던 때였으므로 더욱 그런 말씀을 많이 하셨다. 서대원 선진은 경이나 읽고 공부하려는 의도에서 이곳에 왔는데 생각했던 것처럼 공부를 하는 것도 아니고 일을 해야 하니까, 일보다는 공부를 해야겠고 또 신심을 바치겠다는 의미에서 그랬을 것이다. 당시 서대원 선진이 생각할 때는 학자가 되도록 가르쳐 달라는 것은 아니요, 경을 강론하는 강사가 되도록 가르쳐 달라는 것은 아니지만, 경전공부는 해야 한다는 생각으로 절에 가서 팔만대장경을 두루 섭렵하고 깊은 공부를 해보리라고 짐을 챙기셨던 것 같다.

이런 일이 있자 대종사님께서는 "당장에 나가라."고 호령을 하시고 주위 사람들에게도 "이런 놈들을 어디에 써 먹을 것이냐? 당장 내보내야 한다."고 강경한 태도를 보이셨다. "이곳에 온 것은 도인이 되려고 한 것인데 경이나 읽고, 또 팔만대장경을 읽어서 무불통지(無不通知) 하겠다고 한다면 절에 가서 그 일을 하고, 이곳에서는 도인되는 공부를 해야 한다. 나는 경이나 읽는 경사를 만들려는 것이 아니니 그런 것이 싫거든 당장 여기를 떠나라"는 설법도 몇 차례 하셨다.

그러시면서 자주 하시는 말씀이 '교자는 졸지노(巧者拙之奴)'라는 말씀이셨다.

"나는 도인을 만들자는 것이지, 글 잘 쓰고, 말 잘 하는 사람을 만들자는 것이 아니다. 글재주 있고, 말 재주 있는 사람을 부러워하지 말고, 도인되는 공부를 부지런히 해라. '교자는 졸지노'라는 말이 있다. 즉 글씨를 잘 쓰는 사람이 있다고 하자. 그 사람에게 글씨를 못 쓰는 사람이 써 달라고 부탁하게 될 것이고 그러면 써줘야 할 것이 아니냐? 그러니 글씨 잘 쓰는 사람은 못 쓰는 사람에게 부림을 당하지 않는가? 마찬가지로 말 잘하는 사람도 말 잘못하는 사람들이 '네가 말을 잘하니 네가 해라' 하면 또 그렇게 된다. 그러니 말을 잘 하는 사람은 말을 잘못하는 사람의 부림을 받는 것이 되지 않겠느냐?

글을 잘 쓰는 사람은 글을 쓰도록 하고, 말을 잘 하는 사람은 말을 하게 하고, 나는 너희들을 도인으로 만들려고 한다. 내게 이미 왔으니 도인되려고 해야지, 글 잘 쓰고, 말 잘하려고 애쓰지 말라. 물론 말도 잘하고, 글도 잘 쓰면서 도인이 되려고 하는 것은 좋은 일이다. 그러나 도인이 되려는 것보다 글 잘 쓰고 말 잘하는 것을 앞세우려고 하는 것은 용납할 수 없는 일이다."

'교자는 졸지노'란 말은, 사전적 풀이로는 "꾀가 많은 사람은 용렬한 사람의 노예"라는 말이다. 그러나 대체로 교자란 무엇이든 똑똑하게 잘 하는 사람, 재주 있는 사람을 뜻하며, 졸자란 무엇이든 부족한 사람, 재주가 모자라는 사람을 뜻한다. 그러니 재주 있는 사람이 오히려 재주 없는 사람의 노예라는 의미로 사용한다.

대종사님께서는 도인에 대해서도 대단히 평범하게 말씀을 하셨다. "도인이란 도를 아는 사람이라" 하시고, 도인이란 어디가 특별하거나 외형적으로 두드러지게 나타나는 것이 아님을 말씀하셨다.

"도인이란 평범한 가운데 사람으로서 해야 될 도리를 아는 사람이며, 도를 알고 도를 행하는 사람이 비록 둔하고 재주가 없으며 말과 글이 부족해도 도인과는 하등의 관계가 없다."

대종사님께서 말씀하신 도인이 되는 방법도 아주 쉽게 되어 있다. 일심·알음알이·실행이라고 하셨다. 그러나 여기서 주의할 점이 있다. 대종사님의 이 법문을 부정적으로만 받아들여서는 안 된다는 점이다. 말 잘하고 글 잘 쓰는 것을 내세우고 그것이 전부인 양 생각하는 것을 나무라셨지 그 자체를 부정하신 것은 아니었다. 다만 이것을 구하기 위하여 우리의 근본 목적인 도인되는 공부를 소홀히 할까 염려하고 경계하셨던 말씀이다. 도인되는 공부만 잘 해 놓으면 부족한 말과 글은 보충할 수 있다. 우리의 본분사에 충실하면 다른 여타의 일들은 자연히 이뤄지기 때문이다.

속은 폭 잡고 믿어보라

 선진과 후진이 지켜야 할 윤리에 대해서는 《대종경》교단품에 잘 나타나 있다. 학원생 시절에 대종사님을 모시고 받들었던 법문 중에는 "선후진이 서로 믿고 받들며 아껴주라."는 말씀이 많으셨다. 특히 우리가 어린 학원생이었기 때문인지 선진 어른의 말씀을 잘 따르지 않는다든지 소홀히 대하는 태도를 보이면 크게 경책하시고 선진들을 믿고 따르도록 강조하셨다.
 선진을 잘 모시지 못하는 제자를 크게 꾸중하시는 것을 뵌 적이 있다. 내가 대각전에서 청소하고 있는데 대종사님의 노기띤 성음이 그곳까지 들렸다. 조실에서 꾸지람을 하시는데 대각전까지 들렸으니 생각하면 지금도 그 성음이 들리는 듯하다. 놀란 내가 무슨 일인가 궁금해서 가 보았더니 일산 이재철(一山 李載喆, 1891~1943) 선진의 지도를 받지 않은 사람을 크게 혼내고 계셨다.

 "야. 이놈아! 니가 뭐냐, 이놈아. 니가 도대체 뭔데 일산님 같은 그런 어른의 말씀을 따르지 않고 거역해? 너 같은 놈을 어디다 써 먹겠느냐? 너는 일산님 따라 가려면 몇 번을 죽었다 깨어나도 안 된다. 그런데 그런 일산님의 말씀을 안 듣고 거역을 해? 선진의 말도 제대로 안 듣는 놈이 무엇을 재대로 배울 것이며, 가르치는 대로 따르지 않으려면 여기서 뭣 하러 사느냐? 그런 놈을 어디다 쓰 겠냐?"

이 꾸지람을 들었던 사람은 대종사님 말씀대로 큰 법기를 이루지 못하고 교단에 별 유익을 주지 못한 채 오래지 않아서 교단을 떠나갔다. 황이천(黃二天) 순사가 불천노(不遷怒)하시는 대종사님을 뵈올 수 있었던 그때의 제자도 선진의 뜻을 거역하였다는 이유로 꾸지람을 들었다고 한다. 그러니 대종사님이 선후진의 윤기에 대해서 얼마나 관심을 가지셨던가를 알 수 있다. 엄교중책을 하실 만큼 선진 후진의 윤기를 중히 여기셨던 것이다.

생각해보면 스승에 대한 신을 대종사님 한분에 국집하지 않고 선진들을 스승으로 받들며 믿고 따르도록 지도하셨다. 설법을 하실 때도 구정(九鼎)선사의 이야기나, 소를 지붕위로 끌어올렸던 사람의 이야기나, 혜가(慧可)선사의 이야기를 많이 하셨다. 이렇게 믿고 따르는 마음이 없이는 스승으로부터 법을 받을 수 없다는 말씀이셨다.

혜가선사의 이야기를 하실 때는 반드시 서대원 선진의 이야기가 뒤따랐다. 팔을 끊어서 바칠 만큼의 신심을 중히 아는 것이지 그 행위나 방법을 수용하지 않는다고 일침을 놓으셨다. 몸을 상하면서까지 법을 구하려고 하는 마음은 장하지만 불구가 되면서까지 신을 바치는 것은 옳지 못하다는 가르침이셨다.

선후진의 윤리관계에 있어서는 큰 신심이 발해야 스승이 제자에게 무엇을 전해주고 받을 수 있지 신심이 없는 사람한테는 줄 수가 없다는 것을 전제하시고 선후진의 윤리가 바로서야 된다는 말씀을 자주 하셨다. 《대종경》에 그 내용이 여러 곳에 실려졌다. 이런 말

대종사님의 법통을 이은 정산종사와 대산종사

씀을 하실 때는 "속은 폭 잡고 믿어 보라."는 말씀으로 다져 주셨다. 얼마나 사량계교하며 믿으려 하지 않고, 따르려 하지 않았으면 그 답답함을 이런 말씀으로 표현하셨을까 싶다.

스승님의 말씀을 사량계교(思量計較)하여 이것저것 따지고, 이리재고 저리재고하지 말고, 호의불신(狐擬不信)하지 말고, 속은 셈 치고 믿으라는 말씀이셨다. "속은 셈치고 한번 믿어봐라. 그러면 분명히 결과가 나타날 것이니 그 때 가서 고마운 생각이 날 것이다."하신 말씀이 오늘날에 다시 간절히 되살아난다.

요즘은 시류 탓인지, 열반하신 선진은 물론 생존해 계신 선진들께 조차 심한 평을 하기도 하는데 선후진이 다 같이 반성해야 할 일이다. 선진이 먼저 스스로 신뢰받고 존경받을 수 있어야 후진들이 따르고 쫓아가게 된다. 그러나 후진들도 선진들을 평가하고 따지기나 한다면 이것은 종교가에서 할 수 있는 일은 아니라고 본다.

종교는 신행이 그 본령이며 핵심이다. 믿음 이전에 비판과 비평이 우선해서는 안 될 일이다. 믿음을 근거로 하여 선후진이 서로 받들고 이끌어 주는 가운데 윤리도 바로 서게 된다. 이것이 대종사님께서 그렇게 간절히 가르치고 다져 주신 본의라고 생각한다.

《대종경》 교단품 2장

창립(創立) 십이년 기념식에 대종사 대중에게 말씀하시기를 「그대들이 우리 회상 창립 십이년 동안의 사업 보고와 성적 발표를 들었으니 그에 대하여 느낀 바를 각기 말하여 보라.」 하시니, 여러 제자가 이어 나와 각자의 감상을 발표하는지라, 대종사 일일이 들으신 후 말씀하시기를 「그대들의 감상담이 대개 적절하기는 하나 아직도 한 가지 요지가 드러나지 아니하였으므로 내 그를 말하여 주리라. (중략) 후진들로서는 선진들에게 늘 감사하고 공경하는 마음이 나서 모든 선진들을 다 업어서라도 받들어 주어야 할 것이요, 또는 선진들로 말하면 시창 당초부터 갖은 정성을 다하여 모든 법을 세우고 여러 가지 기관을 벌여 놓았다 할지라도, 후진들이 이와 같이 이어 나와서 이 시설을 이용하고 이 교법을 숭상하며 이 기관을 운영하지 아니하였다면, 여러 해 겪어 나온 고생의 가치가 어디서 드러나며, 이 기관 이 교법이 어찌 영원한 세상에 유전하여 세세생생에 끊임없는 공덕이 드러나게 되겠는가. 그러므로 선진들로서는 후진들에게 또한 늘 감사하고 반가운 생각이 나서 모든 후진들을 다 업어서라도 영접하여야 할 것이니, 선진 후진이 다 이와 같은 생각을 영원히 가진다면 우리의 교운도 한 없이 융창하려니와 그대들의 공덕도 또한 한 없이 유전될 것을 의심하지 아니하노라.」

안 난 폭 잡고 살아라

대종사님께서 정남·정녀(貞男·貞女)들을 아끼고 사랑하신 이야기는 익히 들어 왔을 것이다. 일생을 정남·정녀로 이 회상을 위해 살겠다는 고결한 뜻을 세운 이들을 대단히 총애하셨다.

학원생이었던 시절, 아직 교단적인 분별을 모르던 시절에도 '대종사님은 정남·정녀들을 유독 사랑하시는구나' 하는 느낌을 가질 정도로 정남·정녀들에 대한 사랑이 깊으셨다. 어린 시절의 나의 느낌이 그러했으니, 정남·정녀가 아닌 분들은 "대종사님은 언제나 정남·정녀들만 예뻐하신다."고 생각 했을 것이다.

이러한 깊은 애정으로 챙겨 주고 가르침을 주시는 중에 정남·정녀들에게 자주 하셨던 법문이 "한 세상 안 난 폭 잡고 살아 보아라." 는 말씀이셨다.

"너희들 한 세상 안 난 폭 잡고 살아 보아라. 재색도 명리도 헌신짝처럼 버려 버리고 오롯하게 이 공부 이 사업하고 가봐라. 한 생만 그렇게 하고 가봐라. 그러면 그 공덕이 헤아릴 수가 없다. 그러니 내 말을 믿고, 안 난폭 잡고 한 평생 바치고 살아봐라. 혹, 내 말이 아무래도 믿어지지 않거든 나에게 크게 둘린 폭 잡고 한 번 하라는 대로 따라 해 봐라."

《대종경》 교단품 17장에서도 정남·정녀들을 자주 챙기며 하신 말씀으로 정리되어 있는데 이와 같은 맥락의 말씀이다. 일생을 결혼도 하지 않고 독신으로 살면서 오직 이 회상을 위해서 살겠다는 서원을 세우는 일은 아무리 생각해도 쉬운 일이 아니요, 또 누구나 할 수 있는 일도 아니다. 물론 세상에는 자신의 편안함을 위해 독신으로 사는 사람도 더러 있으나 사바세계를 정화시키고 일체중생의 복로를 개척해 주기 위해서 자신의 모든 것을 바쳐서 정남·정녀로 사는 일은 오랜 세월의 서원이 아니고는 불가능한 일이다.

　대종사님께서는 정남·정녀들의 이 고결하고 장한 뜻을 높이 찬양해 주셨고 이들의 거룩한 삶을 "나도 정남·정녀의 사당에는 오르지 못한다"는 말씀으로 기리셨다. 이처럼 정남·정녀들의 장한 뜻과 거룩한 삶을 높이 칭송하면서 이들에게 간곡히 당부하시는 말씀이 바로 "안 난 폭 잡고 살아봐라"는 말씀이다. "안 난 폭 잡고 해 보라"는 말씀만으로도 부족하여 "둘린 폭 잡고 한번 해 보라"고까지 하셨다.

　당시 정남은 몇 분 되지 않으셨고, 대부분이 정녀들이었는데, 이런 말씀을 하실 때 뵈면 대중 가운데 정녀들을 당신 앞에다 앉혀 놓으시고 아버지가 보기도 아까운 자녀들에게 어르며 타이르시듯이 하셨다.

　대종사님 당대만 해도 대부분의 여자가 삼종지례(三從之禮)라는 법에 의지해서 살아가는 것만이 당연한 길인 줄 알았던 시대다. 이러한 시대의 묵은 관습을 깨고, 또 가족들의 거센 반대를 무릅쓰고 부처님께서 유성출가 하셨듯이 출가하여 대종사님 법하에 살고 있으니, 이들이 아니면 이 법이 어떻게 유전될 것인가를 생각하면 더욱 대견하고 장하다는 생각이 드셨을 것이다.

또 한편으로는 대종사님만을 믿고 와서 모든 것을 버리고 순일하게 공부하며 살아가는 이들에 대해서 막중한 책임감도 가지셨을 것이다. 그러니 행여 어찌될세라 챙기고 살피고 북돋워 주고 다독거리시면서 오롯한 마음으로 중도에 낙오되지 않고 본래의 목적과 서원을 이루어 가도록 이끌어 주셨다.

한 평생 빛나게 살고 퇴임하여 수양에 정진하는 중앙여자원로수도원과 정화수도원에 계시는 정녀교무님들의 아름다운 모습을 대종사님께서는 예견하셨을 것이다. 이렇게 소중하게 아껴주고, 알뜰히 챙겨주고 가르쳐 주면서 재색도 명리도 모두 버리고 오직 순일한 마음으로 오롯이 이 공부 이 사업을 하라고 간곡하게 말씀하시던 대종사님의 의지를 깊이 새겨야 할 때이다. 사소한 일을 가지고 문제를 삼아 서로 따지고 지적하고, 개인적인 견해의 차이에 얽매여서도 안 될 일이다. 더욱이 전무출신 규정안을 개정 검토하는 과정에서 한번쯤 생각해 보고 싶은 법문이다.

구타원 이공주 종사가 정녀 문열이 공타원 조전권 종사에게 연화장을 달아주고 있다.

《대종경》 교단품 17장

　대종사 정남·정녀들을 자주 알뜰히 살펴 주시며, 말씀하시기를 「그대들이 한 생 동안만 재·색·명리를 놓고 세상과 교단을 위하여 고결하고 오롯하게 활동하고 가더라도, 저 세속에서 한 가정을 위하여 몇 생을 살고 간 것에 비길 바가 아니니, 한 생의 공덕으로 많은 세상에 무루의 복락과 명예를 얻을 것이요, 결국 성불의 대과(大果)를 증득하게 될 것이나, 만일 형식만 정남·정녀요 특별한 보람 없이 살고 간다면 이는 또한 허망한 일이라, 참으로 정신 차려 공부하라.」

남에게 못 주어서 걱정인 세상이다

대종사님께서 현하 시국을 관찰하시며 자주 "지금은 선천시대의 끝이다."고 법문하셨다. 그리고 선천의 끝일 뿐만 아니라 "후천의 시작이다." 하시고 후천개벽(後天開闢)에 대한 말씀도 자주 하셨다.

후천시대를 구체적으로 말 할 수는 없으나 지금 세상의 운수로 봐서 "선천의 말이요 후천의 시작이다"는 말씀이셨다. 그러니까 시기상으로는 상당히 긴 시간을 두고 생각을 해야지 몇 년부터 몇 년까지라고 딱 정해서 말하기는 어려우나 대각을 하신 대종사님의 안목으로 관찰하실 때 선천의 말기요 후천의 시작임을 보신 것이다.

그리고 미래세상은 어떤 세상이 전개될 것이라는 전망의 말씀을 해주셨다. 이러한 말씀들이《대종경》 전망품에 수록되어 있다.

《대종경》에 실려 있는 내용들은 주로 돌아오는 세상은 살기 좋고 아름답고 평화로운 세상이 된다는 것이다. 즉, 전쟁이라든가, 분쟁이라든가, 불목이 없는 '용화회상(龍華會上)'이 된다는 것이다.

전쟁이나 분쟁이나 불목의 원인은 바로 내가 남보다 많이 차지하려 하고, 남을 해(害)하여서라도 나를 좋게 하려고 하는데서 비롯된다. 만약에 서로 도와주려고 하고 남을 위하고 존경하는 사람들만 사는 세상이 된다면 전쟁이나 분쟁이나 불목은 없게 되리라는 말씀이셨다.

대종사님께서 금강원에 계실 때다. 지금은 금강원 뒤편 길가에 담장이 쳐져 있지만 그 당시는 탱자나무 울타리로 되어 있어서 그 길로 내왕하는 사람들이 주고받는 이야기를 다 들을 수 있었다. 익산과 황등을 연결하는 큰 도로였기 때문에 익산 인화동시장과 황등시장을 보러 다니는 장꾼들의 왕래가 빈번하였던 것이다.

대종사님께서 장꾼들이 지나다니면서 주고받는 이야기를 들으시며 세상인심을 파악하고 이런 법문을 내려주셨다.

"익산시장이나 황등으로 장을 보러 다니는 사람들이 지나가면서 하는 말을 들어보니까, 장사를 하는데 어떻게 하면 돈을 좀 많이 벌 수 있을 것인가 하는 이야기들이더라. 그런데 그 사람들 이야기 하는 것을 자세히 들어보니 그 장사로 돈 버는 방법이라는 것이 어떻게든 속임수를 써서 돈 벌 궁리만 하고 있더라.

지금 세상에는 이렇게 대부분 사람들이 다른 사람의 돈을 내 것으로 만들 궁리만 하는데 앞으로의 세상은 그렇지 않을 것이다. 앞으로의 세상은 참으로 좋은 미륵불회상, 용화회상이 돌아오는데, 지금은 남의 것을 못 빼앗아서 한이지만 그때에 가서는 남을 못 도와줘서 한이요, 복을 못 지어서 한 일 것이다. 그런 세상이 오면 모두가 복을 지으려고 하고, 남을 도와 주려고 하고, 내가 먼저 남을 위해 주려고 하니, 도움을 받으려는 사람은 없고 복을 지으려는 사람만 있어서 복 짓기가 쉽지 않을 것이다. 못 빼앗아서 한이요, 못 속여서 한인 지금과는 반대로 남을 못 도와 주어서 한이고 복 지을 곳을 찾지 못해서 한탄할 것이다.

돌아오는 세상은 서로 복을 지으려고 하고, 남을 도와 주려고 하는 사람만 있지, 남의 것을 빼앗아서 자기 것을 만들려는 사람이 없는 살기 좋은 세상이 온다.

이때는 복을 짓고 남을 위해 할 일을 찾기가 어려워질 것이다."

정말 꿈 같은 말씀이셨다. 대종사님 같은 성인의 말씀이 아니면 황당한 헛소리로 일축해 버릴 수 있는 그런 내용이었다. "말세론이다, 휴거설이다" 하여 민심을 불안하게 하는 이론들도 있으나 대종사님께서 돌아오는 세상은 크게 문명한 도덕세계가 될 것이라 하셨으니, 참으로 든든하고 기뻐해야 할 일이다.

앞으로의 세상은 이렇게 남에게 주지 못해서 한이요, 남에게 지지 못해서 걱정이요, 남을 위해 주지 못해서 근심이 되는 좋은 세상이 올 것이라는 대종사님의 전망의 말씀을 믿고 그런 좋은 세상의 주인이 되기 위한 준비를 해야 할 것이다. 마음공부 잘해서 불보살이 된 사람들이 사는 세상에 무슨 범죄나 죄악이 있겠는가? 그런 세상을 만들기 위해 더욱 대종사님 교법을 널리 전해야 할 것이다.

《대종경》 전망품 28장

대종사 말씀하시기를 「과거에는, 자기의 재산은 다소를 막론하고 자기가 낳은 자손에게만 전해 주는 것으로 법례(法例)를 삼았고, 만일 낳은 자손이 없다면 양자라도 하여서 반드시 개인에게 그 재산을 상속하게 하였으며, 따라서 그 자손들은 자기 부모의 유산은 반드시 자기가 차지할 것으로 알았으나 돌아오는 세상에는 자기 자손에게는 적당한 교육이나 시켜 주고 치산의 기본금이나 약간 대어줄 것이요, 남은 재산은 일반 사회를 위하여 교화·교육·자선 등 사업에 쓰는 사람이 많을 것이며, 지금 사람들은 대개 남을 해롭게 하는 것으로써 자기의 이익을 삼지마는 돌아오는 세상 사람들은 남을 이익 주는 것으로써 자기의 이익을 삼을 것이니, 인지가 발달됨에 따라 남을 해한즉 나에게 그만한 해가 돌아오고 남을 이롭게 한즉 나에게 그만한 이익이 돌아오는 것을 실지로 경험하게 되는 까닭이니라.」

도량을 깨끗이 하라

《대종경》 실시품 15, 16장에는 도량을 깨끗하게 관리하고 수용도구를 잘 정리정돈 하시는 대종사님의 일상 생활상과 그에 따른 법문이 실려 있다. 어린 시절부터 대종사님을 가까이서 뵙고 모시고 생활하면서 인상 깊게 남아 있는 모습이 비를 들고 청소하시던 모습이다.

당시 총부 구내에 거주하는 사람들은 모두 규칙생활을 하면서 새벽 좌선이 끝나고 나면 모두가 함께 청소를 하는데, 담당구역이 있어서 책임지고 청소를 했다. 대종사님께서 아침마다 구내 이곳저곳을 둘러보시다가 청소가 빠져 있거나 또는 청소를 하기는 했지만 잘못된 곳이 있으면 직접 청소를 하셨다. 그래서 대종사님께서 청소하시는 모습을 종종 뵈올 수 있었다. 그럴 때면 '청소 하나도 그냥 하는 것이 아니구나' 하는 생각을 하게 되었다.

총부 구내는 흙길이었다. 그 길을 보면 맨 위에는 잔잔한 돌멩이들이 있고, 그 다음엔 모래들이 깔려 있고, 그 다음이 단단한 흙으로 되어 있는데 우리가 청소할 때는 보통 싸리비로 싹싹 쓸어서 거친 돌멩이나 쓰레기는 담아다 버리고, 가는 모래며 흙은 한 쪽으로 쓸어 모았다. 그러다 보면 흙이 패이고 바닥이 고르지 못했다.

그러나 대종사님께서 청소하시는 것을 뵈면, 거친 돌멩이나 검불 같은 쓰레기들은 살살 쓸어내어 담아다 버리고 모래나 흙은 높낮이를 잘 골라서 비질을 하시기 때문에 길에다 가는 모래를 고르게 깔아 놓은 듯이 보기에도 퍽 좋았다. 그래서 청소한 후에 처음 그 길을 걸어가면 발자국이 그대로 선명하게 나타나곤 했다. 방안을 청소할 때도 비질하고 걸레질하는 방법까지도 일일이 지도해 주시면서 그 때마다 말씀해 주셨다.

"사람들이 총부에 오면 깨끗해서 좋다고 한단다. 깨끗하게 청소가 되어 있고 정리정돈이 잘 되어 있다고 칭찬한단다. 청소를 할 때는 밥풀이 떨어져도 주워 먹을 정도로 깨끗하게 해야 한다."

대종사님께서 거처하시는 처소는 항상 정리정돈이 잘 되어 질서가 정연하였다. 책상 서랍 속까지도 연필은 연필대로 가지런히 해 두시고 종이는 종이대로 또 다른 물품들은 그들대로 용도 따라 차곡차곡 정리정돈을 하셔서 어두운 밤에 불을 켜지 않고서도 필요한 물건을 쉽게 찾을 수 있도록 정리가 되어져 있는 것을 볼 수 있었다. 그러니 누구에게든지 "책상 몇 번째 서랍 어디에 무엇이 있으니 가져와라" 하셔도 단번에 그 물건을 찾아다 드릴 수 있었다.

이처럼 도량을 청결히 하시고 수용도구를 정리 정돈하는 모범을 보이시면서, 주위 제자들이 청소를 소홀히 하거나 수용도구의 정리를 제대로 하지 않아서 어수선한 것을 크게 경책하셨다. 그 때는 이러한 대종사님의 깊은 뜻을 헤아릴 수 없었다. 큰일을 하시는 성인께서 사소한 일까지 말씀하시나 싶었던 것이다. 그러나 대종사님께서는 도량의 잡초를 뽑고 청소를 하며 정리정돈을 하는 것이 바로 마음공부와 연결되어 있음을 말씀하시고, 청소하고 수용도구를 정리하는 그 일에서 공부심을 챙기도록 가르치신 것이었다.

"왜 이렇게 청소를 깨끗하게 하라고 하느냐 하면, 청소를 하면서 마음의 잡념도 쓸어내라는 것이다. 본래의 성성적적하고 적적성성한 우리의 마음이 경계 따라 시기하고 탐하고 미워하는 마음이 일어나 더러워졌으니, 우리가 거처하는 집과 주변을 날마다 밥풀이 떨어져도 주워 먹을 수 있을 정도로 청소하면서 그런 마음이 들도록 쓸어 내자는 것이다. 그리고 잡초를 제거하듯이 잡념의 근본뿌리를 제거하자는 것이다. 또 수용도구를 잘 정리정돈 하라는 것은 줄 맞는 공부를 하게 하기 위해서 그런다. 사심잡념이 성하면 주변도 어수선하다. 너희들 수용도구가 정리정돈이 안 돼 있는 것은 너희 마음이 안정되어 있지 않다는 것을 알아야 한다. 또한 제초작업을 하고 청소를 했다 하더라도 정리정돈으로 마무리하지 않으면 청소한 효과가 없는 것처럼, 잡념이 없어졌다 해도 마음이 줄 맞는 공부로 단련되지 아니하면 공부의 실효를 보지 못한다. 그러니 평소에 거처와 수용도구들을 정리하고 사는 습관을 길들이는 것으로 마음공부의 대중을 삼아라."

대종사님께서는 매우 깔끔한 분이셨음을 알 수 있다. 성인이라 하더라도 어디에 능하면 한 부분은 빠지기 마련인데 아주 사소한 일에서부터 큰일에 이르기까지 미치지 않으심이 없으셨으니, 만능이요, 대성인이라 생각할수록 우러러 받들게 된다.

대종사님 당시 중앙총부 전경

《대종경》 실시품 16장

　대종사 언제나 수용하시는 도구를 반드시 정돈하사 비록 어두운 밤에라도 그 두신 물건을 가히 더듬어 찾게 하시며, 도량을 반드시 정결하게 하사 한 점의 티끌이라도 머무르지 않게 하시며, 말씀하시기를 「수용하는 도구가 산란한 것은 그 사람의 마음이 산란한 것을 나타냄이요, 도량이 깨끗하지 못한 것은 그 사람의 마음 밭이 거친 것을 나타냄이라, 그러므로 마음이 게으르고 거칠면 모든 일이 다 다스려지지 못하나니 그 어찌 작은 일이라 하여 소홀히 하리요.」

무위이화로 틀림없다

대종사님께 받든 법문 중에는 인과보응의 이치에 대한 말씀이 상당히 많았다. 그 가운데 《죄복보응경(罪福報應經)》이라든지, 《사십이장경(四十二章經)》을 들어 설법해 주시고 또는 이런 주제로 제자들에게 경강을 시킨 후 부연 법설을 하셨다. 인과의 진리를 설하실 때 빠지지 않고 강조하셔서 인상 깊게 받아들였던 법문이 있다. 바로 "호리도 틀림이 없다", "무위이화로 그렇게 된다."는 말씀이다.

"주면 받고, 가면 오고, 지으면 받게 되고, 원인이 있으면 결과가 반드시 있게 되는 인과보응의 이치는 호리도 틀림이 없다. 우연히 그렇게 되어 진 것은 아무 것도 없다. 모든 것이 원인이 있음으로써 결과가 있는 것이니 지은 바대로 받게 되는 것은 변함없는 철칙이다.

공칠이를 봐라. 이리시내에 깨끗하고 좋은 집들이 얼마나 많으냐? 그런데 그런 집들은 들어갈 생각도 못하고 다 찌그러져 가는 오두막집으로 찾아들지 않느냐?

내 집 내 물건이 아니면 아무리 좋은 것이라도 내 마음대로 취해서 쓸 수가 없는 것처럼 빈부귀천(貧富貴賤)과 길흉화복(吉凶禍福)도 다 내 것으로 내가 지어 놓았기 때문에 받게 되는 것이다. 이것은 호리도 틀림이 없다.

그러면 이것이 무슨 조화이냐? 과연 무엇이 들어서 그렇게 지은 바에 따라서 호리도 틀림이 없게 하느냐? 그것은 무위이화로 그렇게 되는 것이다."

우리가 세상에서 남에게 빚을 주면 기억을 하거나 일일이 기록을 해 두거나 해서 받는다. 인간의 죄복은 인간 스스로 짓지만 받는 것은 무위이화로 호리도 틀림없이 받는다는 말씀이셨다. 우리는 보통 '진리의 섭리'가 그러하다고 말하는데 대종사님께서는 그런 말씀을 쓰지 않으셨고 '무위이화'라고 하셨다.

무위이화라는 표현이 늘 새롭게 상기되곤 한다.

공칠이는 총부 근방에 사는 평범한 사람으로 총부에 일이 있을 때면 가끔 삯을 받고 일을 해 주었다. 당시 중년을 넘은 나이로 가난하게 살았지만 인물이 추루하지는 않았다. 총부 근처에 살고 있었기 때문에 대중이 잘 아는 사람이었고 공감할 수 있는 대상이었다. 그날도 대종사님께서 설법하고 계시는데 마침 들어오고 있었다. 공칠이가 들어오는 모습을 보시고 대종사님께서 예를 들어 말씀하신 것이다.

산이나 들에 나갈 기회가 있을 때면 내 시야에 들어오는 부분만이라도 세심하게 신경을 써서 살펴 볼 때가 있다. 어떤 풀이 있으며, 어떤 꽃이 피었는지, 또 어떤 종류의 나무들이 있는지? 그 한 자리에서 자라는 풀도 다양하고 꽃도 다양하여 크고 작고 형형색색 천차만별이다. 만약에 그 무엇이 들어서 이것들을 이렇게 다양하게 만들려고 했다면 가능했을까를 생각해 보기도 한다. 이처럼 식물의 세계도 각기 제 모습을 지니고, 각기 다른 삶을 살고 있다.

하물며 동물의 세계야 말할 필요가 있겠는가?

　모습은 물론이고, 선악·빈부·귀천·길흉·화복이 각기 다른 저마다의 삶을 산다. 무엇이 들어서 선악을 가르고 죄복을 나누겠는가? 생각하고 말하고 행동하여 지은 바에 따라 무위이화로 그렇게 된 것이다. 마치 거울로 된 방이 있어 사람이 자기 하고 싶은 대로 행동을 하면 거울은 아무 일을 하지 않건만 저 하는 대로의 모습이 그대로 나타나는 이치와 같을 것이다. '무위이화'로 호리도 틀림없이 나투어지는 인과의 묘리는 처음은 믿어 행하는 것이지만 나중에는 깨달아 터득하는 것이 영원히 죄고에서 벗어나는 길이 된다.

공칠은 성이 정씨, 본명은 영호, 시창20년 9월10일 이명진(일산의 아들)의 연원으로 입교하였다. 남자 제자로 671번째로 《원명부》에 등록되었고 공심이 대단히 많은 사람이었다. 정공칠의 집은 현재 중앙여자요양원과 총부농원 사이 신룡동 320-3번지 토담집으로 본채 8.7평, 헛간채 7.8평이다. 지금은 철거되었고, 박용덕 교무가 제공한 사진이다.

《대종경》 인과품 4장

대종사 말씀하시기를 「사람이 주는 상벌은 유심으로 주는지라 아무리 밝다 하여도 틀림이 있으나, 천지에서 주는 상벌은 무심으로 주는지라 진리를 따라 호리도 틀림이 없어서 선악간 지은 대로 역연히 보응을 하되 그 진리가 능소능대(能小能大)하고 시방에 두루 있나니, 어찌 그를 속일 수 있으며 그 보응을 두려워하지 아니하리요. 그러므로 지각 있는 사람은 사람이 주는 상벌보다 진리가 주는 상벌을 더 크고 중하게 여기 나니라.」

색안경을 벗자

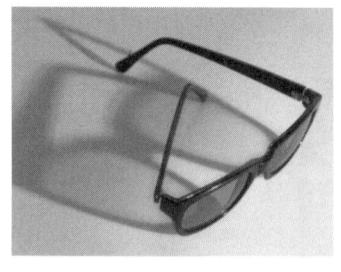

세상에는 각양각색의 사람들이 자기만의 개성으로 살고 있다.

대종사님께서는 자기만의 독특한 안목이 지나치게 주관적으로 되어 일을 그르치게 되는 것을 경계하시며 '색안경을 벗으라.'는 말씀을 해 주셨다. 사람사람이 각기 다른 주관을 가진 것을 색안경을 쓴 것에 비유하여 말씀하시기를 "모든 일을 자기가 다 잘한 일이라 생각하고, 유리하게 생각하는 것은 색안경을 가지고 있기 때문이다"고 하셨다. 모든 것을 볼 때 자기 본위로 바라보기 때문에 객관성을 잃어버리게 되어 생각과 판단 그리고 취사까지도 자기 본위로 하게 된다는 것이다.

마치 붉은색 안경을 쓰면 세상이 온통 붉게 보이는 것과 같이 자기의 주관대로 보고 판단한다. 그렇기 때문에 다른 사람들이 옳은 말을 해도 받아들이기 어려우며, 공부를 많이 한 사람도 색안경을 벗어 버리기가 어렵다.

4년마다 한 번씩 돌아오는 국회의원 선거를 보면 후보자들이 예측하는 표의 수가 투표를 하는 유권자의 수보다 몇 배나 많은 통계를 흔히 볼 수 있다. 객관적으로 판단하지 않고 자신들의 입장에서 예측하기 때문에 그런 엄청난 차이가 생겨나게 되고 결국 일을 그르치게 된다. 자기 본위로 생각하여 객관성을 잃게 되면 그것이 바로 착각이요, 정확한 판단을 하지 못함에 따라 실패를 하고 만다. 그러므로 공부를 하는 것은 지혜의 광명을 밝히자는 것이고 그러기 위해서는 색안경을 벗어야 한다. 그래서 저마다 값이 있는 불성으로 생각을 하고, 판단을 하며 취사를 하자는 것이다.

그것은 자기를 떠나는 공부일 수도 있다. 모든 공부의 근본이 자기를 떠나는 공부이기에 상당한 수준에 이른 사람도 어려운 일이며 어느 수준에 올랐다고 하더라도 꾸준하게, 더 많은 노력이 필요하다. 천(千)이면 천, 만(萬)이면 만, 각각 자신만의 주관에 사로잡혀 일을 그르치는 사람들이 거기서 벗어나 상황을 객관적으로 파악하는 일은 어쩌면 착(着)을 떼는 일일 수도 있고, 상(相)에서 벗어나는 일일 수도 있다.

요즘 가난한 사람은 가난한 사람대로, 넉넉한 사람은 넉넉한 대로 서로 목소리를 높이고 있다. 피차 색안경을 쓰고 자기 본위로 소리를 낸다. "색안경을 벗으라."는 대종사님의 그 때 그 말씀을 다시 한 번 마음에 새겨야 할 때가 아닌가 싶다.

올바른 눈을 갖고 올바른 생각과 올바른 판단으로 실행해야 한다. 색안경을 쓰고 자신만의 생각을 고집할 것이 아니라 자신을 바라도 보고 상대방의 입장도 배려하면서 객관적으로 판단하는 것이 바로 광대무량한 낙원세계로 가기 위해 우리 공부인이 해야 할 일이다.

《대종경》 수행품 27장

대종사 말씀하시기를 「그대들이 원만한 사람이 되어 넓은 지견(知見)을 얻고자 하면 반드시 한 편에 집착(執着)하지 말라. 지금 세상의 모든 사람들이 거의 다 각각 한 편에 집착하여 원만한 도를 이루지 못하나니, 선비는 유가의 습관에, 승려는 불가의 습관에, 그 외에 다른 종교나 사회의 사업가들은 또한 다 각각 자기의 아는 바와 하는 바에 편착하여, 시비 이해를 널리 알지 못하고 다른 사람의 법을 취하여 쓸 줄 모르므로 원만한 사람을 이루지 못하나니라.」 한 제자 여쭙기를 「만일 자가(自家)의 전통과 주장을 벗어난다면 혹 주견(主見)을 잃지 않겠나이까.」 대종사 말씀하시기를 「이 말은 자가의 주견을 잃고 모든 법을 함부로 쓰라는 것이 아니라 정당한 주견을 세운 후에 다른 법을 널리 응용하라는 것이니 이 뜻을 또한 잘 알아야 하나니라.」

고생철학

"젊어서 고생은 사서라도 한다."는 말이 있다. 대종사님께서 "무슨 일을 할 때 어떤 성과나 결과만을 생각하지 말고 그 과정에 최선을 다 하라"는 말씀을 하셨다. 흔히들 성불제중이 우리의 목적이라고 말한다. 그러나 목적이 성불제중이라고 외치고 다닌다고 해서 성불제중을 할 수 있는 것은 아니다. 어떤 목적을 세웠으면 그 목적을 이루기 위해 뼈를 깎는 노력을 하고 그 아픔을 견디면서 목표를 향해 줄달음쳐 가는 그 과정이 중요하다.

사람들은 보통 결과 이전에 과정을 중시해야 한다고 말을 한다. 그러나 막상 성과가 있거나 사업이 성공 할 경우 "누구나 되는 것이라"고 생각하고 그 결과만을 말하지 과정은 생각하지 않는다. 그런 의미에서 대종사님께서 늘 말씀하시기를 "우리 목적이 성불제중인데 가만히 있어도 되는 것으로, 또는 염원하고 목표를 세웠다고 되는 것은 아니며 그 목적을 향해 한 걸음 한 걸음 가는 노력이 더 중요하다."고 하셨다.

또한 참아야 함을 강조하시며 '부처님의 구도고행'에 대해 말씀도 하셨다.

"피골이 상접하는 불굴의 투지로 정진하여 부처님이 되신 것과 같이 이 세상 모든 일에 어떤 성과가 왔다는 것은 결과 이전에 쏟은 노력과 희생이 있었음을 잊지 않는 것이 중요하다."

결과는 과정에 쏟은 노력과 희생과 적공의 대가만큼 오는 것이 인과법칙이고 정칙이라는 말씀이다. 목적을 세웠다고 해서 노력하지 않아도 된다면 목적을 달성하지 못할 사람이 어디 있겠는가?

농민이 수확하는 벼이삭 하나도 씨를 뿌리는 일로부터 뜨거운 여름에 하나하나 돌봐야 하는 노력이 필요하다. 큰 사업을 성공시키기 위해서 겪어야 하는 과정 역시 복잡다단하고 성공과 실패를 좌우하는 초긴장이 따르게 된다.

"성공을 하기 위해서는 인생의 3대 액체를 쏟아야 한다."고 말한다. 바로 땀과 눈물과 피다. 힘들고 어려움을 참으려면 때론 눈물이 흐를 것이고, 봄·여름·가을·겨울 계절을 가리지 않고 땀을 흘려야 하며, 피가 마르는 것 같은 각고의 노력도 있어야 함을 함축적으로 표현한 말이다.

크고 작은 모든 일의 목적을 달성하기 위해서는 그 만큼 고생의 댓가를 지불해야 한다. 댓가와 과정은 비례한다는 고생철학을 대종사님께서 말씀하셨다.

초창기 산업부에서 근무할 때, 그 고생스러움은 이루 다 말할 수 없었다. 그러나 그 어려웠던 시절이 있었고, 고생을 달게 여기는 공부를 하였기에 지금의 내가 있음을 믿어 의심치 않는다. 어떤 목적, 어떤 성과가 중요한 것이 아니고 과정에서 노력하고 희생을 해야만 훌륭한 결과를 가져 온다는 진리를 담고 있는 것이 바로 고생철학이다.

《대종경》 신성품 16장

 정 석현(鄭石現)이 사뢰기를 「저는 환경에 고통스러울 일이 많사오나 법신불전에 매일 심고 올리는 재미로 사나이다.」 대종사 말씀하시기를 「석현이가 법신불의 공덕과 위력을 알아서 진정한 재미를 붙였는가는 알 수 없으나 그것이 곧 고 가운데 낙을 발견하는 한 방법이니 이러한 방법으로 살아 간다면 고통스러울 환경에서도 낙을 수용(受用)할 수가 없지 아니하나니라. (중략)그대들도 기위 이 공부와 사업을 하기로 하면 먼저 굳은 신념과 원대한 희망으로 어떠한 천신만고가 있을지라도, 이를 능히 초월하여 모든 경계를 항상 낙으로 돌리는 힘을 얻은 후에야 한없는 세상에 길이 낙원의 생활을 계속할 수 있으리라.」

무주상보시

　무주상보시(無住相布施)나 응용무념(應用無念)은 《금강경》에 나오는 말들로 대종사님께서 자주 쓰셨다. 육바라밀(六波羅密) 가운데 가장 먼저인 보시는 복을 짓는 것을 말한다. 정신·육신·물질의 3방면으로 남을 도와주는 것이 보시다.
　이 세상에 전쟁이 일어난다는 것은 누군가가 자기 것을 빼앗으려 하니까 싸우는 것이다. 제 1차, 제 2차 세계대전이 모두 그랬다. 권리·땅·명예·물질 등 무엇이 되었든 빼앗기지 않으려고 하는 것은 당연하다. 그러므로 어떤 사람이 아무리 훌륭하고 굉장한 위치에 있더라도 자기 것을 주려는, 보시하려는 생각이 없이 오히려 남의 것에 욕심을 내면 인격자도 아니고 존경 받지도 못하며 더더욱 도인은 아니다.
　본인이 아무리 그럴싸한 모습을 꾸며도 될 수가 없다. 왜냐하면 주려고 해야 도인이고, 인격자이며, 존경받을 수 있기 때문이다. 중도에 맞게 취하고, 과하게 취하려는 욕심을 없애고 나누어 주는 그런 사람이어야 복을 짓는 사람이고 존경받는 도인이라고 할 수 있다. 이것이 바로 보시이다.
　대종사님께서 보시를 해야 한다는 말씀을 많이 하셨고, 더불어 복을 짓지 아니하면 받지 못한다는 말씀을 하셨다. 그래서 작복(作

福)을 강조하시며, "복을 지어라, 복 짓는 것이 보시다."라고 말씀하셨다. 보시는 물질만 가지고 하는 것은 아니다. 정신·육신·물질 3방면으로 한다.

　보시를 하라는 가르침이나 욕심 부리지 말고 빈 마음으로 남을 도와주라는 말씀은 성현들이 공통적으로 하시는 말씀이다. 대종사님께서도 짓지 않으면 받지 못하니까 꼭 복을 지어야 하고, 복을 짓는 것이 바로 보시라는 말씀과 함께 상(相)을 남기지 말고 보시를 하라고 하셨다. 무념보시를 하라는 말씀이다.

　내가 누구에게 도움을 주었다는 상이 남아 있는 것이 보통 보시이다. 그러나 무주상보시(無住相布施)는 상대에게 도움을 주었다는 상이나 생각을 갖지 않는 것이다. 왜 무주상보시를 강조하셨을까? 그것은 유념으로 보시를 하였을 때 생겨날 죄에 대한 경계이다. 누군가를 도왔다는 상은 상대의 행동에 따라 보시를 하기 전보다 더 큰 섭섭함과 원망하는 마음이 생기기 쉽다. 조금 도움을 준 것으로 인하여 완전히 멀어져 버린다.

　불행하게도 보통사람들이 다 그렇게 살고 있다. 그러므로 섣부르게 보시해 놓고 더 큰 재앙을 불러들인다. 큰 보시나 작은 보시나 상없이 무념으로 해야 복이 된다. 대종사님께서 건설하려는 낙원은 불보살이 되어 서로 주려고만 하니 받을 사람이 없으므로 못 주어서 한이 되는 세상이다.

　오늘을 사는 우리가 꼭 기억해야 할 말씀이다. 그리고 실질적으로 다른 사람에게 보시를 할 때 공부심을 가지고 마음을 챙겨서 무주상보시를 해야함을 명심해야 할 것이다.

《대종경》 변의품 28장

한 제자 여쭙기를 「유상 보시(有相布施)와 무상 보시의 공덕의 차이가 어떻게 다르나이까.」 대종사 말씀하시기를 「보시를 하는 것이 비하건대 과수에 거름을 하는 것과 같나니 유상 보시는 거름을 위에다가 흩어 주는 것 같고 무상 보시는 거름을 한 후에 묻어 주는 것 같나니라. 위에다가 흩어 준 거름은 그 기운이 흩어지기 쉬운 것이요, 묻어 준 거름은 그 기운이 오래 가고 든든하나니, 유상 보시와 무상 보시의 공덕의 차이도 또한 이와 같나니라.」

못자리판

모내기를 하는 방법이 많이 달라져 직파를 하기도 하지만 모를 심기 위해서 못자리판을 만드는 것은 변함이 없다. 대종사님께서 《대종경》 전망품 4장에 우리 회상을 못자리판으로 비유하여 말씀해 주셨다. 이는 우리 회상의 중요함을 강조하신 표현이다.

못자리판은 넓은 들녘 중에서 가장 좋은 땅을 고른다. 어린모를 잘 길러야 그해 농사에 성공할 수 있기 때문이다. 결국 인재 양성과 같은 것이다. 모를 기르기 위해서는 첫째, 토질이 좋은 곳을 찾고, 둘째, 물길이 잘 되어 있어 쉽게 물을 대기도 하고 빼기도 할 수 있는 곳이어야 하며, 셋째, 일하는 농부가 자주 드나들 수 있는 거리에 있어야 한다. 이런 조건이 충족되어야 좋은 못자리라고 한다. 이렇게 좋은 조건과 환경이어야 모가 튼튼하게 자랄 수 있고, 이런 모를 들녘에 심어야 탐스럽게 잘 자라서 가을에 많은 수확을 거둘 수 있다.

대종사님께서 왜 우리 회상과 익산총부를 못자리판이라고 하셨을까? 그것은 전 세계에 도덕의 씨앗, 정신문명의 씨앗, 불(佛)종자를 뿌려야 하는데 그 종자 심을 곳을 찾아보니, 지구촌 가운데 한국이 그 자리이고, 한국 중에서도 익산이 제일 적격한 자리로 보셨다.

　법설을 받들 당시는 초기 교단의 영세함을 면하지 못할 때였고 세계로 나아가기는 커녕 우리나라에서 조차 교화의 힘이 제대로 미치지 못한 형편이었다. 그래서 '도대체 어느 세월에 세계에 그 모를 낼 것인가' 하는 생각과 그 시기는 까마득한 훗날의 일이라고 생각하였다.

　성현의 말씀이기에 믿어 의심치는 않았지만 일제치하의 그 어려운 상황에서 꾸려가고 있는 총부의 살림이나 우리의 교세로 볼 때 '그렇게 쉽게 이루어 질 수 있겠는가?' 하고 받아 들였다. 그러나 그 말씀을 직접 받든 사람들이 살아 있는 현 상황에서 그 때 그 말씀이 점차 실현되고 있음을 본다.

　6대주인 아시아 · 유럽 · 아프리카 · 북아메리카 · 남아메리카 · 오세아니아까지 지구촌의 넓은 들판에 도덕문명, 정신문명의 불(佛)종자가 뿌리 내리고 있다. 이렇듯 못자리판에 비유하신 말씀을 다시 음미해 보면 다음과 같다.

　첫째, 한국이 세계의 못자리판이 될 수 있는 여러 가지 조건들을 가지고 있다. 환경과 문화 · 전통 · 역사 등 여러 가지 여건들이 적합하고 자양분이 풍부하므로 지구촌에서 정신 · 도덕문명 · 불종자의 못자리판으로 적지임을 알 수 있다.

　둘째, 한국 가운데 익산의 의미를 한번 새겨 볼 필요가 있다. 일찍이 1,400년 전의 백제말기에 미륵불이 익산이라는 땅에 오셨고, 그렇게 해서 세운 절이 세계에서 가장 큰 미륵사이다. 미륵불이 오시어 미륵회상, 곧 용화회상을 건설한다는 역사적인 의의가 있기에 대종사님께서는 한국 가운데도 익산을 못자리판으로 삼으셨다고 생각한다.

　대종사님께서는 오늘을 전망하시고 큰 꿈을 실현하고자 하셨음을 비로소 알게 되었다. 그 때는 전혀 생각지도 못했던 의미를 이제야 역사적으로 여러 상황들을 보고 찾을 수 있었다. 그러니 한국이 무척 자랑스럽고 그중에서 전라북도 익산에 중앙총부가 건설되었다는 것에 큰 긍지를 가진다.

　대학·총부·각 훈련원들이 바로 모를 기르는 곳이다. 잘 길러진 모들을 전 세계에 심고 있다. 성현의 말씀은 한 말씀도 땅에 떨어지지 않는다는 말을 거듭 실감하고 있다. 육대주에 모를 심고 있는 출가·재가 교도들 또한 자랑스럽고 양양한 희망에 가슴이 벅차 오른다.

《대종경》 전망품 4장

　대종사 익산(益山)에 총부를 처음 건설하실 제 몇 간의 초가에서 많지 못한 제자들에게 물으시기를 「지금 우리 회상이 무엇과 같은가 비유하여 보라.」 권 대호(權大鎬) 사뢰기를 「못자리판과 같나이다.」 다시 물으시기를 「어찌하여 그러한고.」 대호 사뢰기를 「우리 회상이 지금은 이러한 작은 집에서 몇 십 명만이 법을 받들고 즐기오나 이것이 근본이 되어 장차 온 세계에 이 법이 편만할 것이기 때문이옵니다.」 대종사 말씀하시기를 「네 말이 옳다. 저 넓은 들의 농사도 좁은 못자리의 모 농사로 비롯한 것 같이 지금의 우리가 장차 세계적 큰 회상의 조상으로 드러나리라. (하략)」

인지위덕

현대사회가 복잡해지면서 사람들에게 나타나는 현상이 급해지는 것과, 인내심이 부족한 것으로 분석이 되곤 한다. "참는 것이 덕(德)이 된다."는 말씀이 있다.

대종사님께서 "이 세상에 가장 큰 덕이 무엇이냐?"는 질문을 제자들에게 던지시고 "참아서 얻는 덕이 가장 크다."라고 말씀하셨다. 정진(精進)한다는 말을 풀어 보면 인욕고행(忍慾苦行)이다. 또한 적공을 들인다고도 할 수 있다.

무언가에 정진을 하고 인욕고행을 하고 적공을 들인다는 것은 하기 싫은 마음, 게으른 생각, 편안하고자 하는 뜻을 참고 억누르는 것이다. 그런 유혹들을 뿌리치고 자신이 해야 할 일을 하고, 규칙을 지키는 것이 바로 정진이고 적공이다. 반대로 하고 싶은 일을 참는 것도 적공이다. 풍요롭게 의·식·주를 누리고 싶은 마음을 접어두고 참아야 한다.

대종사님께서 아들 길주에게 "길주는 결혼할래, 정남할래?" 물으시니, "두 가지를 다 하겠습니다." 라고 답하였다. 어린 길주의 말을 가끔 하시며 "두 가지는 다 못하는 것이다. 하나는 참아야 한다."고 하셨다.

우리 교단에서도 정남·정녀를 서원한 사람들은 그 만큼 더 적공을 해야 하며, 그 사람들은 더 많은 인욕고행을 하고 있다. 그러므로 대종사님께서는 정녀들을 더 챙기시며 장하다고 말씀하셨다.

　세상의 모든 유혹을 뿌리치고 당신의 제자가 되어 이 사업에 동참하고 정신·육신·물질의 3방면으로 온통 바쳐 이 공도에 헌신적으로 살았기 때문에 갸륵하게 보신 것이다. 일생을 정녀로 살 수 있는 것은 불지(佛地)라는 목표, 서원을 향한 정진이 있기 때문에 가능한 것이다.

　작은 구멍가게의 장사도 이익을 내기 위해서는 참아야 한다. 언젠가 미국에서 근무하던 백상원 교무가 뉴욕의 상권을 장악하고 있던 유태인들이 작은 구멍가게부터 한국인들에게 그 상권을 내어 줄 수밖에 없었던 이유를 말했다. "손님이 한국인 가게로만 몰리자 유태인들이 한국가게를 살폈다고 합니다. 보니까 저녁에 잠을 참아가며 과일을 반짝 반짝하게 닦고, 채소를 다듬어 진열대에 예쁘게 정리를 하더랍니다. 그리고 다음날 아침에는 여전히 장사를 하구요. 그런 모습을 보고 어떻게 잠을 자지 않고도 눈이 괜찮은지 눈을 보자고 했답니다." 어느 누가 편안하고 싶지 않을까? 그러나 경쟁사회에서 자고 싶은 잠도 참고, 쉬고 싶어도 쉬지 않고 일을 했기에 유태인에게 이길 수 있었던 것이다. 조그만 장사 하나도 그런 것인데 하물며 부처가 되겠다고 하는 사람이 도문에 들어와서 "자고 싶은 잠 다 자고, 먹고 싶은 것 다 먹으며, 세상에서 일반사람들이 하는 것 다 하면서 나는 부처가 되겠다."고 하는 것은 어린 길주가 "결혼도 하고 정남도 하겠다."는 것과 같은 얘기이다.

　그러기에 이 참는 공부, "참는 것이 덕이 된다"는 말씀은 참은 결과가 부처를 이룰 수 있다는 말씀이다. 인욕고행, 참고 정진하지 않는 사람은 부처가 될 수 없고, 또 참은 만큼 그 결과는 온다. 참을 인(忍)을 한번 보자, 칼 도(刀)밑에 마음 심(心)이 있다. 마음에서 치솟는 재색명리의 욕심, 탐·진·치를 칼로 자르라는 것이다. 또한 참는다는 말은 진실(眞)하고도 통한다.

인지위덕(忍之爲德), 참은 덕이 가장 큰 덕이다. "참을 인자 세 개면 살인도 면한다."는 말처럼 단 한 순간을 참지 못해 일생을 그르치는 일들이 너무도 많다. 불같이 치솟는 그 마음을 참지 못하고 행동하는 것이다.

일이 커지기 전에 작은 데서부터 참아 버리면 된다. 그만큼 참는 것은 소중하다. 참고 노력하지 않으면 부처가 될 수 없다. 작은 장사 일부터 고시를 준비하는 사람, 기업가의 성공에는 참는 것이 기초가 되었다. 더욱이 도를 구하는 구도자적 입장에서 참는 것, 바로 인욕정진을 해야 한다. 그래야 불과(佛果)를 얻을 수 있다.

패륜의 범죄가 증가하는 요즘, 윤리가 땅에 떨어졌다는 소리가 각계에서 들린다. 정신없이 돌아가는 사회에 적응하다 보니 어린이들에게 오랜 시일 참아서 이루어지는 기본적인 교육이 빠져 있지 않은가? 급변할 수록 특별히 참는 공부를 해야겠다.

방언역사 재현

《대종경》 서품 7장

　대종사 회상 창립의 준비로 저축조합을 설시하시고, 단원들에게 말씀하시기를 「우리가 시작하는 이 사업은 보통 사람이 다 하는 바가 아니며 보통 사람이 다 하지 못하는 바를 하기로 하면 반드시 특별한 인내와 특별한 노력이 있어야 할 것인바 우리의 현재 생활이 모두 가난한 처지에 있는지라 모든 방면으로 특별한 절약과 근로가 아니면 사업의 토대를 세우기 어려운 터이니, 우리는 이 조합의 모든 조항을 지성으로 실행하여 이로써 후진에게 창립의 모범을 보여 주자.」하시고, 먼저 금주 금연과 보은미(報恩米) 저축과 공동 출역(出役)을 하게 하시니라.

도인 만드는 공장

대종사님께서는 제자들에게 "너희들은 이곳에 무엇하러 왔으며, 이곳은 어떤 곳이냐?"고 물으셨다. 그리고 "여기는 도인(道人) 만드는 곳이고 너희들은 도인이 되려고 온 것이 아니냐? 도인이 되려면 마음공부를 해야 한다."고 하셨다.

요즘 사람들은 공부라고 하면 쉽게 학문을 생각한다. 그러나 공부는 목적에 따라 여러 가지가 있다. 글공부를 하는 궁극적인 목적은 학자가 되고, 기술공부는 전문 기술인이 되며, 예술 공부는 예술가가 된다. 그리고 원불교에 귀의하여서는 교단이 도인 만드는 공장이므로 마음공부를 해야 한다. 그래야만 대각도인(大覺道人)이 될 수 있다.

세상의 많은 삶의 터전 중에 이 교단에 귀의한 이유는 무엇이며 목적은 무엇인가? 바로 성불제중이다. 성불을 한다는 것은 도인이 된다는 말이다.

도인이 되려면 대각을 해야 하고, 대각을 위해서는 모든 공부의 근본이 되는 마음공부를 해야 한다. 그래서 대종사님께서 늘 "마음공부, 마음공부"라고 제자들에게 말씀하셨으며, 《대종경》 요훈품 1장에서 "마음공부는 모든 공부의 근본이 된다."고 강조해 주셨다.

우리 교단에서 공부라는 말을 많이 쓴다. 학문적·기술적 심신 단련의 뜻을 가지고 있는 공부라는 말은 중국 유학에서 온 말이다. 대종사님께서 1916년(원기 1) 〈탄식가〉에서 처음으로 공부라는 말을 쓰신 후, 1920년(원기 5)에 인생의 요도와 공부의 요도를 밝히셨다. 정산종사님의 "마음공부 잘하여 새 세상의 주인 되자"라는 말씀은 서로의 공부를 독려하는 인사말로 쓰이기도 한다.

이처럼 마음공부라는 말을 우리 교단에서 특별히 많이 쓰고 있다. 마음공부는 세상에서의 학문공부·기술공부·예술 공부와 그 개념을 달리 하고 있다. 그래서 원불교에 귀의한 사람은 출가이든 재가이든 마음공부를 하기 위해 왔고, 또 마음공부를 해야만 성불제중, 다시 말해 대각도인이 되는 것이다. 대종사님께서 제일 많이 꾸지람하시고 걱정을 하신 사람은 당신의 슬하에 와서 당신이 가르치는 마음공부는 하지 않고 외학을 하려고 하거나, 외지를 엿보거나 삼학병진 공부가 아니라 한 방면으로 치우치는 제자들이었다.

"이 회상에 귀의했다면 마음공부가 근본이 되도록 해야 한다. 그렇다고 해서 외학(外學)을 하지 말라는 것은 아니다. 다른 외학을 하더라도 전공과 부전공이 있는 것처럼, 마음공부가 근본이 되어야 한다. 수양·연구·취사의 삼학으로 하고, 무시선·무처선으로 하는 것이다."

일도 하면서 도(道)를 닦는 것이지, 날마다 책만 보고 좌선만 한다고 해서 도인이 되는 것은 아니라는 말씀이다. 또한 하라는 일은 하지 않고 신성을 바친다고 자신의 팔을 자해한 제자에게 불같이 꾸지람을 하셨다. 묵은 시대에는 그런 방법도 통할 수 있었겠지만 돌아오는 세상에서는 일도 하고 도(道)도 닦는 이사병행·영육쌍전의 원만한 법으로만이 도를 이룰 수 있다는 것이다. 주(主)와 종(從)이 어지럽고, 본(本)과 말(末)이 뒤섞인 현대를 살아가면서 더욱 절실하게 느껴지는 말씀이 마음공부이다. 도인 만드는 공장에 들어온 이상 마음공부를 제대로 하여 도인이 되는 것이 보은하는 삶이다.

《대종경》 교의품 29장

대종사 선원 대중에게 물으시기를 「그대들은 여기서 무엇을 배우느냐고 묻는 이가 있다면 어떻게 대답하겠는가.」 (중략) 대체적으로 대답한다면 나는 모든 사람들의 마음 작용하는 법을 가르친다고 할 것이며, 거기에 다시 부분적으로 말하자면 지식 있는 사람에게는 지식 사용하는 방식을, 권리 있는 사람에게는 권리 사용하는 방식을, 물질 있는 사람에게는 물질 사용하는 방식을, 원망 생활하는 사람에게는 감사 생활하는 방식을, 복 없는 사람에게는 복 짓는 방식을, 타력 생활 하는 사람에게는 자력 생활하는 방식을, 배울 줄 모르는 사람에게는 배우는 방식을, 가르칠 줄 모르는 사람에게는 가르치는 방식을, 공익심 없는 사람에게는 공익심이 생겨나는 방식을 가르쳐 준다고 하겠노니, 이를 몰아 말하자면 모든 재주와 모든 물질과 모든 환경을 오직 바른 도로 이용하도록 가르친다 함이니라.」

욕속부달

대종사님께서 간혹 '욕속부달(欲速不達)' 같은 문자를 들어 말씀하시곤 하셨다. 무엇인가 욕심을 내어 이루고자 하면 그 뜻을 달성할 수 없다는 의미로, 뜻을 빨리 이루고자 욕심을 내는 제자들을 경계 해 주셨다. 조급히 그 일을 성취하려고 하면 이루지 못하니 서두르지 말라는 말씀이다. 우리나라 관광객들이 많이 가는 세계의 현지인들은 다른 한국말은 몰라도 "빨리 빨리"라는 말은 안다고 한다.

대종사님께서 "경성을 가려면 걸어서 시내 정거장에 가서 기차를 몇 시간 타고 가야지 마음이 급하다고 그냥 경성에 가지는 것은 아니지 않느냐?"고 예를 들어 말씀해 주시곤 하셨다.

모든 일이 마찬가지이다. 농사를 짓는 것도 봄에 씨앗을 뿌리고, 여름에 거름 주고 잘 가꾸어야만 가을에 수확할 수 있는 것이지, 서둔다고 되는 것은 아니다. 그만큼의 시간이 흘러야 곡식이 여물어서 수확할 수 있다.

이런 말씀에 정산종사님은 보릿고개에 보리가 자라서 익을 시간을 기다리지 못하고 보리 목을 빼 놓아 결국 다 말라 죽게 한 경상도 선비의 이야기를 자주 해 주셨다.

"속히 이루기를 바라며 서둔다고 보리가 익을 일인가? 하물며 부처가 되기 위해서 서원을 세운 사람이 빨리 부처가 되려고 서둔다고 될 수 있을까? 서가모니 부처님도 5백생을 닦아서 되셨다고 하는데 그런 적공과 정열을 쏟지 않고 서둘러서 될 일은 아니다."

대종사님께서 "내가 들으니 도통을 하려고 아침부터 저녁까지 하라는 일은 하지 않고 좌선만 하는 사람이 있단다. 빨리 이루려고 하루 종일 좌선한다고 그게 될 일이냐?"

날마다 일을 해도 배고픔을 면하기 어려웠던 시절, 도통하려고 찾아온 사람들이 "도통하는 공부는 안 시키고 일만하라고 한다."는 불평을 하고 때로는 대종사님의 눈을 피해 공동으로 해야 할 작업을 하지 않고 엉뚱한 짓을 하는 사람들의 얘기를 해 주시며, "다른 일도 물론이려니와 하물며 부처가 된다는 사람이 어찌 서두르면 부처를 이룰 수 있다고 생각할 수 있겠는가?"라고 하셨다.

만사를 이루려 할 때 서두르지 말고 순리를 밟아 그일 그일에 정성을 다하며, 끊임없는 적공과 정열을 쏟아야 함을 강조해 주신 것이다.

현대사회에 있어 복잡하고 하루하루가 빠르게 변하는 세상을 살아가면서 혹 우리도 무엇인가를 속히 이루고자 서둘러서 일을 그르치고 있는 것은 아닌지 반성해 볼 필요가 있다.

《대종경》 요훈품 10장

  대종사 말씀하시기를 「큰 도에 발원한 사람은 짧은 시일에 속히 이루기를 바라지 말라. 잦은걸음으로는 먼 길을 걷지 못하고, 조급한 마음으로는 큰 도를 이루기 어렵나니, 저 큰 나무도 작은 싹이 썩지 않고 여러 해 큰 결과요, 불보살도 처음 발원을 퇴전(退轉)하지 않고 오래오래 공을 쌓은 결과이니라.」

여자들을 해원시켜야

대종사님께서 여자제자, 특히 정녀들을 많이 아끼고 사랑하시며 특별히 챙겨 주시면서 "여자들을 해원(解寃)시켜야 한다"는 말씀을 하셨다.

"지금까지는 여자들이 제 의견을 제대로 말하지도 못하고, 제 뜻을 밝히지 못하고 '삼종지례(三從之禮)'라고 하는 틀에 묶여 살아왔다. 또한 여자들 스스로도 자신의 역량을 개발할 생심도 못내고, 사회에서도 여자의 하는 일이나 능력을 인정해 주지 않아 어떤 능력이 있는지, 어떤 가치가 있는지 모른 채 살아왔다. 또 설사 자신의 재주나 능력을 안다 하더라도 그것을 드러내지 않고 묻어 두는 것이 미덕이라고 하여 그 진가를 제대로 발휘하지 못하고 지내왔다. 그러니 그런 속박된 생활, 억눌려 지내온 생활 속에서 맺힌 한이 오죽했겠는가?

나는 여자들도 남자와 동등하게 가르치고 지도자로 양성하여 교무로 보내 그 역량을 발휘하도록 할 것이다. 영신(融蛇圓 金永信, 1908~1984)이를 봐라. 영신이가 교무로 가서 얼마나 잘하고 있느냐? 처음에는 그 마을에서 "불법연구회에 여자선생이 왔는데 말을 잘한다더라. 한번 들으러 가자."고 하고 "그런다고 해도 어떻게 여자 말을 들으러 가느냐?"고 코웃음 치다가 나중에는 소문이 번져서 "여자가 말을 아주 잘 한다니 한번 들어보자."고 해서 사람들이 몰려 들었단다. 그리고 과연 여자가 말을 잘 하는데 감복이 되어 교도가 되었단다.

봐라! 지금 남자들보다 여자들이 훨씬 잘하고 있지 않느냐? 전권(公陀圓 曺專權, 1909~1976)이, 영신이, 종태(亨陀圓 吳宗泰, 1913~1976) 얼마나 다 잘하느냐? 가르쳐서 일 할 수 있게 하면 자기 능력을 발휘하며 사회에 공헌을 할 수 있는데 아예 기회를 주지 않고 여자는 못한다고 해 버리는 것은 잘못된 일이다."

서양의 여존남비 사상에 비해 동양의 남존여비 사상이 찌든 사회 환경 속에서 대종사님께서는 여자의 해원을 말씀하시고, 여자라면 무조건 무시하고 들을 것도 배울 것도 없다고 치부해 버리는 풍토위에서 여자들을 교육시키고 지도자로 배출하여 포부와 경륜을 펴는 포교사로 성직을 수행하게 하셨다.

우리 교단에 여자교무가 남자교무보다 숫자도 많고 교화에 큰 역할을 하고 있는 것은 대종사님의 여성해원과 여권신장의 활로를 열어주신 결과로 생각된다. 일찍이 이처럼 남녀를 차별하지 않고 동등하게 교육시키고 지도자로 배출시킨 성자는 없었다. 공자님은 여성을 2호 인간 정도로 취급한 대표적인 성자이며, 유교는 가장 여성 혐오적인 영향을 준 종교다. 서가모니 부처님도 교단의 구성원으로 여성을 받아들이는 문제에 대해서는 망설이셨고 후대에 편집된 경전에 의하면 부처님은 여성이 순수한 종교를 타락시킬 것이라고 염려하며 꺼리는 마음으로 받아들였다는 기록이 있다. 그

나마 제도적으로 비구니는 '8경법'을 행하도록 하는 등 비구와 비구니 사이에는 많은 불평등이 있으며, 여자의 몸으로는 대각을 이루지 못함으로 남자로 몸을 바꿔야 한다는 설까지도 있다.

　예수님은 분명히 여성들에게 설교를 했고, 제자로 받아들였으며 그들의 호의와 도움을 받았다. 그러나 열두 제자 중에 여성을 포함시키지 않았다는 것은 그 시대적 상황에서 영향을 받았다는 사실을 입증해 준다. 그리고 어떤 여성도 최고의 지위에 오르지 못하였으며 지도자의 역할을 수행하지 못하였는데 고린도전서에서 "여자가 교회에서 말하는 것은 수치스런 일이다"고 밝히고 있다.

　해원사상은 증산 강일순 선생이 많이 쓰셨다. 증산 선생은 여성해원에 대해서도 많이 말씀하여 여성운동의 선구적인 성자라고 할 수 있으나 실제적으로 여성들을 지도자로 교육 시키지도 않으셨고 활동할 수 있는 길도 열어주지 못하셨다. 대종사님께서 여자들을 교육시켜서 남자들과 동등한 위치에서 성직을 수행하도록 하심은

일제말기의 여자교무 일동이 중앙총부 대각전 앞에서

여성해원사상에서 기인했다고 본다.
 21세기 여성의 활동 범위가 넓어지고 여성의 특성이 더욱 요청되는 시대이다. 대종사님께서 먼저 아시고 미리 준비하셨으니 원불교 여자교무들의 역할과 여자교도들에게 기대되는 바가 크다.

솔선수범

대종사님 법문 가운데 솔선수범은 사람을 제도하는 묘방이다. 특히 지도층에 있는 사람들, 일체 중생을 제도하겠다는 책임을 가진 교역자는 모두 지도자라고 봐야 한다. 이런 지도자들이 먼저 실천해야 한다고 강조해 주셨다.

이 세상에서 제일 훌륭한 스승은 바로 자신이 먼저 실행하는 사람이며, 이 세상에서 제일 훌륭한 교육은 스승이 먼저 실천으로서 보이는 교육이라는 말씀을 하셨다. 《대종경》 실시품 2장에서 실상사 노스님 둘이서 젊은 상좌에게 참선을 가르치는 모습을 보시고 하신 법문이다.

지도를 하는 사람은 적어도 지도받는 사람보다 앞서 가야 한다. 더욱이 도덕을 가르치고 전해 주는 사람이 자신은 실천하지 않으면서 다른 사람에게 말로만 실천을 강조한다는 것은 설득력이 없고 신임을 받을 수 없다.

또한 가르침 가운데 제일 초보적으로 하는 교육이 언교(言敎)라고 한다. "하지 마라, 이것은 해라" 등 말로 하는 것이다.

말보다 한 수 위인 가르침은 행교(行敎)이다. 행교는 실천으로 보이는 것으로 바로 솔선수범이다. 지도하는 사람이 자신은 실행하지 않고 제자들에게 시키기만하면 웃기는 일이다.

어느 종교지도자가 설교를 하는데 앞줄에 앉아 있는 노부인이 막 울었다고 한다. 그 모습을 보고 그는 자신의 설교를 듣고 감동을 받아서 그러는 줄 알고 신이 나서 더 큰 목소리로 역설 했다. 그는 설교가 끝난 후 노부인에게 다가가 손을 잡으며 "어떤 부분이 감명 깊었느냐."고 물었다. 노부인은 "당신같이 설교를 하는 아들이 있는데 당신처럼 실행하지 않고 설교를 하면 어쩌나 걱정이 되어 울었다."고 말했다. 유머라고 지나쳐 버리기에는 많은 생각을 하게 하는 얘기이다.

매주 지구촌의 각 교당에서 법회를 보고 있다. 혹시라도 교무님들의 설교를 듣는 교도가 "실천도 하지 않는 말씀을 하시네."라고 생각하는 교도들은 없을까 반성해 볼 일이며 그런 일이 있어서는 안 될 것이다. 행교는 반드시 실천으로 보여 주는 것이다.

그 다음이 심교(心敎)이다. 심교는 이심전심으로 가르치고 그 가르침을 받는 것이다. 심교는 상당한 경지에 가야 이루어지는 것이지만 그러나 일반적으로 언교보다 행교가 중요한 것이고 행교보다 심교가 더 중요하다. 남을 지도하는 사람은 반드시 지도받는 사람보다 먼저 실행하고 실천해서 행동으로 가르치는 것이 가장 진실로 배울 수 있으며, 교육의 효과가 확실하게 나타날 수 있다. 요즈음 사람들은 "스승은 없고 선생만 있다."고 말한다. 대종사님의 행교가 사람을 제도하는 묘방이라고 덧붙여 말씀해 주신 솔선수범의 깊은 뜻이 헤아려진다.

《대종경》 교단품 42장

대종사 말씀하시기를 「어느 시대를 물론하고 새로운 회상을 세우기로 하면 근본적으로 그 교리와 제도가 과거보다 우월하여야 할 것은 말할 것도 없으나 그 교리와 제도를 널리 활용할 동지들을 만나지 못하면 또한 성공하기가 어렵나니라. 그러므로 과거 부처님 회상에서도 천 이백 대중 가운데 십대 제자가 있어서 각각 자기의 능한 대로 대중의 표준이 되는 동시에 부처님이 무슨 말씀을 내리시면 그 분들이 먼저 반가이 받들어 솔선 실행하며 여러 사람에게도 장려하여 각 방면으로 모범적 행동을 하였으므로 대중은 항상 십대 제자의 정신에 의하여 차차 교화의 힘을 입어서 마침내 영산 대 회상을 이루게 되었나니, (중략) 그대들도 대중 생활을 하여 갈 때에 항상 이십대 제자의 행하던 일을 모범하여 이 회상을 창립하는 데에 선도자가 되고 중추인물이 되기를 부탁하노라.」

신성은 법을 담는 그릇

최초로 조성한 중앙총부 대각전 불단

대종사님께서 구정(九鼎)선사의 예화를 가끔 말씀하셨다. 설법하신 내용은 구정선사가 출가를 해서 선사가 되기 전 이야기다.

구정은 스승인 초의(草衣)선사께 "제자가 되렵니다." 하고 청을 했다. 그러나 초의선사는 구정을 받아 주지 않았다. 구정은 '내가 신심이 부족해서 스승이 나를 받아 주지 않는구나.'라고 생각하고 '어떤 경우라도 스님의 제자가 되겠다.'고 결심을 했다. 그리고 거듭 제자가 되겠다고 간청을 했다.

스님은 아주 추운 날 그에게 "여기에 솥을 걸어라."라고 말했다. 그가 솥을 걸었다. 스님은 "아니다. 이곳에 걸어라." "잘못 되었다. 이리 걸어라." 걸고 나면 또 "잘못했다. 다시 걸어라." 이렇게 반복하기를 9번을 하였다. 추운 날 9번의 솥을 고쳐 걸고도 그는 추호의 불평이나 불만이 없었다. 이런 정성에 스님은 그를 제자로 받아들였다는 것이다.

제자가 되어서도 구정은 오롯한 신성과 정성으로 공부를 하였고, 스승이 병이 들었을 때도 간병에 정성을 다했다. 그러던 어느 날 홀연히 마음이 열려 스스로 도를 깨쳤다는 것이다.

 이 같은 구정선사에 대한 말씀을 받들 때 나는 '아무리 신성을 보기 위해서라고 해도 9번이나 다시 걸게 하셨을까? 신성을 강조하신 말씀이 아닐까?' 라고 생각했다. 그리고 또 설법 가운데 "아버지가 아들들에게 소를 지붕에 매어 두라고 하니 두 아들은 하지 못한다고 하고 한 아들만 지붕에 소를 매려 하였다"고 말씀하셨다. 이 말씀을 받들 때도 나는 효를 강조하기 위한 과장된 말씀이라고 생각했었다. 그러나 세월이 얼마나 지난 후에 생각해 보니, 지붕에 소를 매는 것이 그렇게 어려운 일만도 아닌 것을 알았다. 짚을 쌓아 놓고 올라가게 하면 능히 소가 지붕에 올라 갈 수 있는 일이다. 스승의 명에는 조금도 의심을 하거나, 불신을 하거나, 트집을 잡지 않고 오직 그 뜻에 따르고, 죽으라고 하면 죽기라도 할 수 있을 정도로 신근이 내리고 정성을 다해야 한다는 깨달음이 생긴 것이다.

 '구정선사'와 '지붕에 소를 매라'는 말씀을 하시면서 "어쩔 거냐. 솥 두 번만 걸라고 하면 하겠느냐?" 하면 제자들이 "저도 아홉 번은 걸겠습니다." 라고 대답하였다. 이처럼 대종사님께서 신성을 점검하셨다.

 신성에 대한 말씀은 열반하시기 2년 전에 특히 많이 하셨다. "오늘이라도 일본순사가 몇 사람 묶어 가면서 '불법연구회를 믿지 않으면 놓아주겠다.' 고 하면 안 믿겠다고 할 것이냐?"고 묻기도 하셨다. 일정의 간섭도 심했을 뿐 아니라 대종사님께서 열반을 앞두시고 더욱 제자들의 신성을 챙겨 주신 자비였다.

 《대종경》 신성품 6장에서 "신을 오롯하게 하지 못하고 제 재주나 주견에 집착하여 제 뜻대로 하려는 사람이 없지 아니하나니, 나를 만난 보람이 어디 있으리요." 하시고, "도가에서 공부인의 신성을 먼저 보는 것은 신이 곧 법을 담는 그릇이 되고 모든 의두를 해결하는 원동력이 되며 모든 계율을 지키는 근본이 되기 때문이다."고 하셨다.

스승의 말씀은 비록 틀렸다고 해도 받들어 드려야 한다. 그래야 법이 담아진다는 말씀이다. 또한 의두를 해결하는 원동력으로 의두를 해결해야 견성을 하는 것이다. 이유를 달지 말고, 트집 잡지 말고 '스승이 안 되는 것 시키겠는가?'라고 생각하며 무조건 따라야 한다. 그것이 또한 계율을 지키는 힘도 된다.

신이 없는 공부는 죽은 나무에 거름하는 것과 같다. 죽은 나무에 거름을 하면 더 쉽게 썩는다. 신이 없는 공부는 5년, 10년 해 보았자 죽은 나무에 거름하는 것 같으니 이 회상에서 스승을 믿는 만큼 중요한 것이 무엇이겠는가? 대종사님께서 열반 전에 신성을 특히 강조하셨고 그것이 신성품의 전반적인 내용이다. 신성을 다져주신 그 자비를 생각하면 눈물이 난다.

봉래정사에 계실 때의 일도 새겨야 할 것이다. 장적조·구남수·이만갑 선진이 연약한 여인들의 몸으로 100리길을 내왕하면서 알뜰한 신앙을 바쳤다. 봉래정사에서 먹고 자고 할 수 없으니 저녁에는 집으로 가셨다가 아침이면 그 먼 길을 걸어와서 대종사님 말씀 받들며 신성을 바친 것이다.

이를 보시고 "너희 신성이 독실하니 똥이라도 먹으라고 하면 먹겠는가?" 세 사람이 바로 나가서 똥을 가져왔다. 정말 똥을 가지고 왔을까 의문을 가질 수도 있을 것이다. 구인 선진님의 혈인에 대해서도 의심을 가지고 보는 사람도 있다고 들었는데 정말 세 사람이 똥을 가져왔다고 한다.

그 돈독한 신성을 보시고 "그대로 앉으라. 그대들의 거동을 보니 똥 보다 더 한 것을 먹으라고 해도 먹을 신심이로다. 지금은 회상이 단순해서 그대들을 잘 챙겨주지만 회상이 커지면 그대들 오고 가는 지도 모를지 모르니 섭섭해 하지 말라."고 당부하셨다고 한다.

구정선사에 대한 말씀과 석두암에서 제자들에게 똥을 먹으라고 하셨다는 말씀을 지금도 잘 믿지 않는 사람들이 있는데, 세월이 더 오래 흐르고 보면 과장됐다고 말하는 이들이 더러 있지 않을까 걱정이 된다. 그러나 신심이라는 것은 일반적인 생각으로 계교하고 사량할 것이 아니다.

혜가(慧可) 대사는 팔을 끊어서 신을 바치지 않았는가? 신(信)을 바치지 못하는 사람은 과장이라고 말할 것이다. 그러나 신성을 가진 사람은 스승에게 맥을 대고 살므로 스승의 법을 오롯하게 받게 된다.

종교 교단은 신앙단체이다. 그리고 원불교도 물론 학술단체가 아닌 신앙단체로서 대종사님을 이 시대에 오신 전무후무한 성자로 확신하고, 대종사님께서 내놓으신 교법은 반드시 중생의 마음을 불심(佛心)으로 바꾸는 대법이며, 이 회상은 지상에다 불보살들이 사는 행복한 낙원을 건설하는 대도회상임을 굳게 믿는 마음이 우러나야 한다. 그렇지 않고 신앙생활을 한다면 허송세월을 보내는 것이라고도 말 할 수 있다. 그것은 바로 죽은 나무에 거름하는 것과 같기 때문이다. 원불교에 입문하였으니 대종사님 심법을 그대로 이어 받아 불보살의 대열에 함께하자.

《대종경》 신성품 10장

　대종사 말씀하시기를 「제자로서 스승에게 법을 구할 때에 제 마음을 다 바치지 아니하거나 정성에 끊임이 있으면 그 법을 오롯이 받지 못하나니라. 옛날에 구정(九鼎) 선사는 처음 출가하여 몹시 추운 날 솥을 걸라는 스승의 명을 받고 밤새도록 아홉 번이나 솥을 고쳐 걸고도 마음에 추호의 불평이 없으므로 드디어 구정이라는 호를 받고 중이 되었는데, 그 후 별다른 법문을 듣는 일도 없이 여러 십년 동안 시봉만 하되 스승을 믿고 의지하는 정성이 조금도 쉬지 아니하였고, 마침내 스승의 병이 중하매 더욱 정성을 다하여 간병에 전력하다가 홀연히 마음이 열려 자기가 스스로 깨치는 것이 곧 법을 받는 것임을 알았다 하니, 법을 구하는 사람이 이만한 신성이 있어야 그 법을 오롯이 받게 되나니라.」

나를 먼저 살펴라

대종사님은 성체(聖體)가 크신데도 그 움직임이나 걸음걸이가 무척 가벼우셨다. 그래서 옆을 지나실 때에는 모르고 있다가 지나신 후 알 수 있을 정도로 소리 없이 움직이셨다. 어떻게 보면 대종사님이 일부러 암행을 하시는 것이 아닌가 생각할 수 있을 만큼 흔적이 없으셨다.

무슨 일을 하고 있는 곳에 오실 때도 미리 알린다든지 기침이라도 하시는 것은 어떤 의미로 어른이 가고 있으니 주의하라는 경계의 소리가 될 수도 있으련만 그런 예고가 없으셨다. 익산시내에 자동차가 한 두대 밖에 없었던 시절이었기에 대종사님은 주로 인력거를 이용하셨다. 그나마 추운 겨울이나 더운 여름에만 이용하셨고 대부분은 걸어 다니셨다.

어느 날 대종사님께서 인력거를 타시려고 손잡이를 잡고 올라서는 순간 손잡이가 딱 부러져 버렸다. 인력거꾼이 그 모습을 보고 대뜸 "내 평생 인력거를 끌었지만 인력거 손잡이가 부러지는 사람은 처음 봤다."며 불평을 터뜨렸다. 대종사님께서 그의 말을 들으시고 "내 평생 인력거를 탔지만 이렇게 손잡이가 부러지는 것은 처음 보았다."고 말씀하셨다.

이렇듯 대부분의 사람들이 잘못된 일이 있고 보면 그 원인을 자기에게서 찾아보는 것이 아니라 상대에게 불평을 하고 핑계를 대는 것을 경계하고자 하신 말씀이다. 남에게 미루어 핑계를 대는 것이 원망심이며, 잘못된 일이 있을 때 자기 스스로를 한 번 돌이켜 보고 반성하여 챙기는 것이 아니라 "너 때문이다."라 생각하는 것이 보통 사람들의 마음 가운데 가득하다는 지적이셨다.

마찬가지로 그 인력거꾼도 자신이 처음 당하는 일이라지만 아무 생각 없이 대뜸 손잡이가 끊어진 이유가 대종사님께 있다고 원망하였다. 인력거 손잡이가 약했을지도 모른다는 또 다른 측면은 생각하지 못하고 상대에게서만 그 이유를 찾은 것이다.

하늘에서 내리는 비도 어떤 사람에게는 기다렸던 비가 되고, 어떤 사람에게는 "내가 꼭 무슨 일을 하려고 하면 비가 온다."고 원망하는 비가 된다. 가뭄으로 대부분의 사람들이 기다렸던 비라도 개인의 입장만 생각하고 원망하는 말이 저절로 나오기 쉽다.

부모님께도 마찬가지이다. 어느 부모가 자식 잘 되기를 바라지 않으며 후원을 잘 하고 싶은 마음이 없겠는가? 자신의 지은 바이련만 다른 부모들처럼 해주지 않는다고 원망을 한다.

동포는 어떠한가? 외딴 섬이나 깊은 산속에서 혼자 살 수 없다는 것을 생각할 때 동포의 은혜가 없어서는 살 수 없는 근본적인 은혜임에도 불구하고, 이해 관계가 조금이라도 걸려 있거나 나에게 불이익이 돌아온다고 생각하면 원망부터 한다.

이런 원망심은 법률에게도 마찬가지다. 호젓한 곳을 가다가 강도를 만났을 때 마침 경찰의 도움을 받아 그 위기를 면하고 법의 보호를 받았다면 그 같이 큰 은혜가 어디 있는가? 그런데도 법으로 보호하기 위해 미리 규제하면 "왜 이렇게 하지 말라고 하느냐?"며 미워하고 잘못한다고 원망하곤 한다.

"원망생활을 감사생활로 돌리라"는 말씀은 사은과 관련지어서 생각할 수 있다. 대종사님께서는 경계를 당하여 어떤 잘못된 일이 있을 경우에 그 원인을 남에게 돌리고 미루어 원망하지 말고, 자기 자신을 먼저 돌이켜 보고, 자신에게 잘못이 있다면 참회하고 반성해야 한다는 말씀을 하시며 인력거꾼에 대해서 말씀하셨던 것이다. 교단의 연조가 깊어감에 따라, 그 보은의 책임이 많아지니 더욱 가슴에 생생하게 살아나는 말씀이다.

> 《대종경》 인도품 36장
>
> 대종사 무슨 일로 김 남천을 꾸짖으시고, 문정규에게 말씀하시기를 「내가 남천을 꾸짖는 것이 남천에게만 한한 것이 아닌데 정규는 어떻게 생각하는가. 내가 어떤 사람을 꾸짖든지 정규는 먼저 정규의 행실을 살펴보아서 그러한 일이 있으면 고칠 것이요 없으면 명심하였다가 후일에도 범하지 않기로 할 것이며, 결코 책망당하는 그 사람을 흉보거나 비웃지 말라. 어리석은 사람은 남의 허물만 밝히므로 제 앞이 늘 어둡고, 지혜 있는 사람은 자기의 허물을 살피므로 남의 시비를 볼 여가가 없나니라.」

제 3편
세계의 일등국

세계종교 본부가 될 금강산

대종사님의 유품 금강산 병풍

《대종경》이나 다른 문헌 가운데에서도 찾아 볼 수 있는 말씀이지만 대종사님께서는 산에 대한 찬양과 전망의 말씀을 많이 하셨다. 그 말씀의 내용들이《대종경》전망품 5, 6장과 24, 25장에 수록되어 있다.

많은 사람들이 공휴일이나 여가가 있으면 산을 찾는다. 복잡한 생활에서 벗어나 공기 맑고 자연경관이 좋은 산속에서 새로운 생활의 활력을 얻고 건강에도 도움이 되기 때문이다. 나도 가끔 산을 찾게 되는데 그때마다 산에 대한 대종사님의 말씀이 떠오른다.

산에 대한 말씀 가운데 "우리나라가 산으로 인해서 세계에 우뚝 서고 선망 받게 될 것이다."는 말씀이 가장 많이 생각난다. 산에 대해서 말씀을 하실 때면 세계 사람들이 한국의 산을 부러워하고 좋아하고, 그래서 이 산들로 인하여 한국이 세상에 드러나게 될 것인데, "산 중의 산은 금강산이다"라고 하시면서 금강산에 얽힌 이야기라든가, 법기보살(法紀菩薩)의 유래를 말씀해 주셨다.

그리고 금강산에 다녀오신 후로는 "금강이 현세계하니 조선이 갱조선이라" 하시며 더욱 실감나게 찬미하셨고 금강산과 더불어 미래 세상도 전망하셨다.

일찍이 중국 사람들까지도 금강산을 찬탄하였는데, 송나라의 소동파(東坡 蘇軾, 1036~1101)는 "원컨대 고려국에 태어나사 한 차례 금강산을 보아지이다.(願生高麗國一見金剛山)"라 읊었다. 많은 중국인이 금강산에 한 번 다녀가는 것을 일생의 큰 소원으로 삼았다고 한다. 중국에도 산이 많지만 금강산이 세계의 명산임을 알았기 때문이라고 생각된다.

대종사님께서 산을 찬양하며 금강산을 종교적으로 연결시켜 주셨는데, 그것이 바로 '세계종교 본부' 다.

"세계적 명산인 금강산에 세계종교의 본부를 두고 거기에는 도를 닦은 도인들이 모여 있으며 세계 각처에서 코 큰 사람들이 비행기를 타고 와서 서로 모셔다가 받들려고 할 것이다"

대종사님께서는 '서양사람'이라는 표현보다는 코 큰 사람이라는 표현을 즐겨 쓰셨다. 이런 말씀을 하실 때의 성안은 마치 금강산에 그런 이상적인 종교본부를 설계하시는 듯하였다. 얼마나 자세하고 실감나게 받들었던지, 우리들은 가보지도 않은 금강산을 마치 가서 본 것 같은 느낌이었다. 또 전망품 24, 25장에서 사람들이 산을 가까이 하면서 살게 되는 세상이 올 것이라는 말씀도 이런 맥락에서 해 주셨다.

이런 말씀들을 받들 당시는 우리가 어리기도 했지만, 얼핏 생각해도 우리나라는 어디를 가나 온통 산으로 둘러싸여 있어서 이렇게 흔한 산으로 인해서 나라가 우뚝 솟는다든가, 빛을 본다든가 하는 점에 대해서는 실감하기가 어려웠다. 뿐만 아니라, 당시 우리나라의 주택구조가 많은 땔감을 필요로 했기 때문에, 벌목이 심하여 주위의 산들을 살펴보면 온통 벌거숭이가 되어 가는 실정이었다. 그러니 한국의 산은 갈수록 더 아름다운 경관은커녕 완전히 망쳐버린 것 같은 생각을 하고, 산의 본질마저도 없어졌다고 생각할 정도로 산에 대한 인상이 희망적이지 못하던 시기였기 때문에 대종사님 말씀에 확신이 서지 않았었다.

그런데 몇 년 전 금강산에 직접 가서 보니 과연 명산으로 산중산이었다. 나는 6대주를 두루 돌아보았는데 이 처럼 빼어난 산은 어느 곳에서도 보지 못했다. 그리고 생각해 보니, 지구가 온통 공해 때문에 몸살을 앓고 있는 오늘날, 세계 사람들이 자연 경관이 좋은 산을 많이 찾고 있음을 알 수 있었다. 이렇게 좋은 산을 찾다 보면 전 국토의 67%가 산으로 이뤄진 한국을 찾게 될 것이고, 그러면 자연 산 중의 산이요 세계적인 명산인 금강산은 세상에 우뚝 서게 되고, 세계의 빛으로 드러나게 되리라는 확신을 갖게 된다.

이런 확신과 함께 "금강산의 주인으로서 손님을 맞을 준비를 하라"고 하신 법문을 다시 깊이 새겨 본다. 아울러 산을 잘 가꾸고 자연을 보호해야 할 커다란 사명을 미리 예견해 주셨음을 교훈 삼아야 할 것이다. 대종사님께서 그렇게 산을 좋아하시고 찬양하셨기 때문에 법호를 지으실 때 산(山)자를 넣으신 것이 아닌가하는 생각이 든다. 뫼산(山)에 구릉타(陀)자니 금강산 같은 인품이라는 의미로 파악해 볼 수 있다.

공자님이 "인자(仁者)는 요산(樂山)하고 지자(智者)는 요수(樂水)라"고 하였듯이 대종사님께서도 산의 인과 덕을 찬미하신 것으로 생각된다. 부처님께서도 《화엄경》 '제보살 주처품(諸菩薩 住處品)'에 "동쪽 바다 속에 금강이라는 산이 있는데 그 산에는 법기보살이 살아 왔고, 상주보살이 지금도 상주 설법을 하고 있다."고 하였다.

중국의 화엄학자인 징관(清凉澄觀, 738~839)이 《화엄소》에서 "부처님께서 말씀하신 동쪽 바다 속 금강이라는 산은 한국의 금강산을 의미하는 것이다"고 밝힌 것으로 보아, 이미 부처님께서도 한국의 금강산을 아시고, 먼 훗날 한국에서 미륵불의 출현을 예견하신 것이 아닌가 생각된다.

부처님 당대에는 각 나라의 지리를 알기 어려웠을 터인데 한국의 금강산을 철견하시고, 그같이 설법을 하신 것은 성자의 혜안으로 삼세를 꿰뚫어 보셨을 뿐 아니라 시공을 초월하여 우주를 관통하고 계심을 알 수 있다.

관광공사에서 나오는 잡지에 세계 3대 관광지가 예정되어 있었다. 첫째는 미국의 그랜드 캐년, 둘째는 브라질의 이구아수 폭포, 셋째는 한국의 금강산이었다. 세계 3대 관광지로 예정되어 있음을 보고 나는 더욱 금강산이 자랑스러웠고 금강산에 대한 대종사님의 법문이 소중하게 새겨졌다.

《대종경》 전망품 6장

대종사 개교(開敎) 기념일을 당하여 대중에게 말씀하시기를 「우리에게 큰 보물 하나가 있으니 그것은 곧 금강산이라 이 나라는 반드시 금강산으로 인하여 세계에 드러날 것이요, 금강산은 반드시 그 주인으로 인하여 더욱 빛나서, 이 나라와 금강산과 그 주인은 서로 떠날 수 없는 인연으로 다 같이 세계의 빛이 되리라. 그런즉, 그대들은 우리의 현상을 비관하지 말고 세계가 금강산의 참 주인을 찾을 때에 우리 여기 있다할 자격을 갖추기에 공을 쌓으라. 금강산의 주인은 금강산 같은 인품을 조성해야 할 것이니 닦아서 밝히면 그 광명을 얻으리라. 금강산 같이 되기로 하면 금강산 같이 순실하여 순연한 본래 면목을 잃지 말며, 금강산 같이 정중하여 각자의 본분사(本分事)에 전일하며 금강산 같이 견고하여 신성과 의지를 변하지 말라. 그러하면, 산은 체(體)가 되고 사람은 용(用)이 될지라. 체는 정하고 용은 동하나니 산은 그대로 있으되 능히 그 체가 되려니와 사람은 잘 활용하여야 그 용이 될 것이니, 그대들은 어서어서 부처님의 무상 대도를 연마하여 세계의 모든 산 가운데 금강산이 드러나듯 모든 사람 가운데 환영 받는 사람이 되며, 모든 교회 가운데 모범적 교회가 되게 하라. 그러하면 강산과 사람이 아울러 찬란한 광채를 발휘하리라.」

세계의 일등국

대종사님께서 미래 세상에 대한 전망의 말씀을 여러 가지로 하셨다. 그중에 우리나라의 미래에 대해서 말씀하실 때는 "앞으로 세계의 일등국이 된다."는 말씀을 자주 하셨다.

"이 나라가 장차 세계의 일등국이 될 것이다. 그 일등국이란 돈이나 힘으로 되는 그런 일등국이 아니다. 부자의 나라 미국이나 구라파 같은 그런 일등국도 아니요, 군사력이 강한 나라도 아니다.
내가 말하는 일등국이란 도덕으로 인류를 구원하는 나라이다. 앞으로는 도덕이 아니고는 인류를 구원할 수 없으며 그런 도덕국가라야 세계의 지도국이 되고 중심국이 될 것이다."

《대종경》 전망품의 내용을 편의상 네 가지로 분류해 보면, 첫째는 세계에 대한 전망, 둘째는 나라의 전망, 셋째는 교단의 전망, 넷째는 인류의 전망이라고 생각한다. 그 중에서 대종사님께서 가장 비중을 두셨던 것은 나라, 조선의 미래에 대한 전망이 아닌가 생각된다.
대종사님께서 이런 말씀을 하실 때가 시대적으로, 나라 없는 일제 식민지하의 시기였다. 암담하고 희망이 없던 국민들의 생활이었으니, 이 말씀이 당시에는 "꼭 그렇겠다."고 믿어진 것은 아니라 해도, 도덕공부를 하는 우리들이나 대종사님을 따르는 제자들에게 큰 희망과 자부심이었다.

뒷날 이 말씀을 깊이 받아들여 연구도 해 보았고, 미륵불 사상에 관심을 갖고 학문적으로도 살펴보았다. 또 인접학문과 《대종경》 전망품의 내용을 관련지어 공부를 하면서 이 나라에 대한 전망의 말씀이 학문적으로도 일치함을 발견하게 되었다. 즉 이 나라는 지정학의 측면에서 보더라도 반도국이라는 특징을 갖고 있는 나라로 뛰어나게 좋은 조건과, 환경면에서도 자연경관이 빼어나다.

수려한 산과 맑은 물, 그리고 봄·여름·가을·겨울 사시 순환에 따른 변화 등 자연적인 환경이 잘 갖추어졌다. 도덕국, 세계의 일등국이 될 만한 환경조건을 다 갖추어서 새 회상이 펼쳐졌고, 새 도덕문명이 열리고 있지 않은가 생각한다.

그래서 이 세계의 일등국이라는 말씀은 정신의 지도국, 도덕의 부모국, 세계의 중심국과도 통하고 "금강이 현세계하니 조선이 갱조선(金剛現世界, 朝鮮更朝鮮)"이라는 말씀과도 통한다.

일찍이 인도의 시성(詩聖) 타고르는 일제치하에 있는 한국을 예찬하는 시 〈동방의 등불〉에서 다음과 같이 읊었다.

> 일찍이 아시아의 등불이었던 코리아
> 그 등불 다시 켜지는 날
> 너는 세계의 등불이 되리라
> 마음에는 두려움 없고 머리는 높이 쳐들린 곳,
> 지식은 자유롭고
> 좁은 울타리로 세상이 조각조각 갈라지지 않는 곳,

진실의 깊은 곳에서 말씀이 솟아나는 곳,
지성의 맑은 흐름이
굳어진 습관의 모래벌판에서 길을 잃지 않는 곳,
무한히 퍼져나가는 생각과 행동으로
우리들의 마음을 자유의 천국에 인도 하는 곳,
내 마음의 조국 코리아여 깨어나소서.

타고르도 세계의 등불로 한국을 전망하고 있다. 도덕과 정신문명으로 세계를 밝힐 등불로 한국을 찬양한 것이다.
대종사님께서 밝혀 주신 "도덕으로 세계의 일등국이 되리라."는 말씀은 두고두고 깊이 새겨야 할 한국의 미래상이다.

> 《대종경》 전망품 23장
> 대종사 말씀하시기를 「조선은 개명(開明)이 되면서부터 생활제도가 많이 개량되었고, 완고하던 지견도 많이 열리었으나, 아직도 미비한 점은 앞으로 더욱 발전을 보게 되려니와, 정신적 방면으로는 장차 세계 여러 나라 가운데 제일가는 지도국이 될 것이니, 지금 이 나라는 점진적으로 어변성룡(魚變成龍)이 되어가고 있나니라.」

일본의 지서가 된 총부

일본의 지서가 되었던 구타원 종사의 집 청하원

일제는 교단을 사찰하기 위해서 북일 지서를 총부 구내에 두었다. 바로 구타원 종사님의 사가인 청하원에 두었으니 이때가 1936년(원기 21)이다. 이 일은 역사를 두고 해석해야 할 일이다. 어떤 경찰이 종교본부 내에 강제적으로 지서를 둔단 말인가?

일제의 만행은 이처럼 혹독하고 황당했다. 그들은 지서를 두겠다는 통보만 하고 허락도 받지 않고 그대로 들어 왔다. 교단에서는 어떠한 저항도 할 수 없었다. 저항을 하게 되면 몇 배의 피해를 주고 압박을 가하거나 아예 교단을 해체하려 했었을 것이기 때문이다. 지금도 중앙총부 정문을 들어서면 우측의 제일 첫 집인 청하원이 당시 그대로 보존되어 있다.

총부 안에 지서를 두었다는 사실은 일제가 원불교에 대해서 얼마만큼 모진 탄압을 했는지를 말해 주는 사건이다. 이 지서에 최초의 주임은 고지마(小島)였고, 그 밑에 황가봉 고등계 순사가 있었다. 황 순사는 훗날 대종사께 귀의하여 이천(黃二天)이라는 법명을 받고, 원불교 교도로서 대종사님과 교단을 위해 많은 역할을 담당했다. 황 순사는 주로 총부 구내에서 일어나는 일을 파악도 했지만 주로 대종사님의 언행을 사찰하였다.

대종사님의 일거수 일투족을 사찰하기 위해서는 공동체 생활을 하는 총부의 일과를 그대로 따라 해야 했다. 곧 선(禪)을 나면 선객으로 참석하여 똑같이 행동했다. 당시에는 선을 날 때 법복을 입었는데 황 순사도 머리를 깎고 법복을 입었다. 새벽 좌선도 대중들과 같이 했고, 식사도 같이 했으니 누가 보아도 구별할 수 없는 선객이었던 것이다. 선객의 한 사람으로 그는 요소요소를 다 사찰하였다. 모든 일과를 똑같이 하니 얼마나 속속들이 파악할 수 있었겠는가? 이렇게 철저하게 사찰해 보아도 독립운동을 한다는 단서나, 부정한 행위는 찾아낼 수 없었다.

진리적 종교의 신앙과 사실적 도덕의 훈련으로 낙원세상 이루자는 것이 목적이니, 독립운동의 단서가 될 만한 것이나 부정당한 행실은 있을 수 없지 않겠는가. 아무리 찾으려 해도 찾지 못하자 "종교 본부에 지서를 두다니 말도 안 되는 일이다."는 비난을 면하기 위해 북일면 소재지로 옮기게 되었다. 당시 북일면에 세워진 지서가 지금도 북일파출소로 행정을 보고 있다.

《대종경》 실시품 12장

　형사 한 사람이 경찰 당국의 지령을 받아, 대종사와 교단을 감시하기 위하여 여러 해를 총부에 머무르는데, 대종사 그 사람을 챙기고 사랑하시기를 사랑하는 제자나 다름없이 하시는지라, 한 제자 여쭙기를 「그렇게까지 하실 것은 없지 않겠나이까.」 대종사 말씀하시기를 「그대의 생각과 나의 생각이 다르도다. 그 사람을 감화시켜 제도를 받게 하여 안 될 것이 무엇이리요.」 하시고, 그 사람이 있을 때나 없을 때나 매양 한결같이 챙기고 사랑하시더니, 그가 드디어 감복하여 입교하고 그 후로 교중 모든 일에 많은 도움을 주니 법명이 황이천(黃二天)이러라.

일본 순사에게 숙식비 청구

지서가 북일면으로 옮겨가고 황이천 순사도 북일면 지서로 가게 됨에 따라 총부에서는 지서에 식비 청구서를 보냈다. 황 순사가 총부에 살면서 선도 나고 밥도 먹었으니 밥값을 내라고 한 것이다. 순사에게 밥값 청구한 것만으로도 얼마나 떳떳하고 당당한 종교인가의 위상이 드러났다.

신앙과 수행에 매진하고 있기 때문에 어디에도 누구에게도 거리낌 없었고 구애됨이 없었다. 그러므로 사찰 나와 밥 먹은 순사에게 밥 값 내라고 할 수 있었다. 이것 하나만으로도 불법연구회의 정신을 알게 되었고, 심각하게 사찰해 온 일본 경찰도 오해를 푸는 계기가 되었다. 지서에서는 총부에서 밥값 신청을 하자 교단을 더 한층 새롭게 인식하게 되었다고 한다. 얼마나 철저하게 원리원칙대로 하는지를 알게 된 것이다. 더불어 교단에서는 무엇을 맡겨도 다 할 수 있다는 자신을 얻게 되었다. 이즈음에 대종사님께서는 "나라를 맡긴들 못하겠느냐?"는 법문을 해 주셨다.

이렇게 일본 경찰들은 한시도 쉬지 않고, 교단을 괴롭히고 감시하였으나 대종사님께서는 그들을 조금도 귀찮아하시거나 미워하지 않으셨고, 또 제자들로 하여금 미워하지 않도록 이끌어 주셨다. 제자들이 혹 그들을 미워하는 기색이 보이면 "그 사람은 그 사람의 직무를 수행하는 것이지 그들이 우리가 미워서 사찰하는 것이 아니지 않느냐? 일본당국의 정치적 지시를 받아 책임지고 하는 것이니 추호도 그들을 미워하지 말라."고 오히려 제자들에게 당부하셨다. 제자들은 대종사님의 대자대비에 감복할 따름이었다. 대종사님의 교화력은 일인들에게도 똑 같이 미치고 있었다.

> 《대종경》 실시품 14장
>
> 당시의 신흥 종교들 가운데에는 재(財)와 색(色) 두 방면의 사건으로 인하여 관청과 사회의 이목을 집중시킨 일이 적지 아니한지라, 모든 종교에 대한 관변의 간섭과 조사가 잦았으나 언제나 우리에게는 털끝만한 착오도 없음을 보고, 그들이 돌아가 서로 말하기를 「불법연구회(佛法硏究會)의 조직과 계획과 실천은 나라를 맡겨도 능란히 처리하리라.」 한다 함을 전하여 들으시고, 대종사 말씀하시기를 「참다운 도덕은 개인·가정으로부터 국가·세계까지 다 잘 살게 하는 큰 법이니, 세계를 맡긴들 못 할 것이 무엇이리요.」

일경, 조실 툇마루 밑에서 감시

1936(원기 21년), 조선총독부에서는 총부 구내에 있던 구타원(九陀圓 李共珠, 1896~1991) 종사님의 사가인 청하원에 주재소를 만들어 대종사님의 일거수 일투족을 감시하였다. 그 유명한 황이천(黃二天, 본명 가봉) 순사도 이곳에서 대종사님을 감시하였다. 황 순사는 법복을 입고 선원에도 참여했다. 선원에 참여한 것이 선을 나기 위해서가 아니라 대종사님을 감시하기 위해서였다.

얼마를 지나 북일면(현 익산시 신동)에 북일 지서를 짓고 구타원 님 댁은 비워 주었다. 총부 구내에서 나간 후에도 일본인들의 대종사님에 대한 감시는 계속되었다. 일본인들은 주재소가 총부 구내에서 나가고 보니 감시의 명목을 찾지 못했다. 낮에는 서성거릴 수 있지만 밤에까지 서성거릴 수 없는 노릇이었다. 이때 호사까(保坂)라는 지서 주임이 아무도 모르게 총부에 들어와 조실 툇마루 밑에 바짝 누워 대종사님의 동정을 감시했다. 밤에 어떤 사람이 무슨 일로 다녀가는지, 또 어떤 대화를 나누는지 감시했던 것이다.

매일 누군가가 조실 툇마루 밑에 누워 새벽까지 있으면서 대종사님을 감시한다는 것을 알게 된 우리는 이를 막자고 결의하고 방범대를 구성하였다. 이때 구성된 방범대원은 나와 한산 이은석 교무, 오치훈 교무, 송제국 교무 등이었다. 우리는 도둑이 들어오지 못하도록 해야 한다면서 2조로 나누어 몽둥이를 하나씩 들고 돌아다녔다. 그리고 주 목적지인 조실 툇마루 밑에 가서는 몽둥이를 쑥 밀어 넣어 좌우로 흔들었다. 그렇게 한 열흘을 계속해서 방범 활동을 했더니 그 후 오지 않았다.

　이같이 대종사님께서 워낙 출중하시니 일본인들의 눈에도 범상치 않은 인물로 감시의 대상이 되었고, 그들은 대종사님의 활동을 차단하기 위해서 꼬투리 잡을 일을 세밀하게 찾고 있었다. 특히 한민족의 문화를 말살시키려고 하였고, 대종사님이 이끄시는 교단의 문을 닫게 하려고 감시와 경계심을 늦추지 않았다.

　당시 신종교들이 우후죽순격으로 일어났고, 종교 단체들이 사회적으로 무리를 일으키기도 하였다. 그들은 주로 금전 문제며, 남녀 문제가 많았다. 일본 경찰은 신종교들의 경우와 같이 우리 교단에

대종사님 거처하신 조실 뒤편

도 어떠한 문제가 반드시 있을 것이라는 확신 속에 꼬투리라도 잡으려고 대종사님을 밀착감시하고 조사했으나 찾을 것이 없으니, 나중에는 격리시키고자 하였다.

조실 툇마루에서 일본경찰이 감시하고 있다는 것을 대종사님께서도 아셨다. 불법적으로 들어와 숨어서 감시하건만 내색 한 번 하지 않으셨다. "경찰은 경찰로서 해야 할 일을 하고, 우리는 우리의 일을 한다."고 하시며 "경찰로서 일을 하고 녹을 받는 것이니 미워하지 말라."고까지 하셨다. 조실 툇마루 밑에서 감시하는 일에 대해 항의할 수 있었지만 말로 따졌다면 더 큰 보복이 있을 것이 뻔해서 우리는 실지적으로 방범대를 조직하여, 감시하는 경찰이 오지 못하도록 한 것이었다.

지금도 그 때의 상황이 생생하다. 그리고 대종사님의 태연자약하신 성안이 떠오르며 각자가 맡은 바 업무에 충실할 뿐 그 어떤 사람도 원망하거나 미워하지 말도록 하신 법문으로 자리한다.

눈병으로 일본에
가지 않을 수 있으셨다

눈병 나신 대종사님 영정

　일본인들은 대종사님을 아무리 세밀하게 감시하고 밀착 조사를 해도 법에 어긋남이 없자 갖가지 방법을 동원했다. 그 방법 가운데 하나가 바로 대종사님을 한국 땅, 한국인들과 격리 시켜야겠다는 것이었다.

　조선총독부에서 대종사님을 일본에 다녀가시도록 지시를 내렸다. 신사유람단을 구성하여 조선의 지식인들에게 일본을 방문하도록 한 것이다. 총독부의 지시가 내려왔으니 안 가시겠다고 할 수도 없는 입장이었다. 지시를 거역하면 그 자체 가지고는 뭐라 할 수 없지만 또 다른 압박을 가할 것이며, 이 압박으로 따라오는 결과는 감당하기 쉽지 않을 것이기 때문이다.

　총독부의 초청이기 때문에 거절할 형편이 아닌 것을 아신 대종사님께서는 도일(渡日)을 결정하시고 1940년(원기 25) 10월 부산으로 떠나셨다. 이때 상산 박장식 종사님과 박창기 선진님이 동행하였다. 당시는 부산에서 일본 시모노세끼까지 정기 연락선이 다녔다. 이 연락선을 타고 가셔야 할 형편이었다.

　대종사님께서 부산까지 가셔서 도일준비를 하고 계시는 도중 갑

자기 눈병이 나셨다. 그것도 전염성이 강한 눈병으로 예방이 긴요한 일이었다. 이 눈병은 일본에 가실 수 없는 상황으로 바꾸어 놓았다. 총독부에 눈병이 난 사실을 보고하여 출국이 연장되었고 대종사님께서는 부산에서 치료를 받고 계셨다.

조선총독부에서는 평소 건강한 분이 갑자기 눈병이 났다고 하니 나을 때까지 연장할 수밖에 없었다. 연장하면서 또 다른 느낌이 왔던지 일본 가시는 일에 대해 취소 통보를 보내 왔다. 그들도 대종사님이 예삿 분이 아님을 알았고, 일본인의 만행에 대해서도 생각하게 되었던 것 같았다. 그리하여 명확하게 표현은 하지 않았지만 재일 교포가 많은 그곳에 가실 경우 또 다른 우려가 있어 취소했다는 명분을 내세웠을 것으로 짐작해 볼 수 있다.

대종사님께서 일본에 가셨더라면 어찌 되셨을까? 몇 가지로 예측을 해 보면 첫째, 그들은 대종사님을 한국의 간디로 알고 아예 한국에 돌아오지 못하도록 했을 것이다. 둘째, 그 때 황도불교(皇道佛敎)로 교명을 바꾸도록 괴롭히는 중이었으니 일본에 가 계시게 되면 강제로 교명을 바꾸게 했을 수도 있다. 셋째, 신상에 위험이 있을 수 있다.

삼세를 꿰뚫어 보시는 대종사님께서 이런 계략을 모르실 리 없고 그러기에 큰 무리 없이 눈병으로 이 위기를 모면하신 것이라고 생각된다.

대종사님께서는 일상생활을 중시함으로써 삼명육통(三明六通)을 금기하셨지만 당신은 삼명육통을 하신 분이다. 일본을 가셔야 하는지 가시지 않아야 하는지, 또 일본을 가실 경우와 안 가실 경우에 대해서 훤히 알고 계셨을 것이라는 말이다. 그러시기에 무리한 방법을 택하지 않으시고 인도상의 요법, 적절한 방법을 강구하서서 일본행이 취소되도록 하셨다.

  이렇게 절박한 상황에서도 신통을 보이지 않으시고 인간적으로 가시지 않을 가장 적절한 방법을 강구하신 것이 바로 눈병이다. 누가 생각해도 부적절한 방법이 되지 않게 처사하신 위대함에 감탄한다. 또한 당시 가셨다면 어떻게 되셨을까? 지금 생각해도 아찔하다. 그리고 이때 일본 국민복을 입으시고 사진까지 찍으셨다. 일본에 가시려니 입으실 수 밖에 없었다. 일본인들을 크게 원망하지 않고 원수 삼지 않을 수 있도록 하셨으니 참으로 어려운 역경에서도 자비와 지혜를 겸비하신 처사를 보여 주셨음을 알 수 있다.

《불교정전》편수의 고비

대종사님께서 촌음을 아껴 가면서 《불교정전》 편수를 서두르셨다. 직접 원고도 쓰시고 다른 사람을 시켜서 초안을 해오도록 하시면서 일을 추진하셨다. 이렇게 만반의 준비를 하셨는데 문제는 인쇄였다. 인쇄를 하려면 조선총독부의 허가를 받아야 하는데 쉽지 않았다.

불교정전

김태흡 스님

불법연구회 《정전》으로 전북 도청 황무국에 인쇄 신청을 하니 여러차례 불가의 부전지를 부처 반려되어 왔다.

또 차일피일 미루었다. 이무렵 불교시보사 사장 김태흡(金泰洽 大隱, 1899~1989) 스님이 익산 어느 초등학교에서 강연을 한다는 소식을 듣고 상산 종사와 유산 선진이 참석하여 태흡스님을 만나게 되었다. 두분의 안내로 스님은 대종사님을 뵙게 되었다. 대종사님을 뵙고 그 자리에서 위대한 성자임을 알아보고 존경을 바치며 "무슨일이든지 심부름을 시켜달라"고 하였다. 이에 대종사님께서 《정전》 인쇄를 부탁하셨다. 스님은 대종사님이 화로와 같이 훈훈하게 하신다고 탄복하면서 자주 찾아왔다. 그리고 《정전》 출판이 어려우니 《불교정전》이라고 하는 것이 어떻겠냐고 하여 《불교정전》으로 신청하게 되었다.

불교시보사에서 출판신청을 하니 그들은 거절할 명분을 찾지 못했다. 그리고 신청된 《불교정전》을 세밀하게 검토하고 천지·부모·동포·법률의 은혜인 사은(四恩) 중에 황은(皇恩)이 들어가지 않았으니 중대한 하자라고 하며 허가를 할 수 없다고 하였다. 그들이 허가 할 수 없다는 통보를 하고 대종사님을 뵙기 위해 총부에 왔다.

대종사님께서 그들을 대각전 뒤 동쪽 방에서 만나셨다. 이자리에 정산종사는 영광에 계셔서 참석하지 못하셨고, 주산종사님과 몇 분의 어른들이 배석했다고 주산종사님이 말씀해 주셨다.

총독부에서 나온 검역관은 "사은에 천지·부모·동포·법률은 넣었으면서 왜 황은이 빠졌느냐?"고 물었다. 이같이 물으니 주산종사는 큰 난제로 생각되어 몹시 떨렸다고 한다. 대종사님께서 어떤 말씀으로 이 위기를 벗어나실까? 답변을 하지 못하시면 불허될 것은 뻔하지 않는가? 속으로 걱정하며 대종사님을 뵙고 있었는데, 어떠한 요동도 없이 서슴없이 대답하셨다고 한다.

"당신들은 어떻게 그렇게 천황에게 불경스런 말을 하는가. 천지·부모·동포·법률 속에 황은을 넣으면 되겠는가? 사은은 우리 모두가 들어가는 은혜인데 절대은인 황은과 불은(佛恩)을 어떻게 동률로 넣을 수 있단 말인가."

황은이 빠졌다는 사실을 큰 하자로 생각하고 인쇄를 허가하지 않으려고 했던 그들은 오히려 대종사님께 꾸중을 듣고 "동률로 넣지 않으려면 어떻게 하시렵니까?"라고 여쭈었다. 대종사님께서 "별도로 넣으려고 한다."고 답하시니 그들은 꼼짝 못하고 "황은과 불은 꼭 넣으십시오." 라고 말하고 돌아 갔다.

인쇄를 하기 위해서 어찌할 수 없이 황은과 불은에 대한 내용을 추가해서 인쇄에 부쳤다. 그리고 대종사님의 간절한 염원이요, 인류를 구원할 새 회상의 교법인《불교정전》이 비로소 빛을 보게 되었다.

이처럼 일제는 교서 편찬에 크게 탄압을 하였다. 또한 김태흡 스님의 명의로《불교정전》인쇄를 신청했기 때문에 불교시보사의 주소지인 서울 총독부에 신청한 관계로 전라북도 황무국에서는 모르고 있다가《불교정전》이 신청되어 인쇄된 것을 알고, "불법연구회가 전라북도에 있는데 왜 서울에다 신청했느냐?"고 김태흡 스님을 불러 취조하고 고통을 주었다고 한다.

《대종경》 부촉품 3장

　대종사 열반을 일 년 앞두시고 그동안 진행되어 오던 정전(正典)의 편찬을 자주 재촉하시며 감정(鑑定)의 붓을 들으시매 시간이 밤중에 미치는 때가 잦으시더니, 드디어 성편되매 바로 인쇄에 붙이게 하시고, 제자들에게 말씀하시를「때가 급하여 이제 만전을 다하지는 못하였으나, 나의 일생 포부와 경륜이 그 대요는 이 한 권에 거의 표현되어 있나니, 삼가 받아가져서 말로 배우고, 몸으로 실행하고, 마음으로 증득하여, 이 법이 후세 만대에 길이 전하게 하라. 앞으로 세계 사람들이 이 법을 알아보고 크게 감격하고 봉대 할 사람이 수가 없으리라.」

천수 누리지 못하고
먼 수양길 떠나신 대종사님

1943년(원기 28) 6월 1일 열반상을 나투심

대종사님께서 개인적으로나 교단적으로 일제의 탄압과 핍박을 받으시다 열반하셨다. 특히 대동아전쟁 말기에 일본인들은 인도의 간디 같은 대종사님을 그대로 계시게 하면 안 되겠다고 해서 수 없이 탄압했다.

지서를 중앙총부 내에 있는 구타원 종사님 댁에 두고 고등계 형사로 하여금 거주인들과 똑 같이 생활하게 하였으며 그는 선을 나는 일, 모든 법회에 참여하여 법문 말씀을 시찰하는 일, 대종사님의 지방 내왕하시는 데도 일일이 따라 붙어 감시하였다. 또한 숙소인 조실 툇마루 밑에 숨어서 밤새 동정을 살피기도 하였고 집회·인쇄·출판 등 모든 것을 금지하였다. 심지어 일본으로 모셔가려고까지 했으니, 모셔가지 못하고 나서의 탄압은 또 어떠하였겠는가?

나는 거기까지는 잘 몰랐는데 대종사님께서 앞으로 올 위태로움을 아셨던 것이 아닌가 생각된다. 열반 2~3년 전부터 "나를 인도의 간디로 비하며 탄압을 가중하니 내가 여기에 오래 머물기 어렵겠노라. 내가 먼 곳으로 수양을 갖다 와야겠다." 하시며, 대중 설법 중에도 그러하셨지만, 개인도 불러다가 "내가 먼 곳으로 수양을 가도 잘 하겠느냐." 하시며 확인도 하셨다.

예상컨대 만일 대종사님께서 먼 곳으로 수양을 가시지 않으셨다면 대동아전쟁 말기 직전에 어떤 상황이 되었을까? 대종사님께서 판을 짜신 것을 보면 3회 36년으로 하셨다. 1회 12년, 2회 12년, 3회 12년으로 짜 놓으시고 28년에 열반하셨다. 그러면 8년을 앞당기신 것이다. 물론 36년을 예정하신 것은 아니겠지만 최소한 36년의 판을 짜시고, 계획 세우신 것으로 봐서 최소한 36년은 주석하실 것이라고 생각된다. 그런데 일제 탄압으로 일찍 먼 수양길을 떠나신 것이다. 수운(水雲 崔濟愚, 1824~1864) 선생의 경우도 불행하게 열반을 하셨으니 대종사님께도 어떤 불행한 일이 있을지 알 수 없는 일이다. 대종사님께서 열반하셨기 때문에 우리는 그러한 불행을 보지 않아도 되었으니 그 자비가 얼마나 거룩하신가?

원래는 36년이 최소한 당신의 정명임이 명백한데 우리 교단에 불행한 일을 당하면 안 되니까 일찍 떠나신 것이 아니었겠는가? 이것은 교단의 앞날을 위해서 일찍 떠나셨다고 밖에 생각하지 않을 수 없다. 일본인들은 대종사님께 아무것도 못하시도록 철저하게 감시하고 취조했다.

많은 사람들이 대종사님 열반 후 2년에 해방이 되었으니 그 때까지 계셨다면 하는 아쉬움을 말한다. 그 2년에 우리 교단에 어떤 불행이 올지 우리는 모르지만 대종사님께서는 아셨기 때문에 미리 "내가 먼 곳으로 수양을 떠난다."고 제자들에게 자주 말씀해 주시지 않았나 생각해 본다.

《대종경 선외록》 교단수난장, 20절

원기 28년 초여름 대종사는 갑자기 병석에 드시고 말았다. 급히 이리 병원 특별실에 입원하여 치료를 받았으나 병세는 급거히 악화되었다. 황이천도 연락을 받고 급히 달려가 보니 병실 앞에 "면회금지. 주치의 백"이라고 써 붙여 놓았고, 장식.창기 등이 밖에서 초조히 서성대고 있어 일이 심상치 않음을 느꼈다. 조금 후에 대종사는 이천을 불러, 들어가 보니 대종사의 모습에는 전혀 병색이 없었고, 서장 회의에 다녀온 일을 묻기도 하셨다. 이천은 믿어지지가 않아서 "종사님, 꾀병이지요"하였더니 대종사는 "허어, 금방 죽을 사람을 보고 꾀병이라네."하고 답하시는 것이 아무래도 거짓말 같아서 인사드리고 이리 경찰서로 돌아갔다. 나중에 경찰서에서 대종사 열반의 청천 벽력 같은 소식을 듣게 되었다.

일본인들에게 비친 대종사님

 일본인들에게도 대종사님은 보통분이 아닌 것으로 비쳤다. 왜 아니겠는가. 대종사님의 외모만으로도 작고 왜소한 일본인의 눈에도 우러러 보일 뿐이었을 것이다. 더구나 수많은 사람들이 신앙을 바치고 존경하는 터였기에 그들도 대종사님을 주목하지 않을 수 없었다. 대종사님의 말씀 한마디면 죽음이라도 내놓고 따라 갈 수 있는 사람들이 많은 것을 알았고 또 그렇게 보았기 때문이다.
 이는 법인성사만 보더라도 알 수 있는 일이다. 창생을 구원하기 위해 9인 제자들은 목숨을 바쳤다. 1919년(원기 4) 3·1운동이 있은 후 더욱 부각된 대종사님에 대해 그들이 어찌 불안하지 않았겠는가? 일본인들은 대종사님의 일거수일투족을 감시하는 데서 그치지 않고 계속 추적을 하고 따라 다녔다. 또 접근해서 정보도 캐고, 비밀이 있나 끊임 없이 촉각을 곤두세우고 살폈다. 대종사님께서 익산에 계시면 익산에서, 서울에 가시면 서울에서, 부산에 가시면 부산에서 감시했다.
 그러나 대종사님께서는 일본인을 대할 때에도 이 나라 사람을 대하는 것과 조금도 다름이 없으셨다. 일본인 한국인 구별이 없으셨고 자비와 혜광으로 안으셨던 것이다. 또한 지위가 높은 사람이나 보통 사람을 막론하고 뵙게 되면 대종사님의 인상이라든가 자비훈풍과 혜광에 저절로 숙연해졌다. 어떠한 사람도 대종사님께 따져 본다거나 무엇을 여쭈어 보는 것조차도 쉽지 않았다. 그러한 생각이 났다가도 대종사님을 뵙게 되면 자신도 모르는 사이에 그 생각이 사라져 버리는 것이었다.

직책상 경찰이라든가 총독부 근무자, 직책상 감시와 내사를 해야 하는 사람들도 그들에게 주어진 근무를 성실하게 수행할 수 있도록 하셨기 때문에 그들은 대종사님의 자비 훈풍에 고개를 숙이고 마음속으로는 존경을 했던 것이다. 영광경찰서의 고위층도 아닌 직원이 대종사님께 다녀가시라고 하였다. 당시 제자들은 일개 경찰이 오시라고 하는 것은 우리 교단의 대표인 대종사님의 위상에 맞지 않으니 가시지 않는 것이 좋겠다고 만류하였으나, 대종사님께서는 "일본 정책으로 경찰이 있고 그 경찰이 나를 불렀다고 한다면 내가 가서 그 사람한테 무슨 용무가 있는지를 묻고 해결하고 오면 될 것을 내가 안 갈 것이 무엇이냐?"고 하시며 다녀오셨다.

대종사님께서 직접 방문하시니 경찰은 오히려 어쩔 줄 모르고 죄송스러워하며 "어서 가시라."고 했다고 한다. 곧 일개 경찰이라고 하여 무시하지 않으셨기 때문에, 그가 어쩔 줄 모르고 물을 일도 제대로 묻지 못하고 "어서 가시라."고 하였던 것이다.

이것이 대자대비다. 고하귀천 선악을 따지지 않고 그 자비훈풍은 어디나 미쳐갔다.

대종사님의 자비에 일본인들은 더욱 주시하였고 '독립운동을 하면 큰일이겠구나' 생각해서 더욱 감시하고 내사를 감행했지만, 마음속으로는 크게 존경해 마지않았던 것을 알 수 있었다.

《대종경》 실시품 8장

　기미년(己未年, 1919) 이후 인심이 극히 날카로운 가운데 대종사에 대한 관헌의 지목이 날로 심하여, 금산사에 계시다가 김제 서에서와, 영산에 계시다가 영광 서에서 여러 날 동안 심문 당하신 것을 비롯하여 평생에 수많은 억압과 제재를 받으셨으나, 조금도 그들을 싫어하고 미워하시는 바가 없이 늘 흔연히 상대하여 주시었으며, 대중에게도 이르시기를「그들은 그들의 일을 할 따름이요, 우리는 우리의 일을 할 따름이라, 우리의 하는 일이 옳은 일이라면 누구인들 끝내 해하고 막지는 못하리라.」

일제의 억압 속에서
대종사님을 도운 사람들

일제의 교단(당시 불법연구회) 탄압 속에서도 대종사님을 성자로 알아보고 백방으로 도와준 사람들을 밝히지 않을 수 없다.

먼저 임제종의 나카무라(中村健太郎) 스님과 조동종의 박문사 주지 우에노노사(上野順穎), 당시 이리경찰서 시모무라(下村) 서장, 불교시보사 김태흡 사장과, 황이천 순사를 말할 수 있다. 나카무라 스님은 총독부에서 교단의 내면을 깊이 조사하라는 지시를 받고 왔지만 대종사님을 뵙고 바로 존경을 표하면서 "며칠 곁에서 쉬어가려고 합니다"라고 했다. 절을 가지고 있는 승려가 아니고 일본 정부에서 사찰 보낸 승려였던 그는 "무슨 단체냐"고 꼬치꼬치 물었으며, 순수한 종교단체인지, 숨겨진 독립운동 단체인지, 불순단체인지' 세밀하게 파헤쳤다.

나카무라 스님을 나도 보았는데 그의 인상은 아주 부드럽고 선량해 보였다. 그리고 대종사님을 받드는 예의범절이 있었으며 대중을 대하는 태도가 꼭 신자 같았다. 그는 여러 날을 대종사님과 함께 조실에서 숙식하였다. 일본의 특사로 온 그가 며칠 동안 기거했는지는 잘 모르겠으나 일본정부에 보고서를 내면서 교단 입장을 아주 잘 써 주었다고 한다. 곧 "불법연구회는 새 불교운동을 하는 단체로 소태산 대종사는 아주 훌륭한 성자로 그의 지도는 모든 국민이 마음을 고치도록 하고 있으니 절대 의심할 필요가 없다"라고 하였다는 것이다. 그 분의 말 한마디는 교문을 닫게할 수도 있는 권위가 있는 사람으로서 그 같이 호평하였으니 교단을 크게 도운 사람이다.

조동종의 우에노 노사는 지금 서울의 신라호텔 자리에 있던 박문사의 주지스님이다. 그도 대종사님이 성자임을 알고 총부를 방문해서 며칠간 숙식을 함께 하였다. 김태흡 스님의 소개로 찾아온 그는 김태흡 스님과 함께 《불교정전》인쇄 허가 받는데도 큰 힘을 주었고 교단의 여러가지 일에 도움을 주었다. 특히 불법연구회의 모든 일에 적극적으로 돕겠다면서 서로 도울 일이 있으면 협조하자는 약속을 하였다. 이리하여 숭산 박광전 종사(원광대 총장)가 며칠간 그곳에 가서 경종치는 법 등을 배워 오기도 했다. 곧 교단과 유대관계를 갖고 내왕했던 것이다.

오래전 한산 이은석 교무와 내가 일본을 방문 했다가 그의 묘를 찾아 보았다. 교단을 도운 스님으로 교류가 지속되었으면 좋았을 텐데 하는 아쉬움이 있다.

그리고 이리경찰서 시모무라 서장은 경찰서장으로 대종사님이 성자임을 알아본 사람이다. 총독부나 전라북도 황무국의 지시가 있으므로 어쩔 수 없이 대종사님을 취조할 때도 극진하게 대우를 해 드렸으며, 교단에 불이익이 될 만한 정보는 대종사님께 직접 전해 드리기도 하고, 황이천 순사를 통해 전하기도 했다. 경찰서장인데도 대종사님을 존경하면서 도와 드리려고 노력했던 것이다. 정책의 방향을 미리 알려 주고, 중요한 사항에 대해 미리 정보를 주면서 차질 없이 준비하게 해 주었으니 큰 은혜이다.

황이천 순사는 고등계 형사겸 순사 일을 보았었다. 이 사람이 처음에는 총부 구내의 구타원님 댁에 지서를 두고 거기서 기거를 하면서 머리도 깎고 법복을 입고 정식으로 입선하여 선방에서 배우고 가르치는 내용까지 체크했다. 철저하게 정보를 캐내고 동태를 파악한 것이다. 이렇게 밀착감시를 하는 과정에서 대종사님이 성자임을 점차 알게 되었고, 결정적으로는 대종사님의 불천노(不遷怒)하심을 보고 감동하여 입교하게 되었다. 그리하여 정보를 미리 주기도 하고, 보고도 아주 잘 해주는 등 호법주(護法主)가 되었다.

> 《원불교 교사》 제2편 회상의 창립, 제4장 끼쳐주신 법등
>
> 당시 일정 당국은 친일적 단체를 제외하고는 대소를 막론하고 한인 단체의 존립을 허용하지 않았으나, 일본이 본시 불교국이라 불법을 두대 하는 회상을 공공연히 탄압하지는 못하고, 사전 검열 사후 보고라는 엄격한 규제 밑에 새 회상의 일동일정을 샅샅이 감시 제약하였다. 이에, 대종사께서는 모든 신규 계획 사업을 다 보류하시고, 그 동안 몇몇 증진 제자(宋道性등)의 개인 명의로 등기되어 있던 교산들을 27년(1942.壬午) 5월에 공증 증명케 하시었으며, 그 해 10월부터는 강연이 기회를 지어 각지 교당을 최후로 순회하시어, 교도들의 신성과 결속을 다져 주시었다.

일본 승려들이 대종사님 열반에 독경하고 있다.

방언공사 자금 건으로 취조한 영광 경찰서

대종사님께서 대각하시고 교문을 여실 때가 1916년(원기 1)이었으니 일정시대 3.1운동 전후로서 일본 경찰의 주목을 받을 수밖에 없었다. 곧 대종사님이 경찰서를 이웃집 드나들듯이 다니셔야만 했다.

전남 영광, 영산에서는 방언 일을 하실 때, 3.1운동으로 전국 곳곳에서 만세소리가 울려 퍼졌다. 놀란 일본경찰들은 독립운동을 하는 인물과 단체들에 대하여 촉각을 세우고 감시하였다. 교단(불법연구회)도 그 범주 안에 들어 있어서 감시는 물론 수시로 대종사님을 영광경찰서에 불러 취조하였을 뿐 아니라 감금까지 했다. 특히 언답 막는 자금은 제자들이 저축조합을 통해 예축된 금액과 대종사님의 전 재산으로 숯을 사 두었다가 오른 값에 판돈이었는데 그 자금의 출처를 대라고 취조했다.

영광경찰서에서는 대종사님께서 여러 제자들을 모아 집단을 형성하는 것이 신경 쓰이는 일이었을 것이다. 특히 경북 성주출신인 정산종사까지 와서 집단을 이루고 있으니 주목의 대상이 되었다. 그러나 취조 당할 만한 일이 없는지라 주목하고 있다가 언답 막는 데는 큰 자금이 들어가는데 그 자금의 출처가 어디냐고 취조를 하였다.

특히 방언 일을 진두지휘하는 대종사님을 오라 가라 하면서 자금은 어디서 났느냐, 독립운동 자금을 어디서 받았느냐고 심하게 취조하였다. 독립운동자금을 누군가로부터 받아서 사용하는 것으로 의심했던 것이다.

 방언공사에는 큰 자금이 들어가야 하는 일인데 대종사님께서 그 큰일을 하고 계시니 가난한 농촌에서 범상한 사람으로서 할 수 있는 일이 아니었고, 따라서 그들이 주목할 대상이 되고도 남았을 것이다.

옥녀봉 아래 방언답

죽은 사람 살려냈다는 소문으로
김제경찰서의 취조

　대종사님께서 영광에서 대각하신 후 중앙총부 부지를 마련하기 위해 김제·완주·익산을 두루 살피시던 중, 김제 금산사의 송대에 얼마간 계셨다. 부안 봉래산에 주석하며 교강(敎綱)을 마련하기 전이니까 1919년(원기 4)의 일이다. 이때 김제경찰서의 취조를 받으셨다.

　금산사 송대에 계실 때 스님 한 분이 절 마당에 쓰러져 의식이 없었다. 사람들은 놀라서 당황하였고, 대종사님께서도 이 장면을 보셨다. 대종사님께서는 쓰러져 있는 스님의 이마와, 손을 만져 보셨다. 그런데 웬일인가? 쓰려져 있던 스님이 몸을 점차 움직이더니 깨어났다. 만지기만 하셨을 뿐 특별하게 하신 일도 없는데 다시 일어서게 된 것이다.

　이 일의 소문은 삽시간에 멀리 퍼졌다. 대종사님이 신통묘술로 죽은 사람을 살려냈다는 것이다. 그리고 그 소문이 김제경찰서에까지 들어갔다.

　당시에 이인이나 도인을 가장해서 독립운동을 한다고 경찰들은 종교인이나 종교의 신자들을 더 감시하고 조그마한 꼬투리라도 잡아서 취조하고 탄압하곤 했다. 대종사님도 도인으로 가장해서 독립운동하는지 의심스럽다고 해서 여러 날 김제경찰서에서 취조를 당하셨던 것이다.

천황 물러가라는 글로 인해 이리경찰서에서의 취조

구산 송벽조 대희사

　대종사님께서 이리경찰서에서 여러 차례 취조를 당하셨는데 중앙총부를 익산군(현재 익산시) 북일면 신용리에 세우셨기 때문에 사찰 대상이 되기도 했다. 그러나 총부에 지서까지 두고 감시를 해도 트집 잡을 일이 없었다. 그도 그럴 것이 총부에서는 철저히 신앙 수행을 하며 살았다. 그런데 진안교당에서 문제가 생겼다.

　1939년(원기 24) 진안교당에 구산 송벽조(久山 宋碧照, 1876~1951) 선진이 교무로 계셨는데 그해 가뭄이 심해서 농사를 지을 수가 없었다. 지금은 수리 시설이 잘 되어서 가뭄에도 끄떡없지만 당시는 하늘만 바라보고 농사짓는 때였으니 가뭄에 인심은 흉흉해 지고 백성들은 살기가 더욱 힘들었다.

　이 때 구산님은 천황이 정치를 잘못한 것으로, "연호를 소화(昭和)라고 썼으니 이는 소화(燒火)가 아니냐"고 힐난하였다. 조선 총독까지 바꾸라는 소장을 무기명으로 보냈다. 발칵 뒤집힌 총독부에서는 우편물의 소인을 보고 진안에서 보낸 줄 알고 경찰을 시켜

소장 보낸 사람 찾기에 혈안이 되었다.

경찰은 소리 소문 없이 진안에서 백일장 대회를 열고 다들 나오라고 했다. 구산님은 한문에도 조예가 있고 문장력도 좋았으므로 참석하여 글을 써 냈다. 경찰은 상소문의 글씨와 대조하여 구산님을 연행해 갔다.

"천왕은 물러가라"고 상소를 했으니 얼마나 심하게 탄압받고 취조를 당하셨겠는가? 바로 구속되어 1년 6개월간 징역을 사셨다.

진안에서 이런 일이 있고 보니 이리경찰서에서는 대종사님께 "제자에게 왜 그런 일을 시켰느냐. 안 시켰다면 왜 그런 일을 했겠느냐?"고 트집을 잡고 취조를 했다. 그것도 한 번에 끝나지 않고 여러 날을 취조 받으러 다니셨다. 그리고 취조에서 다시는 그런 일이 없도록 하라고 각서를 쓰도록 하였으나 대종사님께서는 끝까지 쓰지 않으셨다.

구산 송벽조 선진님은 정산종사님의 부친이시다.

《대종경》 실시품 10장.

한 제자의 사상이 불온하다 하여 일경이 하루 동안 대종사를 심문하다가 「앞으로는 그런 제자가 다시없도록 하겠다고 서약하라.」 하는지라, 대종사 말씀하시기를 「부모가 자녀들을 다 좋게 인도하려 하나 제 성행(性行)이 각각이라 부모의 마음대로 다 못하는 것이요, 나라에서 만백성을 다 좋게 인도하려 하나 민심이 각각이라 나라에서도 또한 다 그렇게 해 주지를 못하나니, 나의 일도 그와 같아서 모든 사람을 다 좋게 만들고자 정성은 들이지마는 그 많은 사람들을 어찌 일조일석에 다 좋게 만들 수 있겠는가. 그러므로 앞으로도 노력은 계속하려니와 다시는 없게 하겠다고 서약하기는 어렵노라.」 하시고, 돌아오시어 대중에게 말씀하시기를 「오랫동안 강약이 대립하고 차별이 혹심하여 억울하게 묻어 둔 원한들이 많은지라, 앞으로 큰 전쟁이 한 번 터질 것이요, 그 뒤에는 세상 인지가 차차 밝아져서 개인들이나 나라들이 서로 돕고 우호상통할지언정 남의 주권을 함부로 침해하는 일은 없으리라.」

일본군 부대 본부가 된 총부

1944(원기 29) 겨울이나, 이듬해 봄으로 기억된다. 태평양 전쟁이 시작된 이후 전국이 일본의 전쟁 수행을 위한 병참기지가 되던 시대이다. 중앙총부에도 일본군 전북 총사령부가 소속한 부대본부가 주둔했다. 나중에 유일학림 교사로 썼던 양잠실은 현재의 정화정사가 위치한 곳이었는데 거기가 부대본부로 300명이 주둔했다.

일본 부대본부가 주둔한 양잠실 자리는 현재 정화정사가 지어져 있다.

그래도 조실은 그대로 두고 우리들은 한쪽으로 피해 있었다. 그 사람들이 하는 일은 주로 아침 먹고 배산으로 가서 굴을 팠다. 포

진지를 조성하는 일을 했던 것이다. 이는 미국이 군산 앞 바다에서 함포 사격을 해오면 대응해서 군함을 격파하기 위한 일이었다. 그 일을 하려고 총부에 진을 치고, 날마다 배산에 가서 굴을 파 들어갔다.

지금도 배산 동쪽에 굴이 있다. 그러니까 서쪽으로 뚫어 포문을 서쪽으로 내서 함포 사격을 하기 위한 진지 구축을 위해 주둔하던 부대였다.

300여명의 인원이었으니 그들이 총부를 다 차지하고 있다고 해도 과언이 아니었다. 우리는 옆으로 피할 수밖에 없었으니, 그 삼엄함은 당해보지 않은 사람은 알 수 없을 것이다. 그런데 다행히도 미군이 군산에 함포 사격한 일도 없고, 일군도 군함을 상대로 포를 쏜 일도 없었다. 그리고 그 작업을 하는 도중에 해방이 되었다. 굴은 중간쯤 파 들어가 지금도 그대로 남아 있다.

그때 사격이 되었으면 총부에 주둔한 일본군에게 폭격을 가할 수도 있어서 총부에 피해가 있었을 터인데 다행히 그런 일이 없었으니 이것은 성지라서 사은의 위력이었지 않나 생각된다.

군인들이 종교 교단의 중앙총부를 맘대로 빼앗아 주둔한 것은 큰 탄압이었다. 8 · 15 해방소식에 일군들은 꼼짝 않고 숙소에 있었다. 그들은 한국이 해방되었다는 사실을 미리 알았던 것 같았다. 기가 딱 죽은 채 저녁내 잠도 안자고 모여 앉아 무엇인가 숙의하고 있었다. 그리고 바깥 출입도 않고 양잠실에 있다가 2~3일 후에 해산하였다. 우리는 기쁨에 들떠 있었는데, 서슬이 시퍼런 군인들이 그처럼 처량하게 앉아 있는 모습을 보니 권세의 끝이 처량함을 절감할 수 있었다.

일제시대, 중앙총부는 그런 고충도 당한 것이다.

독립운동가 도산 안창호 선생의 교단 방문

도산 안창호선생

도산 안창도(島山 安昌浩, 1878~1938)선생은 독립운동가로서 대전 감옥에 투옥되었다가 1936년(원기 21)에 출옥하였다. 출옥한 다음 호남 일대의 농촌 상황 시찰차 익산에 오셨다. 이때 동아일보 기자의 안내를 받아 교단을 방문하게 되었다. 그 기자는 교단을 최초로 동아일보에 소개하면서 극구 찬양했던 사람이다.

대종사님과 도산 선생은 경찰서에서 감시 차 따라온 형사들 때문에 깊은 대화는 나누기는 어려웠다.

따라서 도산 선생이 대종사님을 뵙고도 정치적인 발언이나 독립, 또는 식민지하의 핍박에 어떻게 대처해야 하는지에 대해서는 전혀 말을 할 수 없었다.

대종사님께서도 도산 선생의 손을 잡고 맞이하시면서 나직하게 "민족을 위해 수고하시고 더욱이 영여(囹圄)의 몸으로서 얼마나 노고가 많으셨냐!"고 위로해 주셨다. 도산 선생도 대종사님께서 진행하는 일의 판국을 찬탄하는 말씀으로 답하였는데, 그 정황이

《대종경》 실시품에 실려 있다.

민족지도자인 도산 선생과 종교지도자인 대종사님의 만남은 역사적 의미를 가진다.

두 어른의 만남은 이처럼 큰 의미가 있었지만 반면에 피해도 있었다. 피해는 바로 도산 선생이 찾아오신 때가 1936년으로 해방 9년 전인데, 일제는 9년이란 세월 동안 교단에 대해서 의문의 눈초리로 사사건건 간섭을 하게 되었다. 도산 선생 같은 독립운동가와 대종사님이 만났다는 것 자체만으로도 경찰로부터 직간접의 핍박이 가중될 수밖에 없었다.

이러한 사실은 역사에 기록되어야 하며, 그 탄압은 대종사님의 열반에까지도 영향을 미쳤다고 나는 생각한다.

《대종경》 실시품 45장

안도산(安島山)이 찾아온지라, 대종사 친히 영접하사 민족을 위한 그의 수고를 위로하시니, 도산이 말하기를 「나의 일은 판국이 좁고 솜씨가 또한 충분하지 못하여, 민족에게 큰 이익은 주지 못하고 도리어 나로 인하여 관헌들의 압박을 받는 동지까지 적지 아니 하온데, 선생께서는 그 일의 판국이 넓고 운용하시는 방편이 능란하시어, 안으로 동포 대중에게 공헌함은 많으시면 서도, 직접으로 큰 구속과 압박은 받지 아니하시니 선생의 역량은 참으로 장하옵니다.」 하니라.

불천노를 보이시다

　대종사님을 모시고 가르침을 받았던 때를 돌이켜 보면 인상에 깊이 새겨진 일도 있지만, 그 때는 평이한 말씀이라 큰 가르침으로 미처 느끼지 못했던 일들이 이제야 성인의 자취로 깨닫게 되는 일들이 적지 않다. 그 중 하나가 희로애락의 감정을 나타내고 거두시는 일이 때와 장소와 사람에 따라 적절하셨던 점이다.
　평소에 늘 그 일과 사람에 따라 칭찬을 하시고, 꾸중도 하시고, 가르침을 주시고, 챙겨 주셨기 때문에 그때 그때의 말씀과 행적은 오히려 평이하고 자연스러워 물 흐름과 같았다. 그래서 법에 맞고 절도가 있고 하는 것은 잘 느끼지 못하고 무심히 받아 들였다. 그처럼 평이한 지도가 바로 희로애락의 감정을 나타내고 거두심에 성자의 위대함이 깊이 있었다는 것을 요즘에야 진실로 깨닫게 된다. "동하여도 분별에 착이 없고, 정하여도 분별이 절도에 맞는다." 하신 여래위의 경지를 조금은 짐작해 보기도 한다.
　이 이야기는 황이천(黃二天) 선진의 입교 동기를 직접 들으면서, 그동안 내가 실지로 그런 대종사님을 뵈었으면서도 절실히 느끼지 못하고 있었던 일들이 새삼스럽게 깊이 공감이 되었다. 이른바 안회(顔回, B.C.521~B.C.490)의 불천노(不遷怒) 그대로이다.
　북일주재소에 재직 중이던 황가봉 순사는 입교 전의 본명이다. 그가 이리경찰서장의 긴급명령을 받고 대종사님을 뵈어야 했다.

법복을 입은 황가봉(이천) 선진

그가 총부 정문을 들어서 조실로 향하는데 대종사님의 노기띤 음성이 거기까지 들렸다. 황 순사는 망설였다. 노기띤 음성을 들으니 지금 뵈어야 할지 말아야 할지 걱정이었다.

그가 지금 대종사님을 뵈려는 일도 대종사님 편에서는 썩 기분이 좋은 일이 아닐 터인데, 저렇게 노해 계시니 만난다고 해도 일이 잘 될 것 같지가 않았다. 대부분의 사람들은 대단히 기쁜 일이 있거나 괴로운 일이 있거나 슬픈 일이 있으면 그 감정에 치우쳐 판단 역시도 치우치기 마련이다. 화가 나 있는 사람에게 말이라도 잘못 걸었다가는 모든 불똥이 튕기기 십상이다.

황순사는 자전거를 돌려 돌아가기로 마음먹었다. 가다 생각하니 이제는 돌아가서 경찰서장에게 문책 당할 일이 더 걱정이었다. 그렇다면 이왕에 온 길이니 어찌되건 대종사님을 뵙는 편이 나을 듯싶어 용기를 내서 조실에 들어섰다.

대종사님의 노기띤 음성은 여전히 계속되었다. 한 제자를 꾸중히시다가 문득 황순사를 보시고는 언제 노기를 띠고 꾸중을 하셨나 싶게 환하게 웃으시며 평온한 모습으로 그를 반기시는 것이었다. 노여움의 흔적은 한 치도 찾아 볼 수 없는 밝은 자비의 성안 그대로셨다.

"아니, 가봉이 아침부터 웬일인가?" 언제나처럼 부드럽고 따뜻하신 그 음성이셨다. 순간 황 순사는 성인을 뵈었다. 무슨 트집이든 잡아내려고 혈안이 되어 있는 그의 눈에 대종사님이 위대한 성인으로 비친 것이다. 그는 평소에 유가의 십철(十哲) 중의 으뜸인

안회의 불천노사상을 대단히 높이 신봉했는데, 이때 대종사님께서 바로 그 불천노를 보여 주신 것이다. 정말 성인이 아니고는 절대로 할 수 없는 일이었다. 이때를 계기로 대종사님이 위대한 성자임을 깨닫게 된 황순사는 입교를 하게 되었고 이천(二天)이라는 법명을 받게 되었다는 것이다. 황이천 선진이 겪은 이 이야기와 비슷한 맥락의 법문이 《대종경》 실시품 24장에 있다.

> 《대종경》 실시품 24장
>
> 대종사 하루는 한 제자를 크게 꾸짖으시더니 조금 후에 그 제자가 다시 오매 바로 자비하신 성안으로 대하시는지라, 옆에 있던 다른 제자가 그 연유를 묻자오매, 대종사 말씀하시기를 「아까는 그가 끄리고 있는 사심(邪心)을 부수기 위하여 그러하였고, 이제는 그가 돌이킨 정심(正心)을 북돋기 위하여 이러 하노라.」

정산종사의 토굴생활

토굴생활하면 일반적으로 수도 정진하는 스님 또는 일정한 기간을 정하고 올리는 기도 때에 하게 된다. 우리 교단에서도 정산종사님이 최초이자 최후로 토굴생활을 하셨다. 토굴은 구간도실 모퉁이 옥녀봉 아래를 파서 마련했다고 들었다.

정산종사님의 토굴생활은 대종사님이 하도록 하셨다. 여기에는 두 가지 의미가 있었다.

하나는 외적인 요인으로 시대가 일정기로 일제의 감시가 가중될 수 있었기 때문이었다. 정산종사님께서 영광군 길용리로 오셨던 시점이 1918년(원기 3)으로, 이듬해인 1919년(원기 4) 3·1 독립운동의 만세소리가 전국 방방곳곳에서 울려 퍼졌고, 이에 따라 일제의 감시와 단압은 너욱더 가중되었다. 이러한 때 경상도라는 타 지역에서 길용리 궁촌벽지로 찾아 온 사람에 대한 이목은 집중되지 않을 수 없었고 심각한 조사 또한 이루어질 수밖에 없었다. 더구나 정산종사님의 성체는 대종사님과 비슷하게 빛났다. 19세의 신선 같은 도인의 성안은 훤하였고, 달덩이 같으셨으니 보통 인물과 다르게 보일 수밖에 없었다. 이는 대종사님 한 분께 집중되었던 일제의 감시가 정산종사님까지 미칠 수 있었다. 앞날을 내다보신 대종사님의 염려가 여기에까지 미쳐서 정산종사님이 그 같은 감시를 받지 않도록 하기 위함이다.

당시 대종사님을 믿고 따르던 제자들은 모두 영광군 백수면 일대의 출신이었다. 연세 또한 대종사님보다 대부분 많이 드셨기 때문에 모임 자체에 대해서 크게 드러나지 않을 수 있었다. 그러나 정산종사님은 경상도에서 오신 유일한 분으로 "어찌하여 여기까지 왔냐?"는 차원에서도 조사 할 수 있었다. 이같이 일본인이 주시하는 인물이 되면 피해 또한 받을 수밖에 없기 때문에 외부에 신분이 노출되지 않도록 하기 위해 경찰들이 올 수 있는 낮에는 토굴에서 생활하고 밤에는 대종사님 모시고 공부하셨다.

두 번째의 의미는 정산종사님께서 종종 이적을 보이셨으므로 아직 정도(正道)에 들지는 않으셨던 때로 볼 수 있다. 이 산 저 산, 이 사람 저 사람을 만나는 과정에서 영안이 열리셨는데 이는 대종사님이 경계하셨던 일이었다.

정산종사님이 무엇을 생각하면 저절로 알아졌다고 한다. 그러나 '이것만 공부해서 되겠는가?' 라는 의문이 생겼고, 그래서 스승을 만나야겠다는 판단으로 스승을 찾아 다녔던 것이다. 화해리 우리 집에 6개월 정도 계시면서도 신통을 많이 보이셨다. 당시에 주문을 외우시면 집 앞의 울타리였던 참나무가 흔들흔들 했다고 한다. 또 창문을 열고 그림을 그리면 물감색이 하늘에 나타났다고 들었다. "이매망량에게 먹을 것을 좀 가져다 주라."고도 하여 할머님과 아버님이 묘지 옆에 상을 차려 주기도 하였다. 이 같은 일들이 정도는 아니라는 것이다. 이에 대종사님께서는 대도정법 문하에서 정도를 걷게 하기 위해 토굴생활을 하도록 하셨다고 봐야 할 것이다.

도에 대한 새로운 인식으로 대도의 문에서 정진하도록 하셨으며, 이는 일종의 참회생활이라고도 할 수 있다. 과거를 청산하고 새 생활의 시작에서 필요했던 과정으로의 토굴생활이었다고 생각된다.

8분 제자들은 대종사님과 가깝게 지낸 분들로 늦게 오신 정산종사님을 중앙으로 임명하시니 "왜 그러시느냐?"고 할 법도 했다. 그것도 경상도에서 온 18~9세의 어린 정산종사를 대종사님께서 가장 가까이에, 그리고 중추적인 역할을 맡도록 하셨으니 처음에는 오해도 하고 이해하기도 쉽지 않은 상황이었을 것이다. 그러나 정산종사님이 워낙 지식으로나 말씀, 행동이 출중하시니 그런 오해는 더운 물에 눈 녹듯 사라지고 "그래서 기다리시고 중앙위를 비워두셨구나."하는 생각을 모두가 갖게 되었다고 한다.

《대종경선외록》 사제제우장, 10절

대종사 기뻐하시며 송도군에게 말씀하시었다. "이 일이 어찌 우연한 일이겠느냐. 숙겁 다생에 서약한바 컸었느니라." 대종사 송도군을 옥녀봉(玉女峰) 아래에 미리 마련한 토굴 속에 거처케 하시고 밤에만 도실에 나와 八위 단원과 함께 단란한 생활을 하게 하시었다.

일제의 동하선 기간의 간섭

이 나라를 강제로 합방시킨 일본은 대동아전쟁을 하면서 탄압과 핍박을 가중시켰다. 이러한 시대적 상황에서는 당연히 대종사님과 교단에도 일본인의 관심은 집중되었다. 일제의 탄압은 동절기와 하절기에 실시하는 3개월간의 선 기간마저도 간섭 했다.

불가에서는 원래 동절기와 하절기에 3개월씩 선을 하여 1년이면 6개월 동안 선을 났다. 우리 교단 또한 이 같은 기간을 두고 선을 나게 되었다. 그런데 일제는 선 기간이 너무 길다고 간섭했다.

전국 각지에서 몰려 와 6개월을 총부에서 선을 나고 있으니 일본 경찰의 심기는 몹시 불편했던 것이다. 그리하여 경진 동선 3개월을 실시하고 나서는 점차 선 기간이 줄어 들었다.

선에 참석하는 인원이야 많지 않았지만 서울, 부산 등 전국에서 온 사람들이 비범하신 대종사님의 문하에서 공부를 하고 있으니 일본 경찰은 이 기간 내내 비상 상태가 되지 않을 수 없었던 것이다. 선의 과정을 시간마다 시찰할 수 없으니 관리하기가 얼마나 힘들었겠는가? 그리하여 경진 동선 이후 신사년부터는 2개월씩 선을 났고, 또 그 후에는 1개월씩 나는 등 점차 선 기간이 줄어 들었다. 일본경찰의 요청에 의해서 어쩔 수 없이 기간이 줄어 들었으니 일제의 탄압은 바로 선 기간까지 미쳐서 수행인으로서, 공부인으로서 실력을 쌓는데 제재를 받은 것이다.

경찰들로서는 각 지방에서 모여든다는 것이 제일 큰 부담이 되었던 것이다. 그렇다고 무조건 조사를 할 수도 없으니 처음에는 지서를 총부 내에 두었고, 황 순사로 하여금 모든 과정에 참여하여 철저하게 조사하도록 하였다. 이렇게 선 기간이 부담스러웠던 일본경찰은 압박을 가하며 선 기간을 줄이라고 하였다.

선 기간만 줄였던 것은 아니다. 축하행사로 가졌던 총대회, 교도의 공동생일로 정한 개교 기념일, 기타 행사에도 전국 각지에서 교도들이 모여드니 일본 경찰은 크게 부담스러워 했다.

총대회나 공동생일에는 예산과 결산도 보고하고, 기념강연회, 깔깔대소회, 먹는 행사 등이 이루어졌는데 이 같은 행사로 며칠씩 머무는지라 경찰들은 하루 이틀 내에 끝내라고 압박을 가했다.

이때 했던 대표적인 행사가 지방 대항 교리시합이었다.

다른 행사는 못하게 하니 당일은 생일 기념식을 하고 예·결산 심의와 지방대항 교리강연회를 개최하였던 것이다. 일경들이 이틀로 끝내라고 해서 행사가 간소화되었다. 지방대항 교리 강연마저도 하지 말라고 탄압하여 2회를 끝으로 중단되었다.

1회 때 내가 교리강연 첫 번째로 나가 대종사님께 특상을 받았고, 2회 때는 예타원 전이창 종사가 1등을 했다. 나는 주산 송도성 종사가 감사생활에 대한 원고를 작성하여 주셨고, 예타원 종사는 생사대사라는 원고를 정산종사가 써 주셔서 1등을 하였다.

이처럼 일제의 탄압은 우리 회상 창립의 발전을 크게 저해했으며 대종사님을 모시고 공부할 수 없도록 갖은 방법으로 탄압 했다.

교조 정신을 온 누리에 전하는 교화를 활발하게 전개할 수 없었으니 종교의 문에 통탄할 일이 아닐 수 없었다. 특히 사람이 모이는 것을 크게 금했으니 교화에 저해 요인이 아닐 수 없었다.

지금도 아쉽게 생각되는 것이 '대종사님 모시고 동하선 3개월씩의 선을 제대로 났으면 우리 회상에 얼마나 많은 불보살 성현들이 배출되었을까?' 하는 점이다. 또한 이 회상을 창건하시고 이 교법을 제정해 주신 대종사님께서 계시는 동안에 많은 법연들이 공부 사업을 하였다면 교세의 확산과 발전이 더 빨랐을 것은 두말할 필요가 없는 일이다.

대종사님 모시고 동하선 났던 그 시절이 그립고, 일제에 의해 중단되었던 지방대항 교리강연도 다시 부활할 수 있었으면 하는 생각을 해 본다.

원기 26년 제33회 신사동선 기념에서 필자

《원불교 교사》 회상의 창립, 훈련법의 발표와 실시

원기 9년(1924.甲子) 5월에, 대종사, 진안 만덕산에 가시어, 한 달 동안 선(禪)(金光旋 주관)을 나시며, 김대거(金大擧)를 만나시었고, 이듬해(원기10.1925) 3월에 새 교법을 지도 훈련하기 위하여 정기 훈련법과 상시 훈련법을 제정 발표하시었다. 정기 훈련은, 매년 정기로 공부를 훈련시키는 방법으로서, 동하 양기(冬夏兩期)의 선(禪)으로 하되, 하선은 음 5월 6일에 결제하여 8월 6일에 해제하고, 동선은 11월 6일에 결제하여 이듬해 2월 6일에 해제하며, 과정은, 염불(念佛), 좌선(坐禪), 경전(經典), 강연(講演), 회화(會話), 문목(問目), 성리(性理), 정기일기(定期日記), 주의(主意), 조행(操行), 수시 설교(隨時說敎) 등 11과로 정하였다. 상시 훈련은, 상시로 공부하는 방법으로서「상시 응용 주의사항」6조와「공부인이 교무부에 와서 하는 책임」6조(條)를 정하였고, 이 모든 조항을 실질적으로 대조 연습하기 위하여, 유무념 조사와 상시 일기 조사법을 정하였으며, 문자 서식에 능치 못한 사람을 위하여 태조사(太調査)법을 두어 유무념을 대조하게 하였다. (하략)

일원상기와 일장기

　대종사님께서 대각을 통해 밝혀주신 일원상은 원불교인에게 신앙의 대상이며 수행의 표본이다. 이 일원상을 조성하여 신앙의 대상으로 모신 것은 1935년(원기 20) 중앙총부에 대각전을 창건하면서이다.

　이후 1941년(원기 26)경 상산 박장식종사는 대종사님의 하명으로 일원상기(一圓相旗)를 만들었다. 그런데 이 기를 본 일본경찰은 일장기(日章旗)를 훼손했다는 이유로 대종사님과 상산종사를 이리경찰서로 불러 취조하였다. 일장기는 흰색 사각형의 중앙에 태양을 상징하는 빨간 원을 그린 형태인데, 일원상기는 일장기에서 빨간 원을 오려 버렸다는 것이다. 대종사님께서는 이렇게 말씀하셨다.

　"일원상기는 일원대도를 나타낸 일원상을 그린 것이요, 일장기와는 아무런 관련이 없다. 애초에 일장기를 생각하지 않고 만든 것이요, 단지 기를 만들고 보니 그렇게 되었다."

당시는 일경들이 어떤 트집이라도 잡아 교단을 해체하려는 시기였다. 그래서인지 대종사님의 설명을 들으려 하지 않고, 일제의 국기를 빙자나 한 듯이 고집스럽게 취조를 계속하였다. 매우 난처한 상황이었다.

이때 일경들 사이에서 한 사람이 상산종사님에게 반갑게 인사를 해왔다. 남원에서 근무하던 일경이었다. 상산종사는 출가전에 남원에서 지체도 놓으셨고 운수업을 경영하며 덕망이 두루미쳐 남원 일대에서 상산종사님을 모르는 사람이 없었을 정도였다. 그 일경도 남원에서 알고 지냈는데 이리경찰서로 전근 와서 근무하고 있다가 상산종사를 뵌 것이다.

그날의 어려움은 그 일경의 도움으로 큰 고초없이 취조에 그치게 되었으니 다행스러운 일이었다. 이처럼 어이없는 일로도 일제는 교단에 압력을 가해왔다. 1943년(원기 28) 대종사님께서 열반하셨을 때 교단에서는 일원상기를 높이 들었으니, 일제의 수난 속에 굳건히 지켜온 새 회상의 깃발이다.

제 4 편
구세주로 오신 대종사

대종사님의 꾸중

원기13년 5월 17일 1대내 제1회 기념으로 농공부 창립인 일동기념 촬영

대종사님께서 꾸중을 하실 일은 여러 사람들 앞에서 꾸중을 하셨다. 대중 앞에서 꾸중하시므로 다시는 똑같은 실수를 범하지 않게 될 뿐 아니라 그런 사심이 나지 않도록 하신 것이다. 또 개인적으로 불러 꾸중하실 때에는 가만가만 하시는 때도 있었다. 물론 어떤 경우에는 큰 성음으로 꾸중하셔서 내가 대각전에서 청소를 하고 있는데 조실에서 꾸중하시는 성음이 들릴 정도였던 때도 있었다.

당시 조실과 대각전 사이에는 복숭아밭이었고 건물이 없었기 때문에 툭 터진 공간이지만 대종사님 성음이 대각전까지 들린 것은 얼마나 큰 성음이었는지 짐작할 수 있다.

또 대종사님께서 호통을 치면서 주로 하셨던 말씀 중에 생생하게 기억되는 말씀이 두 가지가 있다. 직접 듣지는 않았지만 주위에서 꾸중을 하실 때 주로 하셨다.

"이놈! 이 몽둥이 같은 놈아!"
"장차 이 회상의 주인 될 놈이 그래 가지고 되겠느냐?"

"몽둥이 같은 놈아!" 하신 말씀은 범산 이공전(凡山 李空田, 1927~) 교무도 들었고 주위에서도 이런 호통을 많이 들었다. 몽둥이는 의식이 없는 것이다. 알음알이도, 일심도 없다. 그러니 사람의 자식이 되어 가지고 감각 없는 몽둥이 같으니 답답하고 한심하다는 의미로 사용하시지 않았나 싶다.

《논어》 공야에 공자님이 낮잠을 자는 재여(宰子)에게 "썩은 나무에는 조각을 할 수 없으며 썩은 흙으로 쌓은 담장은 흙손질을 할 수 없다"고 꾸짖은 말씀이 있는데, 같은 의미가 아닌가 생각된다.

또 주인정신으로 살지 않음을 크게 꾸짖어 주셨던 기억도 있다. 요즘에는 주인의식에 대한 말들을 많이 하지만 그 당시에는 일반적으로 주인정신에 대한 말을 별로 쓰지 않았던 때이다. 지도층에 계시는 어른들은 주인이시니까 "주인이 돼 가지고 그러느냐?"고 하는 것이 상례로 생각되지만, 대종사님께서는 아직 어린 사람들에게까지 "너희들이 장차 주인이 될 사람인데 그러느냐?"고 하신 것이 특별한 기억으로 남아 있다.

대종사님께서는 어린이를 어린이로만 보지 않으시고, 한 제자로, 한 인격체로 보시어 남녀노소 선악귀천을 평등하게 대하셨다. 아무리 어린이라도 하나의 인격체로 당신의 제자라는 범주 속에서 바라보신 것이다. 다만 어린 제자들에게 특히 일깨워 주신 법문이 바로 주인정신이며 '장차 이 회상의 주인' 임을 강조하셨다.

학원생이었던 나는 수업중간의 쉬는 시간에 학원생들과 함께 밖에 나와 있다가 곁에 있는 탱자나무 울타리에서 노랗게 익은 탱자를 주워서 냄새도 맡고 그것으로 구슬치기도 하였다. 이때 대종사님께서 지나시다 이 광경을 보시고 꾸중을 하셨다. "장차 회상의 주인이 될 놈들이 이 시간에 놀고 있어서야 되겠느냐?" 우리는 그 벌로 나머지 수업은 받지 못하고 나무를 해야 했는데, 그 꾸지람은 '너희들이 이런 정신으로 길러져서 어떻게 이 회상의 주인이 될 수 있겠느냐?'는 염려와 깨우침이셨다. 이 말씀은 젊거나 어린 사람에게 더욱 많이 강조하셨던 말씀으로 꼭 앞에는 '장차'라는 말씀을 붙이셨다.

그때는 어린 우리들한테 왜 '주인' 이라는 말씀을 하시나 했는데 나이가 들어가면서 "너희가 주인이 된다."고 하셨던 말씀이 깊이 새겨지곤 했다. 이제 와서 생각해 보면 한 두 사람만 주인이 아니요, 모두가 주인이지만, 정말 주인정신으로 사는 것과 객으로 사는 삶이 판이하게 다르다는 것을 알게 되었고, 70년 전 어린 우리들에게 주인이 될 것을 일깨워 주시고 또 주인으로 키워 주시며 가슴에 주인의 신념을 심어 주셨던 그 말씀들이 훌륭한 교육정신이었다는 생각이 든다.

그 시대에는 잘 쓰지 않던 주인정신이라는 말씀을 유독 자주 하셨고, 대종사님 열반 후에는 주산종사가 이 맥을 이어 대종사님 못지않게 무슨 말씀을 하실 때는 '주인정신' 을 강조하셨고 주인정신으로 후진들을 가르치셨다.

　경진(1940, 원기 25) 동선이 끝나고 이리역에 짐을 싣고 나갔다가 곡마단 구경에 정신을 빼앗겼던 일로 주산종사에게 회초리를 맞을 때도 이 주인정신으로 꾸짖으시고 주인으로 커나갈 것을 가르치셨다.

　대종사님과 주산종사님으로 이어진 이 주인정신의 가르침은 교단의 바탕을 이루는 정신으로 길이 이어가야 할 정신이다.

> 《대종경》 실시품 39장
>
> 　대종사 매양 신심 있고 선량한 제자에게는 조그마한 허물에도 꾸중을 더 하시고, 신심 없고 착하지 못한 제자에게는 큰 허물에도 꾸중을 적게 하시며 조그마한 선행에도 칭찬을 많이 하시는지라, 한 제자 그 연유를 묻자오매 대종사 말씀하시기를「열 가지 잘하는 가운데 한 가지 잘못하는 사람은 그 한 가지까지도 고치게 하여 결함 없는 정금미옥을 만들기 위함이요, 열 가지 잘못하는 가운데 한 가지라도 잘하는 사람은 그 하나일지라도 착한 싹을 키워 주기 위함이니라.」

도둑질이나 않느냐

　대종사님께서 교단초기 영산에서 방언공사(防堰工事)와 법인기도 때에 보여 주셨던 위력들이 많지만, 그 가운데 타심통(他心通)을 하신 어른으로 믿게 되었던 일들이 있었다고 한다. 열흘에 한 번씩 기도를 올리려고 모이면 제자 가운데 어려운 일이 있었다든지 걱정이 될 일을 어떻게 아셨는지 반드시 챙기시니 제자들이 생각하기에 "대종사님은 타심통을 하셔서 우리들의 일거수 일투족(一擧手一投足)을 꿰뚫어 보시는구나." 하고 생각하게 되었다. 대종사님이 훤히 아신다고 생각하니 제자들은 자연히 긴장을 하게 되었다. 이를 아신 대종사님께서는 그 후에는 아시는 내색을 전혀 하지 않으셨다고 한다.
　대종사님을 뵙지 못한 사립들은 혹 이런 이야기들이 믿기지 않을지 모르나 나는 나의 체험으로 미루어 구인 선진들이 그런 믿음을 가지신 것은 너무나 당연한 일이라고 생각한다.
　내가 학원에서 공부하기 전에 보화당 약방에서 근무하고 있을 때 아침나절이었다. 약방을 비울 수 없어 교대로 아침밥을 먹기 때문에 혼자서 약방을 보고 있는데, 보화당 앞의 한쪽 모서리에다 오마께(또뽑기) 판을 벌여놓고 있는 것이 보였다.
　그때 마침 사람이 약방에 와서 은단을 찾기에 십보단을 보여주니까 그것 말고 은단을 달라고 했다. 그래서 은단을 내주고는 십보단을 미처 넣지 못하고 손에 든 채로 무심코 오마께 장사하는 것을 지켜보다가 호기심으로 십보단을 내보이며 "이것으로도 오마께를 깔 수 있냐?"고 물었더니 그러라고 했다. 그때 오마께를 한번 까는 데 1전이 들었는데 십보단의 가격은 10전이었으니까 열 번을 할 수 있다는 것이다. 처음에는 그냥 해 본 소리였는데 그래도 된다는 말을 듣고 나니까 별 생각 없이 오마께를 까기 시작해서 몇 개를 까다가 대종사님의 성안이 눈앞에 나타나 호통을 치시는 것 같았다. 정신이 번쩍 들었지만 그때는 이미 십보단을 되돌려 받을 수 있는 상황이 아니었다.

오마께 까는 일을 그만두고 정신없이 까놓은 오마께를 집어넣고 난 뒤로 큰 걱정이었다. 내가 출가할 때 할머님께서 '대종사님은 생불님이시라 남의 속을 꿰뚫어 보신다'는 말씀이 생각난 것이다. 대종사님께서는 내가 도둑질 한 것을 아실텐데 이 일을 어찌할 것인가 불안해서 견딜 수가 없었다. 까놓은 오마께 사탕은 먹어보지도 못했다.

그러던 차에 김서룡 선생이 부르시더니 "종사주(대종사님) 할아버지 약을 가져다 드리고 오라."고 하셨다. 가슴이 덜컥 내려 앉았다. 이거 정말 큰일이 아닌가?

대답은 해놓고 선뜻 나서지를 못하고 점심때가 되었다. 우물쭈물 미루다가 걱정이 되어서 서룡 선생에게 "급히 가져다 드려야 되는가"를 여쭈니 오후에 가도 된다고 해서 미루는 데까지 미루다가 오후 4시가 넘어서야 겨우 소가 도살장에 끌려가는 심경으로 자전거를 타고 총부에 갔다.

총부에 도착해 보니 저녁 식사 시간이었다. 대종사님께서는 식당에서 진지를 드시고 계셨고 옆에는 주산종사님 등 여러 어른들이 식사를 하시는 중이었다. 대종사님 앞에 약을 올리고 큰 절을 올리고 머리를 들려는 순간에 대종사님의 말씀이 머리에 떨어졌다. "정용이 이 녀석 도둑질이나 않느냐?" 분명히 '도둑질은 안 하느냐?'고 하시는 것이었다. 대종사님께서 꿰뚫어 보시지 않으셨다면 "정용이 어른들 말씀 잘 듣느냐?"라든지, "정신 차려서 열심히 잘 사느냐?"라든지 하실 텐데, 그 하고 많은 말씀을 두고 "도둑질 않느냐"는 말씀을 하셨던 것이다. 그러니 절을 마치고 머리를 들 수도 없고 일어날 수도 없고 그렇다고 '제가 도둑질을 했습니다.' 하고 말씀 드릴 수도 없어서 엉거주춤 하고 있었다. 곁에 계시던 주산종사가 "정용이 어서 이리 와서 저녁이나 먹어라. 네가 보화당에 있으니 앞으로 주의하라고 하신 말씀이시지." 하면서 곤경에 처한 나를 위로해 주셨다. 그래서 주산님 곁으로 북북 기어서 갔는데 밥상에 앉아서 수저는 들었지만 그 상황에서 밥이 목구멍으로 제대로 넘어 갔겠는가?

학원생으로 총부에 있을 때였다. 황등에는 총부에서 관리하는 밤나무 밭이 있어서 가을이 되면 밤송이가 벌어지기 전에 밤을 따다가 가마니에 담은 채로 조실 지하실에다 저장을 했다. 시일이 지나면 밤들이 스스로 익어서 벌어지는데 그때에 밤 까는 작업을 하면 쉽기 때문에 그때까지 기다린다. 그런데 밤 까는 작업이 있기까지가 문제였다.

하루는 대종사님께서 대중이 모인 자리에서 "요즘 내가 가만히 보니까 밤 쥐라는 놈들이 왔다갔다 하더라. 이 밤 먹는 인쥐가 공중 것을 축을 내는데 이것은 몹쓸 버릇이거니와 공중의 것을 그렇게 함부로 해서 되겠느냐" 하시며 설법을 하셨다.

나는 오마께 사건 이후로 '대종사님께서는 일거수 일투족을 다 보고 아신다.'는 확신을 갖고 있었기 때문에 조금이라도 양심에 거리낄만한 일은 하지 않았다. 소심할 정도로 조신(操身)하며 살아서 알밤을 몰래 꺼내다 먹는다든지 하는 일은 절대로 할 수가 없었다. 뒤에 알고 보니 학원생 몇이서 장난삼아 알밤을 조금 꺼내다 먹었던 모양이었다. 그 사람들도 절대로 대종사님께서 눈치 채지 못하셨을 텐데 어떻게 아셨을까 하며 놀라워했다.

분명히 대종사님께서는 모든 걸 꿰뚫어 보시고 다 알고 계셨다. 삼명육통을 하셨으니 얼마나 정확하게 아시겠는가. 다만 제자들의 앞날을 위해서 시정하고 교육해야 할 부분은 지적을 하시고, 그냥 넘겨도 될 대수롭지 않은 일은 덮어 주셨다고 생각한다. 이러한 체험은 나뿐만이 아니라 많은 사람들에게도 있을 것이다. 다만 자신들의 잘못을 드러내어 이를 밝히지 않을 뿐이지 모두가 공감을 하고 있으리라고 생각된다.

그 후로 대종사님의 꿰뚫어 보심, 이것이 바로 호리도 틀림이 없는 진리의 소식임을 알게 되었다.

어린 시절의 이 하나의 사건을 통해서 대종사님께서 보여 주신 교훈은 일생 동안 '진실하게 살라'는 채찍이 되었다.

음해하지 마라

"덕인이 되라"는 말은 어느 종교에서든지, 어느 성인이든지 하시는 말씀이다. 대종사님께서는 "덕인이 되라. 음덕(陰德)을 쌓으라."는 말씀과 더불어 '음해(陰害)'에 대해 경계해 주셨다. 무념보시(無念布施)·무주상보시(無住相布施)와도 같은 말로서 음조·음덕을 쌓는 것이 더욱 큰 복이 되며, 반대로 남을 해치는 것도 음해가 더 큰 죄악이라고 말씀하셨다.

그 말씀을 반복하여 강조하실 때는 그 의미를 잘 몰랐으나 지금 음미해 보면, 다른 사람의 잘못에 대해서 드러내 놓고 혼을 내거나, 시비를 가린다거나 또는 처벌을 하는 것은 음해가 아니다. 잘못했으니까 잘못에 따른 댓가를 받아야 하는 것은 당연한 일이다. 그러나 음해리고 하는 것은 사실을 과장하거나, 사실 아닌 것을 말하는 것이다. 어떤 작은 과오나 실수에 대해서 과장하거나 부풀려서 다른 사람을 해치는 것이 음해이며, 그런 사실조차 없음에도 불구하고 꾸며서 남을 해치는 것이 음해이다.

이런 행동을 어떻게 할 수 있는가? 사실이 아니며 설사 사실이라고 해도 과장을 하면 중상·모략·음모로서 음해의 죄가 더 크다는 말씀이셨다. 대종사님께서 대중에게 이 같은 말씀을 해 주실 때는 누가 음해를 한 것도 아닌데 왜 강조를 하셨는지 알 수 없었다.

그러나 요즘 사회를 볼 때 흔해져 버린 비밀투서나 진정서들이 바로 음해라는 생각이 든다. 우리 사회에 이런 일들이 너무 흔하게 일어나고 있다. 이름을 숨기거나 가명으로 사회·정부·수사기관 등에 진정을 내어 다른 사람을 음해한다. 이런 현실을 보며 그 당시에는 막연했던 법설을 왜 해 주셨는지 생각할 수가 있었다.

"덕을 쌓을 때에는 음덕을 쌓아야 음조가 있고, 죄는 음해하는 죄가 더 크다"고 하셨다. 음덕의 복이 더 크고, 음해의 죄가 더 크니 더욱 주의하라는 경계로 해 주신 말씀이셨는데, 지금 그 경계의 말씀을 제대로 받아들이지 못하고 우리 주변에서 또는 사회에서 너무 횡행하고 있다는 생각이 든다.

부정적으로 바라볼 때, 남을 칭찬하고 두둔하고 높이 평가해 주지는 못할망정 어째서 남을 헐뜯고 해치고 모략하고 중상하는 풍토가 우리 주변에 있는지 안타깝게 느껴진다. 미리 내다보시고 주의하라고 경계를 해 주신 대종사님의 뜻을 헤아려 덕을 쌓되 음조·음덕으로 쌓고, 남을 해롭게 해서는 안 되겠지만, 특히 음해는 더 큰 재앙의 씨앗이 된다는 것을 명심해야겠다.

> 《대종경》 요훈품 25장
>
> 대종사 말씀하시기를 「덕도 음조(陰助)하는 덕이 더 크고, 죄도 음해(陰害)하는 죄가 더 크나니라.」

수염에 불 끄듯

대종사님께서 자주 하신 법문 가운데 "수염에 불 끄듯 정진하고 노력하라"는 말씀이 있다. 그 말씀을 들을 때마다 '수염에 불붙을 일도 없으려니와 또 불이 붙으면 어떻게 될 것인가?' 하는 어처구니없는 생각도 들었었다. 그런데도 자꾸 수염에 불 끄듯이 해야 한다고 하시면서 돌아올 5만년 대운과 관련지어 말씀하셨다.

"5만년 대도의 도운이 우리 회상에 돌아오고 있는 때 우리가 동참하고 있다. 이곳에서 어렵게 고생하며 굶주리고 산다고 해서 도운이 자연적으로 와지는 것으로 알면 큰일이니라."

공부나 일을 할 때 딴짓하지 말고 수염에 불끄듯이 정진해야 돌아오는 도운을 받을 수 있다는 말씀이셨다.

그러니 봄기운이 돌아오면 농부는 봄기운을 이용하여 수염에 불 끄듯이 열심히 모도 심고, 밭도 일구어 씨도 뿌리고, 풀을 잘 뽑아 주고 거름도 하며 무슨 병충해는 없는지 살피는 노력을 하여야 가을에 풍성한 수확을 얻게 된다. 수염에 불이 붙으면 어찌 되겠는가? 잠시 쉬었다가 불을 끄겠다고 하겠는가? 5만년 대도회상에 참여한 사람들이 모여 살며, 일을 할 때나 공부를 할 때 수염에 불 끄듯 열과 성의를 가지고 정성을 쏟아야 돌아오는 도운을 잘 받을 수 있다.

"발등에 불 끄듯이 하라"는 말보다 "수염에 불 끄듯이 하라"는 말씀이 훨씬 더 급하다. 그만큼 다급하게 한 눈 팔지 말고, 어서 달려들어 수염의 불을 끄듯 정진을 하고 노력을 하라는 말씀이다.

그런 노력과 희생을 하지 않으면 5만년 대운이 돌아와도 아무런 소용이 없다. 그러니 농부가 봄에 씨를 뿌리고 뜨거운 여름을 지나야 가을에 풍성한 수학을 얻을 수 있는 것처럼, 자신의 노력과 정진으로 우리 회상에 돌아오는 대운을 받을 수 있는 준비를 하자는 말씀이었다. 그것은 누구를 위한 것이 아니라 바로 자기 자신을 위해서 이 도운을 받을 수 있도록 수염에 불 끄듯 정진하고 노력하라는 가르침이다.

> 《대종경》 인과품 17장
>
> 대종사 말씀하시기를 「어리석은 사람은 남이 복 받는 것을 보면 욕심을 내고 부러워하나, 제가 복 지을 때를 당하여서는 짓기를 게을리 하고 잠을 자나니, 이는 짓지 아니한 농사에 수확하기를 바라는 것과 같나니라. 농부가 봄에 씨 뿌리지 아니하면 가을에 거둘 것이 없나니 이것이 인과의 원칙이라, 어찌 농사에만 한한 일이리요.」

대종사님 모신 소창대회

"오늘 공회당에 모여 소창이나 하자."

대종사님 말씀에 남자계, 여자계 각각 연락을 취한다. 그리고 저녁시간에 공회당에 다 모인다. 공회당에는 축음기가 갖추어져 있고, 맛있는 간식으로 조실에 공양 들어온 과자·과실 등이 준비되어 있다.

대종사님께서 사용하신 축음기

대종사님께서는 춘향전·심청전을 많이 들으셨다. 또 신불출이가 하는 만담 '무식한 부부'도 들으셨다. 춘향전에서 절개를 지키는 춘향이의 모습이 나올 때면 심각한 표정을 하면서 들으셨고, 심청전에서 심청이가 공양미 3백석에 팔려가 인당수에 빠진다는 대목에서는 가련해 하시며, "심청이가 하는 일이 얼마나 큰 효냐."라고 하셨다. 자기 몸을 바쳐서 효도하는 심청이를 갸륵하게 여기셨다. 그리고 대중에게 춘향이의 절개와 심청이의 효성을 크게 찬양하셨다.

소창대회에는 구내의 어린이들을 반드시 불렀다. 이때 오는 어린이들은 총부구내에 사는 어른들의 자녀들로 당시 구내서는 아이들을 모아 가르치는 어린이회가 있었다. 지금의 유아교육시설이라고 할 수 있다.

당시의 어린이였던 함타원 송영지 교무는 노래도 잘 불러 대종사님이 굉장히 예뻐하셨다. 남자로는 덕산 조희석(德山 趙嬉錫, 1910~1978) 선진의 아들인 계운 교도가 생각난다. 또 주산종사의 아들 전은도 자주 대두되었다. 대종사님께서 어린이들이 부르는 노래를 듣고 아주 기뻐하셨다.

어느 날 아침, 청소시간에 나와 범산은 신불출이의 만담 '무식한 부부'를 재현했다. 내가 여자가 되고 범산이 남자가 되어 "여보", "왜 그래" 하면서 재미있게 주고받는데 주산종사가 다 들으시고 "어떻게 그렇게 다 외우느냐"고 하셨다.

그 후 소창대회에 주산종사가 대종사님께 "아! 공전이와 정용이가 신불출이와 같이 만담을 잘 합니다."라고 말씀하셨다. 그날 우리는 대종사님 앞에서 신불출이가 한 만담을 재현했다.

그때도 내가 여자, 범산이 남자 역할을 했다. "여보" 하고 내가 남편을 부른다. "왜 그래" 하고 남편인 범산이 대답한다. "대문 앞에 이것이 떨어져 있구료." "음, 편지로구료." "편지….누구에게 왔을까?" "그야 물론 우리 집으로 왔겠지." 남편이 "음음음" 하면서 편지를 뱅뱅 돌린다. "왜 편지를 읽지 않고 뱅뱅 돌려요?" "지금 편지의 대공이를 찾는 중이오." "무슨 편지가 대공이가 있고 꼬리가 있단 말이요?" "무슨 그런 무식한 소리를 하오. 세상 만물치고 머리 없고 꽁지 없는 물건이 어디 있단 말이요." 하는 내용이다.

대종사님께서 들으시고 "사람이 직접 하니 축음기 소리보다 훨씬 낫다. 잘 한다." 하고 칭찬하시고 크게 웃어 주셨다. 주산종사님이 잘한다고 추천해 주셔서 우리는 대종사님 앞에서 만담을 하게 되었으니 큰 영광이요 기쁜 일이었다.

지금도 '무식한 부부' 만담을 들으시면서 환하게 웃으시던 대종사님 성안이 떠오른다. 우리는 이 만담을 여러 번 들었으므로 몇몇 학원생과 더불어 술술 외웠다. 당시는 TV도 없고 놀이기구도, 레크리에이션도, 별다른 오락도 없는 때였다.

총부의 공동생활은 꽉 짜여 조금도 빈틈이 없었다. 새벽 5시에 일어나 좌선을 2시간 가량하고 청소하고 아침 먹고, 오전과 오후에 주어진 사무와 업무에 집주하고, 저녁 먹고 나서는 반드시 하루의 일을 점검하고 내일 일을 계획하는 공사를 한다. 그리고 9시 30분 저녁 심고를 올리고 10경시에 잔다.

이런 생활이 상시훈련이다. 겨울이 되면 3개월 동선(冬禪)인 정기훈련에 들어간다. 동선 기간은 주로 정기훈련 과목으로 공부에 매진했다. 이런 틀 박힌 생활에서 대종사님께서 가끔씩 소창대회를 열어 긴장된 마음을 풀어 주셨다. 소창대회에는 총부 사는 사람들이 다 모여 축음기도 듣고, 노래도 부르며 긴장을 풀었으니, 정서적으로도 명랑할 수 있도록 배려하신 것이 아닌가 싶다.

나와 범산은 "회갑 때 쯤 재생 한번 해 보자" 했는데 회갑이 몇 십 년 지났는데도 못 해 보았고, 요즘은 소창대회를 그때와 같이 가질 수 없어 아쉽다.

소창대회라는 언어는 추모담을 하면서 깔깔대소회로 명칭이 바뀌었다. 역사박물관에 있는 대종사님 유물 가운데 심청전·춘향전의 레코드판은 있는데, 신불출이 레코드판은 보이지 않았다. 방송국 같은 데서 찾아보면 구할 수 있을 것이다. 신불출이는 만담가로 유명했다. 그는 6·25동란 중에 이북으로 넘어갔다. 그의 레코드판을 찾아 놓았으면 좋겠다.

참으로 어려웠던 그 시기에 소창대회를 열어 주시고 과자며 과

일 등을 먹여 주셨던 대종사님, 당신의 머리도 식히시고 대중들이 잠시라도 긴장을 풀고 쉴 수 있도록 하셨던 자비다. 24시간 요지부동, 상시훈련과 정기훈련으로 꽉 짜여진 일과 속에 양심을 회복하고 혜명을 밝히는 공부의 요도 삼학팔조, 인생의 요도 사은사요를 체잡아 주시면서 그 같이 회포도 풀고 유쾌한 기분과 풍부한 정서도 함양할 수 있도록 해주신 은혜에 감회가 새롭다.

> 《대종경》 교의품 33장
>
> 대종사 말씀하시기를 「과거에는 부처님께서 모든 출가 수행자에게 잘 입으려는 것과 잘 먹으려는 것과 잘 거처하려는 것과 세상 낙을 즐기려는 것들을 다 엄중히 말리시고 세상 낙에 욕심이 나면 오직 심신을 적적하게 만드는 것으로만 낙을 삼으라 하시었으나, 나는 가르치기를 그대들은 정당한 일을 부지런히 하고 분수에 맞게 의·식·주도 수용하며, 피로의 회복을 위하여 때로는 소창도 하라 하노니, 인지가 발달되고 생활이 향상되는 이 시대에 어찌 좁은 법만으로 교화를 할 수 있으리요. 마땅히 원융(圓融)한 불법으로 개인·가정·사회·국가·세계에 두루 활용되게 하여야 할 것이니 이것이 내 법의 주체이니라.」

대종사님 성체

나는 대종사님을 6년 정도 모셨고 자주 뵈었다. 2010년(원기 95) 현재 내 나이 86살이다. 나는 그동안 많은 나라를 두루 다녔고, 또 그에 따라 많은 사람들을 만나 보았는데 대종사님과 같이 잘 갖추어진 모습의 인물을 본 일이 없다. 어느 누구의 자태도 대종사님을 따라 가지 못했다.

한 치의 오차도 없이 잘 짜여 있다는 말은 첫째, 대종사님의 성체(聖體)가 매우 크셨다. 신장은 1미터 80cm 가까이 되셨고, 체중은 90kg이 넘어 나가셨다. 대종사님의 장남이신 숭산 박광전 원광대학교 초대총장님도 키가 크셨지만 대종사님께서는 키가 크신 가운데 성체도 크셔서 키가 크게 느껴지지 않았다. 그래서 나는 꽉 찬 듯 잘 짜여진 성체였다고 감히 표현하는 것이다.

이런 성체에 두상은 아주 원만하셨다. 이마와 눈·귀·코·입이 둥실둥실 하셨는데 안상에 이목구비의 균형을 잘 갖추셨다. 부처님을 32상 80종호라고 하는데 대종사님 또한 32상 80종호를 갖추신 것이다. 32상 가운데 부처님께서는 팔이 길어서 무릎까지 닿았다. 그러나 대종사님께서는 어느 부분도 더하지도 덜하지도 않으셨다. 손과 발은 포동포동한 아기의 손발과 같이 뼈와 심줄이 하나도 보이지 않았고 아주 예쁘셨다. 전체적으로 성상의 균형을 아주 잘 갖추신 것이다.

대종사님께서 서울과 부산에 자주 가셨는데 대부분 기차를 타고 가셨고, 침대칸을 이용하셨다. 총부에서 역까지는 주로 인력거로 가시는데 총부에 살고 있는 대중 수십 명이 인력거를 따라간다. 대종사님을 전송하고 총부로 돌아오는 것이다. 또 대종사님께서 오신다는 말을 들으면 역에 나가 환영하였다.

대종사님께서는 택시나 인력거를 타고 총부로 오시고 대중은 그 뒤를 따라왔다. 나도 가끔 대종사님 모시고 역에 갔다. 당시는 차표 사기가 어려웠다. 기차가 함흥·신의주·평양과도 연결되어 있었고, 열차 이용객들이 참 많았다.

표는 적고 탈 사람은 많아 표를 사기 위해 사람들이 줄을 지어 쭉 서 있었다. 오랫동안 기다려야 했기 때문에 일부는 서고, 일부는 앉아서 기다렸다. 이곳에 대종사님께서 들어가시면 북적대던 대중이 조용해지고, 대종사님 가시는 앞길이 훤하게 열렸다.

1930~40년대, 당시의 사람들의 체구는 대부분 왜소했다. 그에 비해 대종사님의 성상은 보통 사람보다 훨씬 크셨으니 성상만으로도 다른 사람들에게 우러러 보일 수 있었다. 많은 사람들 가운데 서 계시면 보통 사람의 머리 부분 만큼 더 높으서서 눈에 확 띄셨고, 멀리서도 보이시므로 주변 사람들이 자동적으로 비켜서서 우러러 뵐 수 있었다. 대종사님께서 직접 열차표를 사지는 않으셨지만 기차를 타셔야 하니 벅적벅적한 대합실로 들어가셔야 했다.

대합실에 들어가시면 사람들은 자동적으로 비켜서서 대종사님을 우러러 뵈었으며 대종사님이 유유하게 걸으셨다. 보통사람보다 엄청 솟으니까 비켜 드리라고 하지 않아도 살살 다 비켜드렸다. 오실 때 또한, 북적서리는 대합실이 숙연해 지고 자동적으로 두 편으로 비켜서서 길을 열어 드렸다. 그만큼 대종사님 성상이 훤하셨다. 한두 번이 아니라 매번 그랬다. 그래서 나는 대종사님 성상이 32상 80종호라고 생각했다.

그동안 오대양 육대주라고 하는 남북미·아세아·아프리카·동유럽 등 많은 나라를 가 보았다. 그리고 어디를 가든지 대종사님과 같이 우뚝 솟은 인물이 계시는지, 꽉 찬 듯 잘 갖춰진 인물이 있는지를 살폈다. 그러나 어느 곳에서도 찾을 수가 없었다. 서양인은 대부분 키가 컸다. 그러나 풍채는 대종사님과 같지 못했다. 키가 크나 호리호리했고, 풍만한 사람도 있는데 옆으로 너무 퍼져 균형이 맞지 않았다. 꽤 오랜 세월이 지난 후에 나는 어떠한 사람도 대종사님과 같을 수 없음을 깨달았다.

대종사님의 성체는 우주의 진리를 대각하신 혜광이 솟으셨다. 그러니 아무리 빼어난 외모를 가진 사람이라도 대종사님을 닮기는 쉽지 않은 것이다. 대종사님 성안에서는 늘 빛이 났다. 더욱이 안광은 마주치는 중생이 저절로 눈을 밑으로 내리고 고개를 숙였다. 대종사님의 빛나는 눈빛을 제대로 못 쳐다보는 것이다.

진리를 대각하신 법체와 혜광을 그 누가 따를 수 있겠는가? 세계를 돌아봐도 대종사님과 닮은 사람을 찾을 수 없었던 것은 당연한 일이다. 나는 대종사님을 못 뵌 사람들에게 어떻게 설명해서 대종사님을 뵐 수 있도록 해줄까 많이 고심했다. 말로도 글로도 잘 설명이 되어지지 않아서이다.

대종사님의 성음은 남성적이면서도 웅장하셨다. 큰 소리를 내실 때면 쩌렁쩌렁 울렸다. 쇳소리인 금성은 아니었고 우렁차다고 할 수 있다. 이런 음성은 대화를 할 때 음성 자체로도 감화를 입혔다. 성체와 성상은 말할 것도 없고 성음까지도 그같이 출중하셨던 것이다.

하루는 이런 일이 있었다. 전주 사는 건달이 대종사님을 뵙고자 총부에 왔다. 그는 전라북도 건달 대표로 상당히 잘 생겼고, 인상이 깔끔했다. 또한 권위도 있었고 근엄한 힘도 있었다. 얼른 보더라도 보통사람이 아니고 지도자 같이 생겼다고 김형오 선진이 말씀하셨다.

그는 이리에 불법연구회가 있는데, 한 어른이 많은 사람들에게 존경을 받는다는 말을 듣고 중앙총부를 찾아 온 것이다. 대종사님께서 금강원에 계셨다. 그리고 김형오(金亨悟) 선진이 안내를 했다.

김형오 선진도 상당히 큰 체구로 유도를 잘 하셨다. 전주에서 온 건달 수장을 조실로 안내하니, 말 깨나 하고 거만한 그가 조실문을 열고 들어가더니 대종사님께서 앉으라고 하니 앉기 전에 큰절을 올렸다. 제자도 아니고 교도도 아닌데 큰 절을 올리고 앉는 것이었다. 그리고 무릎 꿇고 앉았다.

대종사님께서 "어디서 왔느냐?"고 물으시니 "전주에서 왔습니다." 하고 "이름은 아무개"라고 했다. 그는 대종사님께서 물으시는 대로 간단한 답변만 할 뿐 어떤 것도 여쭙지 못했다. 대종사님께서는 시국과 교단에 대해 몇 말씀 해 주셨을 것으로 생각된다. 그는 "불법연구회, 참 잘 하십니다."만 반복했다고 한다.

김형오 선진께서 건달 수장이 대종사님께 뭔가 물어보겠다고 버르고 왔다가 한 마디도 여쭙지 못하고 "대단히 잘 하십니다."만 연거푸 말하더니, 대종사님의 말씀이 끝나자 그대로 물러가는 것을 보고 두 가지로 생각이 들더라고 하였다. 하나는 얕보고, 깔봐서 어른들이 어린아이 보고 "잘 한다, 잘 한다" 하는 경우도 있고, 다른 하나는 감복을 받아서 '참말로 잘했다' 는 것인데 후자였다는 것이다.

이 사람이 처음부터 끝까지 "불법연구회, 잘 하십니다."라고 한 것은 대종사님이 보통분이 아니고 성자임을 저절로 느껴 큰절을 하고 진정으로 감복을 받았다는 것이다. 대종사님의 덕화에 감화를 받은 것이다. 사람을 볼 줄 안다고 자신만만하게, 반항적으로 따져 보려고 온 것인데 따져지지 않고 우러러 뵈었던 것이다.

그 같은 일화를 보더라도 대종사님의 성체는 일반적으로 아무리 잘 생긴 사람이라도 비교가 안 된다. 그래서 내가 한생 살면서 대종사님 같은 인품, 성상을 가진 분을 찾지 못했다고 결론을 내리고, 대종사님의 성체는 32상 80종호를 갖추셨을 뿐 아니라 대각을 이루신 혜광이 성상에서 발하고 계셨기 때문에 어디에도 없는 오직 한 분 뿐이라는 결론을 내렸다. 성상을 표현할 언어의 한계를 느낀다.

> 《대종경선외록》 실시위덕장
>
> 대종사, 신장(身長)은 5척 6촌 가량 되시고, 체중은 150근 가량 되시고 전신의 상하 좌우가 고루 골라 맞으셔서 어느 쪽에서 뵈어도 다 원만하고 거룩하시었다. 걸음은 우보(牛步)로 투벅투벅 걸으시며, 급하시거나 한가하시거나 오래 걸으시거나 잠깐 걸으시거나 항상 같은 보조로 걸으시었다.

미륵불의 꿈, 용화회상의 기쁨

국보 11호 익산 미륵사지석탑

나는 어떠한 인연으로 원광대학교에 근무하게 되었는지는 모르지만 오랜 세월 학교 창립기에 봉직하게 되었다. 1973년도 원광대학교에서는 〈마한백제문화연구소〉를 설립하였다. 숭산 박광전 초대 총장님은 당시 교무처장이던 나에게 초대 소장직을 맡기셨다.

나는 자격이 없다고 사양했지만 어른님의 말씀이고, 소장이란 직책은 직접 연구만 해야 하는 것이 아니라, 많은 교수들이 훌륭한 연구를 하게 하는 것이 역할이라고 해서 받들게 되었다. 이때 교무처장을 겸직한 상황이었는데 초대 소장이 되어 적지 않은 부담이 있었다.

연구소가 개소하여 이듬해인 1974년에 오늘날 세상에 널리 알려지고 있는 미륵사 동탑지를 조사 발굴하였으니 그 세월이 36년이다. 동탑지 조사 발굴을 통해 미륵사라는 절이 백제 말기에 무왕이 창건했다는 사실을 알게 되었고, 또 백제가 최초로 미륵사라는 명칭을 가지고 이렇게 큰 절을 익산에 지었다는 사실도 밝혀졌다.

물론 백제불교는 서기 384년 침류왕 1년에 진나라를 거쳐 전남 영광의 법성포로 마라난타가 가지고 들어와 크게 전파하였다. 그래서 법성포에는 백제불교 도래지라고 하여 많은 시설을 갖추고 있다. 백제는 한성시대에서 공주로 천도하였고, 공주에서 다시 부여로 천도했다. 그리고 말기에는 익산에 천도하였고 미륵불이 나타나신 곳에 미륵사를 창건하였다.

《미륵하생경》에 미륵불은 석존 멸후 56억 7천만년에 오신다고 밝히고 있는데, 서기 641년 사이에 무왕이 미륵부처님이 여기 오셨다고 해서 미륵사를 창건하였다. 당시 고구려·신라·백제의 3국에서 창건된 절 가운데 백제가 유독 미륵불이 여기 오셨다고 미륵사를 짓게 되어서 〈마한백제문화연구소〉를 설립하고, 최초로 조사발굴을 하게 된 것이다. 조사발굴을 통해 그 성격을 알게 되었다.

또한 나는 한국 미륵신앙 연구를 위해 동남아와 한국 전역을 돌아 다니면서 미륵불 사상과 미륵신앙 실태를 파악하였다. 그리고 《한국미륵신앙의 연구》라는 책도 발간하였다.

연구를 통해 백제의 미륵신앙은 지금으로부터 1,400년 전 무왕이 익산 용화산 기슭 연못에서 미륵불이 출현한 것을 보고 미륵사를 짓게 되었다는 것과 《미륵하생경》의 내용으로 미루어 보면 56억 7천만년 후에 오신다는 미륵불이 실지로 익산에 1,400년 후, 지금에 오실 것을 예시한 증후도 알게 되었다. 아울러 바로 대종사님께서 영산에서 대각을 이루시고 중앙총부를 익산에다 정하신 이유를 깊이 생각하게 되었다.

본인 저서 한국미륵신앙의 연구

나는 《한국미륵신앙의 연구》라는 책에서 미륵불을 갈망하는 신앙이 세계의 불교 수용 국가 가운데 한국이 제일 강렬하고 또 한국에서도 백제영역인 호남지역과 충남지역이 제일 강렬했다는 사실을 밝혔다. 불교수용국인 동남아 지역 가운데 일본은 미륵불 신앙에 별관심이 없었다. 중국은 미륵불을 포대화상으로 인정하며 이미 출현했다고 믿고 있다. 미륵불인 포대화상이 출현하였으나 아직 법당 중앙에 오지 않았다는 것이다. 사천왕문 한 가운데에 포대화상이 있다. 이 포대화상이 사찰 입구까지는 왔는데 안으로는 아직 들어서지 않았으며, 불단에 앉을 시기는 아직 아니라는 것이다. 남방불교는 대개 중국의 영향을 받고 있었다.

한국과 일본은 포대화상을 미륵불이라고 하지 않는다. 포대화상은 포대화상이고 미륵불은 미륵불로서 미륵불이 오시기를 간절히 갈망하는 것이다. 조선 5백년의 억불정책에서도 미륵신앙은 빛을 잃지 않았으니 이렇게 미륵불이 오시기를 갈망하는 나라에 미륵불은 반드시 오실 것이며 대종사님은 바로 미륵불로 오신 것이다.

내가 전국의 미륵신앙을 조사한 결과, 미륵신앙이 익산을 중심으로 형성되어 있었다. 통일신라 때는 남쪽 지역이 김제군 기운데도 금산사 일대에서 성하였고, 고려가 통일해서는 충남쪽 즉 개태사를 중심으로 그 지역에서 흥했으며, 백제 때는 익산을 중심으로 미륵신앙이 펼쳐졌다. 통일신라 때는 김제, 또 고려가 통일 했을 때는 논산으로 돌더니 조선조 5백년에 김제 금산사를 중심으로 신종교가 많이 대두되었다.

미륵신앙은 백제가 익산에 미륵사를 창건하고, 신앙이 행해진 이후 이 지역을 크게 벗어나지 않고 번져가고 있었다. 이 같이 미륵신앙이 삼국시대에 최초로 시작되었던 익산에 대종사님께서 중앙총부를 정하신 뜻은 1,400년 후인 지금 미륵불은 바로 법신불의 진리가 크게 드러나는 것이라고 하셨으니 법신불의 진리를 크게 드러내기 위함이요, 크게 밝은 용화 회상이 펼쳐지고 있음을 예시하신 것으로 생각해 볼 수 있다.

〈마한백제문화연구소〉 소장으로서 연구를 통해 이 같은 사실을 밝히게 된 것은 나만의 의지가 아니라 이미 대종사님께서는 1,400년 전 무왕이 시작한 익산 땅에 미륵신앙이 뿌리를 내리고, 꽃도 피우고, 열매도 맺어 세계로 뻗어 나갈 것을 예시하신 것으로 생각된다.

《대종경》 전망품 17장

박사시화(朴四時華) 여쭙기를 「지금 어떤 종파들에서는 이미 미륵불이 출세하여 용화 회상을 건설한다 하와 서로 주장이 분분하오니 어느 회상이 참 용화 회상이 되오리까.」 대종사 말씀하시기를 「말만 가지고 되는 것이 아니니, 비록 말은 아니 할지라도 오직 그 회상에서 미륵불의 참 뜻을 먼저 깨닫고 미륵불이 하는 일만 하고 있으면 자연 용화 회상이 될 것이요 미륵불을 친견할 수도 있으리라.」

춤추고 절하는 보살들

전무출신 기념사진(1933)

대종사님께서 설법하시면 설법을 듣는 제자 가운데 세 사람, 박사시화·문정규·김남천 선진은 백발을 휘날리며 춤을 추셨고, 전삼삼(田參參)·최도화(三陀圓 崔道華, 1883~1954)·노덕송옥(賢陀圓 盧德頌玉, 1859~1933) 선진은 그 자리에서 오체투지를 수없이 하시는 광경을 자주 볼 수 있었다. 당시 내 나이 15~6살로 절하고 춤추는 광경을 뵈면, 충만된 기쁨을 주체할 수 없어 하시는 모습이었다.

기쁨이 넘쳐서 저절로 벌떡 일어나서 덩실덩실 춤을 추셨던 것이다. 나는 잔칫 날이나 춤을 추는 것으로 알고 있었는데 대종사님 설법에 그렇게 춤을 추시는 모습을 뵈니 신기하기도 했고, 의문도 생겼다. 얼마나 기쁘면 저렇게 춤을 추실까, 얼마나 즐거우면 저렇게 환한 얼굴로 기쁨이 넘쳐나실까?

절하는 모습도 앉아서도 머리가 땅에 닿게 하고, 일어나서 오체투지를 계속하였다. 설법을 하시면 종종 그와 같은 현장을 목도할 수 있었다.

어느 날 나는 박사시화(一陀圓 朴四時華, 1867~1946) 선진님께 여쭈어 보았다. "할머니, 대종사님 설법에 무엇이 그렇게까지 좋아서 춤을 추세요?" "너는 안 좋냐?"라고 되물으셨다. 나는 그때 무엇이 그렇게까지 좋은지 잘 몰랐다. "잘 모르겠는데요." "너는 아직 어려서 그런다. 우리가 어쩌다가 미륵부처님을 만나고, 미륵부처님께 귀의해서, 직접 설법을 받들고 있으니 얼마나 큰 기쁨이냐? 그러니 저절로 일어나지고 좋아서 춤이 추어진단다."

나는 대종사님을 미륵부처님이라고 하시는 말씀에 깜짝 놀랐다. 그리고 그 후 내가 미륵신앙에 대해서 연구하면서 확실히 알게 되었다. 미륵불은 훗날 세상이 혼란해지면 마지막으로 오셔서 인류를 구원하실 분으로 법계에서 약속된 부처님이다. 그 미륵불이 바로 대종사님이시고, 미륵불이 세운 회상이 용화회상으로, 바로 우리 회상이었다. 그러니 우리가 구원받을 것은 말할 것도 없고, 귀의하는 모든 사람이 함께 낙원에서 즐길 것을 생각하면 그 얼마나 기쁜 일인가?

대종사님 설법에 절하고 춤추던 선진님들께서는 바로 대종사님이 미륵불이신 것을 알아 보셨던 것이다. 대종사님이 "내가 미륵불이다."는 말씀은 한 번도 하신 일이 없다. 그러나 전망품 16장의 내용을 보면 '대종사님이 미륵부처님이 아니다.'고 할 사람도 없다. 당시 대종사님께서는 한참 설법하시는 시기였다. 대종사님의 가르침을 구전심수(口傳心授)로 받들던 제자들은 우쭐우쭐 하셨고 자동적으로 춤을 추고 절을 하셨던 것이다.

대종사님 설법 가운데도 우리나라와 세계의 전망, 용화회상에 대한 말씀을 하셨을 때 춤을 많이 추셨다. 최도화 선진이 "이 세상에 미륵불의 출세와 용화회상의 건설을 목마르게 기다리는 사람이 많사오니 미륵불은 어떠한 부처님이시며 용회회상은 어떠한 회상이오니까?"하고 여쭈니, "미륵불이라 함은 법신불의 진리가 크게 들어나는 것이요, 용화회상이라 함은 크게 밝은 세상이 되는 것이니, 곧 처처불상(處處佛像) 사사불공(事事佛供)의 대의가 널리 행하여지는 것이니라."라고 답하셨다.

장적조(二陀圓 張寂照, 1878~1960) 선진이 "그러 하오면 어느 때나 그러한 세계가 돌아오겠나이까?"하고 여쭈니 "지금 차차 되어 지고 있나니라." 하셨고 또 정세월 선진이 "그 중에도 첫 주인이 있지 않겠나이까?" 하니, "하나하나 먼저 깨치는 사람이 주인이 되나니라."라고 하셨다.

미륵불이란 법신불의 진리가 크게 드러난다고 하셨는데 법신불의 진리를 크게 드러낸 분이 누구시겠는가? 곧 일원의 진리를 대각하시고, 그 진리를 설해 주시는 분이 아니겠는가? 대종사님께서 "내가 미륵불이다."라고 하지는 않으셨어도 일원의 진리를 설해 주시니 미륵불이 아니신가? 우리는 그것을 알아야 한다. 이에 다른 이론은 있을 수 없다.

또한 처처불상 사사불공의 대의가 널리 행하여지는 회상이 어디에 있는가? 처처에 부처님들이 사는 세상이기 때문에 사사불공을 한다. 사사불공의 대의가 행하여진다는 말이다. 그것이 용화회상이다. "용화회상이 우리 회상이다."라고 하는 직설적인 표현이 없다고 해서 아니라고도 할 수 없다.

미륵불은 대종사님이시요, 용화회상은 바로 우리 회상이며, 시기 또한 차차 되어지며, 그 첫 주인은 대종사님이시요, 이 회상에 입문한 대종사님의 제자들인 것이다.

그 뒤에 박사시화 선진이 "지금 어떤 종파들에서는 이미 미륵불이 출세하여 용화회상을 건설한다 하와 서로 주장이 분분하오니 어느 회상이 참 용화회상이 되오리까?"라고 여쭈니 "말만 가지고 되는 것이 아니니, 비록 말은 아니 할지라도 오직 그 회상에서 미륵불의 참 뜻을 먼저 깨닫고 미륵불이 하는 일만 하고 있으면 자연 용화회상이 될 것이요 미륵불을 친견할 수도 있으리라."라고 말씀하셨다.

그래서 그때는 용화회상에서 미륵부처님인 대종사님의 친견제자로서 미륵불인 대종사님을 모시고, 미륵불인 대종사님의 법문을 받들며 살고 있다는 자체가 기쁨이요, 낙도요, 즐거움이었다. 그러니 미륵불인 대종사님께서 법문을 설하시면 저절로 오금이 저리고 기쁨이 넘쳐나서 절도 하고 춤도 추셨던 것이다.

이제 우리가 해야 할 일만 남아 있다. 그것은 바로 삼학공부로 불보살이 되고 모든 중생을 불보살이 되도록하여 낙원을 건설하는 일이다. 모두가 낙원건설의 주역이 되기를 빌어본다.

《대종경》 전망품 29장

　대종사 설법하실 때에는 위덕(威德)이 삼천 대천 세계를 진압하고 일체 육도 사생이 한 자리에 즐기는 감명을 주시는지라, 이럴 때에는 박 사시화·문정규·김 남천 등이 백발을 휘날리며 춤을 추고, 전 삼삼(田參參)·최 도화·노 덕송옥 등은 일어나 무수히 예배를 올려 장내의 공기를 진작하며, 무상의 법흥을 돋아 주니, 마치 시방 세계가 다 우쭐거리는 것 같거늘, 대종사 성안(聖顔)에 미소를 띠시며 말씀하시기를 「큰 회상이 열리려 하면 음부(陰府)에서 불보살들이 미리 회의를 열고 각각 책임을 가지고 나오는 법이니, 저 사람들은 춤추고 절하는 책임을 가지고 나온 보살들이 아닌가. 지금은 우리 몇몇 사람만이 이렇게 즐기나 장차에는 시방 삼계 육도 사생이 고루 함께 즐기게 되리라.」

대종사님의 일상사

대종사님께서 총부 구내에 계실 때의 일상은 우리들의 생활과 특별히 다르지 않았다. 새벽 5시 종소리가 울리면 기침하셨고 선을 하셨다. 우리도 좌선을 했다. 대종사님께서는 주로 조실에서 좌선하셨고, 남자부는 공회당에서, 여자부는 식당 방에서 했다.

그때는 겨울에는 반드시 2시간 선을 했고, 여름에는 1시간 선을 했다. 이렇게 선을 하고 있으면 가끔 대종사님께서 오셨다. 그런데 선을 나는 대중은 대종사님이 오시는 줄도 모른다. 조느라고 모르는 수도 있지만 그보다는 조금도 소리를 내지 않고 오시기 때문에 잘 모른다. 좌선에 방해가 되지 않도록 오셔서 지켜 보셨다.

남포등의 은은한 불빛 아래서 어떤 사람은 졸고 있었을 것이고 어떤 사람은 바른 자세로 선 맛을 느끼고 있었을 것이다. 선방에 오셔서 선이 끝나면 "누구누구 나왔냐" 하고 물으셨다. 이때 답변은 교감이신 주산종사님이 하셨다. 안 나온 사람만 꼭꼭 집어 물으셨다. 그러니 안 나온 사람의 귀에 들어갈 것이고 마음 챙겨 나올 수 있도록 하신 것이다. 이때 3~4명이 잘 안 나왔다.

좌선 후에는 청소를 했다. 대종사님께서는 청소가 끝날 무렵에 밖에 나오셔서 곳곳을 살피셨다. 당시도 총부 내 청소구역을 나누어 했는데 어느 구역이 잘 되었는지, 못 되었는지, 안 되었는지를 살피시고 안 된 곳은 손수 하셨다. 그때는 전부 맨땅이라 곳곳에 비질을 잘 해야 했다.

　청소시간 외에는 겉에 법복을 입으셨는데 청소시간만은 평상복 차림으로 나오셨다. 어느 날 내가 비질을 하고 있는데 옆에 오시어 "여기 누가 쓸었느냐?" "제가 쓸었습니다." "비질은 그렇게 하면 안 된다." 하시며 손수 비를 잡고 쓸어 보이셨다. 곧 빗자루를 꼿꼿이 세우지 말고 넓고 길게 지면에 닿도록 하고 잔돌이나 흙은 쓸면 안 되고 낙엽만 살살 쓸어 내라고 하셨다. 잔돌이나 흙으로 된 땅을 자꾸 쓸어내다 보면 땅이 낮게 패게 된다고 하시며 땅이 평평하게 골라지도록 비질하라고 가르쳐 주셨다.

　청소 후에는 조실에 조반을 올린다. 우리는 일부는 식당에서 일부는 공회당에서 먹었다. 대종사님께서 저녁이나 점심 식사에 가끔은 대중과 같이 드시기도 했는데 선 때라든지, 바쁘고 사람이 많은 때는 안 오시고 수가 적은 평상시에 어른들 잡수시는 곳에 오셔서 드시기도 하셨다.

　조식 후 대중은 사무도 보고 노동도 했다. 대종사님께서 출장 가시지 않는 날은 업무 보고도 받으셨고, 《불교정전》 저술에 많은 시간을 보내셨다. 그리고 손님이 오시면 접견을 하셨다.

　대종사님의 생활상은 우리와 크게 다르지 않으셨다. 아니 우리와 똑 같았다. 김치와 김칫국, 콩나물국을 좋아하셨고, 상추 쌈도 퍽 좋아하셨다. 그리고 선중에는 오전·오후·저녁 시간에 계속 나오셔서 설법해 주셨다. 특히 3개월 선은 경진년 동선이 마지막이었는데 이때 법문을 많이 해 주셨다. 오전 법문, 오후 법문을 해 주시고 저녁에는 3개월 중 첫 달은 염불을 하고 두 번째 달은 회화를 하고 세 번째 달은 강연과 성리문답을 15일씩 나누어서 하였는데 이때 성리는 제자들과 문답을 주로 하셨다. 《대종경》 성리품에 나와 있듯이 "만법귀일 일귀하처(萬法歸一 一歸何處)오."하고 대종사님이 물으시면 "제가 답변하겠습니다."하고 답변을 했다. 성리 문답에서 "잘했다. 견성했다."하는 말씀은 없으셨다. 그대로 묵인하셨다. 특히 저녁시간에 하는 강연·성리시간 한 달은 꼭 나오셔서 강연의 강평과 성리문답을 해주셨다.

저녁식사는 보통 오후 5시 30분경에 하셨다. 그러나 하절기에는 사무실 근무자들은 오후 5시 30분에 해서 대종사님 식사시간과 같이 하게 되었으나, 산업부 직원들은 어둑어둑해질 무렵인 오후 7시경에 하였다.

이같이 대종사님의 일상생활은 외면상으로는 우리와 다를 바를 찾기 어려웠다. 공자님도 윤리도덕을 밝히시고 제자들을 이끌고 제자와 똑같이 그렇게 사셨다. 그러므로 성인 가운데 공자님을 인간적 대성이라고 한다. 삼강오륜을 밝혀 우리 인간생활에 실천덕목으로 삼게 하시고 그 같은 생활을 하셨기 때문이다. 그리고 삼강오륜을 실천하게 되면 도인이 되고 인격을 완성하게 된다고 가르치셨다. 이것이 유교의 기본으로 오늘날까지 전해져 오고 있다. 성자이시지만 인간적이셨고 일반사람들이 보편적으로 이행해야 할 바를 가르치고 당신도 그렇게 사셨기 때문에 공자님을 인간적 대성이라고 칭하듯이, 대종사님도 외면상으로 모든 일상이 우리와 다를 바가 없으셨지만 정신세계에서의 생활은 우리와 아주 판이하셨을 것이다.

곧 대오분상(大悟分上)에서 여래로서 생활하셨기 때문이다. 유념할 자리에 유념하시고 무념할 자리에 무념하시며, 좌선·청소나 제자들을 가르치실 때 등 우리 중생으로서 그 심오한 실행력을 어찌 가늠할 수 있겠는가? 곧 우리는 유념으로도 하고, 욕심으로도 하고, 마음공부하면서 살지만 대각도인이신 대종사님의 언행은 그대로가 도요 바로 일원의 체성에 합일한 자리가 아니겠는가? 그러기에 우리의 사표시다.

외면상의 모습은 같다고 하더라도 내면적으로의 그 엄청난 차이를 누가 알까? 그래도 당시의 모습을 회고해 보면서 '닮아가도록 노력해야지' 하는 다짐을 거듭하며 대종사님의 일상사를 회상해 본다.

원불교역사박물관 성화

검소하게 사신 대종사님

대종사님께서 조실 안에 계실 때의 복장은 평상복으로 광목이나 무명으로 지은 바지·저고리에 조끼를 입으시는 정도였다. 《불교정전》 편수 때도 그런 복장으로 계셨는데, 밖에 나오실 때는 반드시 법복을 입으셨다. 꼭 법복을 입으시고 총부 구내를 도시거나 손님을 접견하셨던 것이다.

출장 시에는 법복 대신에 두루마기를 입으셨고, 겨울에는 두루마기 대신 만도를 주로 입으셨다. 모자는 반드시 쓰셨는데 여름에는 여름 모자를, 겨울에는 겨울 모자를 쓰셨다.

신발은 서울이나 먼 곳의 출장 시에는 구두를 신으셨고, 구내에서나 시내에 나가실 때는 흰 고무신을 그대로 신으셨다. 대종사님의 고무신은 오래 갔다. 몸집이 크신데도 사뿐사뿐 걸으셔서 좌선할 때는 물론이고, 일을 하고 있는 현장에도 도무지 오시는 줄 모르게 오셔서 살펴 주셨다. 사람들이 구두를 딱딱딱 소리 내면서 걷는 모습을 보면 대종사님의 그때 그 모습이 더 떠오른다.

대종사님께서 손에 지팡이를 자주 드셨다. 그리고 안경은 일찍부터 끼셨다. 설법하실 때 절반은 앉아서 하시고, 절반은 서서 하셨다. 앉아서 하시다가도 중요한 대목에서는 벌떡 일어나셔서 제스처를 보이시면서 강조하셨다. 법복의 소매가 넓어서 걸리니까 왼손으로 오른쪽 소매를 탁 접어 잡으시고 대중들 모두가 잘 알아들을 수 있도록 말씀해 주셨다.

설법하실 때 되물으시는 경우도 있다. "그렇지 않나?" 하는 사투리도 쓰셨고, 사랑하는 제자 이름도 부르셨다. 내 기억으로 남자 몇 분의 이름이 거명되었는데 보화당약방에 의사로 근무했던 김서룡 선생이 대종사님 주치의였는데 설법하시면서 "서룡아 그러거든아(그렇지 않느냐?)" "허일이는 어떻게 생각혀?"라는 말씀으로 되묻고 확인하셨다. 여자부 선진들 가운데는 이성각·이공주 선진의 이름을 주로 부르셨다.

대종사님의 수용품은 질소 담박하셨다. 《정전》 인쇄를 준비하시느라 밤에도 원고를 쓰셨는데, 아침에 조실을 청소해 보면 작은 책상 밑에 지우개 가루가 수북하게 쌓여 있었다. 원고용지는 연필로 쓰시고 고치실 때는 지우개로 지우셨으며 그 자리에 연필로 또 쓰셨다. 원고용지를 아끼셨을 뿐 아니라 연필도 도막연필이 되도록 쓰셨다.

선물을 받으신 상자나 포장지, 신문지도 다 챙겨 두셨다가 적제적소에 재활용 되도록 내 주셨다. 그리고 "이용하는 법을 알면 천하에 버릴 것이 하나도 없다."는 법문도 해 주셨다. 특히 "흐르는 물도 아끼지 아니하면 후일 물 귀한 곳에 태어난다."고 하시며 모든 물자를 절약절식 하도록 모범을 보이셨다. 아마 이는 오늘날 자원부족과 환경파괴를 예견하시고, 자원을 아끼고 환경이 잘 보존되도록 해야 한다는 사실을 가르치시며, 그 같은 습관을 기르도록 하신 것으로 생각된다.

어느 날은 한 교도가 비단옷을 지어 드리니 한번 입으시고 사진만 한 컷 찍게 하셨다. 그리고 다시 그 비단옷을 입으시지는 않으셨다. 실용적인 면에 있어서 비단옷은 무명옷보다 불편했을 것이기에 그러셨을 것이고, 또 당시의 처지가 비단옷을 입을 처지가 아니라고 판단하셨을 수도 있다. 사진을 찍게 하신 것은 역사에 남기기 위함이셨을지도 모르지만 역사박물관에 있는 그 비단옷을 보면 더욱더 대종사님의 검소하셨던 생활상이 떠오른다.

　대종사님의 일상생활에서 주로 광목이나 무명옷을 입으셨는데 원불교 역사박물관에 전시된 소장품을 보면 아쉬움이 있다. 그처럼 소탈하시고 검소하게 사용하셨던 대종사님의 소장품이 다 전시되지 못한 것 같기 때문이다. 앞으로 더 많은 소장품들이 발굴되어 대종사님의 전모가 후세에 길이 전해지는데 도움이 되도록 하였으면 하는 간절한 바람을 가져본다.

대종사님의 위트

대종사님께서는 근엄하게도 보이셨지만 아주 위트가 있으셨다. 곧 근엄한 모습으로 위상만 지키신 것이 아니라 아주 자연스러운 위트로 대중을 웃음 속에 폭 빠지게 하셨다.

설법하실 때 특히 좋은 일과 낮은 일에 알리기를 좋아하셨고, 칭찬하실 일은 좀더 크게 오랫동안 칭찬해 주셨다. 칭찬하실 일은 물론 꾸중하실 일도 직접적으로 대중석상에서 하셨는데 대중이 함께 크게 웃을 수 있도록 하셨다.

이런 일이 있었다. 김형오 선진이 부장의 직책으로 일을 하셨는데 군산으로 젓갈을 사러 갔다. 젓갈을 사 가지고 올 때 택시를 탔다. 이를 아신 대종사님께서 "형오는 젓 사러 가서 택시에 싣고 왔단다. 젓갈 값이나 택시비가 같을 것이 아니냐?" 대중 석상에서 말씀하시는데 미워서가 아닐 뿐더러 무안을 주기 위함도 아니셨다. 다시는 그런 과오를 저지르지 않도록 하시려는 것으로 듣는 사람들에게도 교훈이 되도록 하셨다.

이런 일도 있었다. 선중에 대종사님께서 설법하시는데 여자부 쪽에서 방귀소리가 '뽕' 하고 났다. 대중이 여자부를 바라보며 터져 나오는 웃음을 참고 있는데 느닷없이 남자쪽의 이보국 선진이 손을 들고 벌떡 일어나 "대종사님! 그 방귀 제가 뀌었습니다."라고 말하자 대중은 박장대소하였다. 여자부에서 방귀 소리가 나서 그쪽을 쳐다보며 웃음을 참고 있는데 갑자기 남자 쪽에서 자수하는 말을 해 웃음보가 터진 것이다. 웃음소리에 설법을 멈추시고 "그러니 어쩌란 말이냐?"라고 하셨다. 대중은 자갈자갈 웃었다.

대중이 크게 또 웃으니 보국 선진이 또 일어났다. "대종사님! 사실은 그 방귀 제가 안 뀌었습니다."라고 해서 또 한바탕 웃었다. 보국 선진은 자기를 쳐다보고 웃어버리니 자기가 뀌지 않았다는 사실을 밝히려고 했던 것이 또 한 번의 박장대소의 도가니가 된 것이다.

대종사님께서 만능 자재하셨기에 어느 누구도 섭섭함을 갖지 않았다. 설법하실 때 김정각 선진이 앞에서 졸조셨다. "앞에서 졸고 있는 것이 보기 싫기가 물소 같다."라고 꾸짖으셨으나 정각 선진은 곧 일어나 오체투지하시고 웃으셨다. 꾸중 후에 "내가 그동안 정각이에게 정이 떨어질 만한 야단을 많이 쳤으나 조금도 그 신심에 변함이 없었나니, 저 사람은 죽으나 사나 나를 따라 다닐 사람이라."고 또 칭찬하시며 "제자로서 스승에게 다 못할 말이 있고 스승이 제자에게 다 못해 줄 말이 있으면 알뜰한 사제는 아니다."고 덧붙여 말씀해 주시어 훈훈한 분위기로 이끄셨다.

소창대회에도 꼭 참여하셔서 대중의 긴장을 풀어 주셨는데 정산종사께 노래하시라고 하니 뒹구셨고, 대산종사는 토끼 같이 뛰셨으며 대종사님께서는 한 번도 노래하신 적이 없으셨다. 그래도 꼭 참여하시고, 즐거워 하셨다.

저절로 딱 떨어져 버리는 눈

정산종사님이 미소는 달님같이 인자하셨다. 대종사님께서는 누구에게나 출중하고 위대하게 보이셨고, 저절로 굉장한 분임을 알 수 있었다. 둥글둥글한 햇님 같은 모습에 자비훈풍이 감돌아, 정산종사님과는 대조적이었다. 정산종사님께서는 눈이 마추지면 그대로 안겨지는데 대종사님께 마주치면 저절로 툭 떨어지고 만다. 대종사님께서 설법하시면서 이리저리 고루 둘러보신다. 그러시는 중 우리의 눈과 마주치는 경우가 있는데 그럴때 눈이 저절로 딱 떨어져 버리는 것이었다.

나는 대종사님 설법을 받들 때 시선을 어떻게 두어야 하는지 주산종사님에게 여쭈었다. 당시 교감이시니 바로 여쭈어 볼 수 있었다.

"대종사님 설법 시 눈이 마주치면 딱 떨어집니다. 어른이 설법하실 때 똑 바로 쳐다봐야 옳은지 안 쳐다봐야 옳은지요?" "당연히 쳐다봐야 한다. 법문을 받들 때 교감이 있는 것이 예의다."라고 하셨다. 나는 눈이 마주칠 때면 저절로 떨어진다고 말씀드리니 아래로 떨어뜨렸다가 또 쳐다보는 것이라고 하셨다. 대종사님의 안광은 우리 중생들이 저절로 압도되어 버리는 것을 알았다.

새벽 좌선시간에 오시는 대종사님

남자부는 공회당에서, 여자부는 식당 겸 숙소로 사용했던 공덕원에서 새벽 좌선을 하였다. 대종사님께서는 조실에서 선을 하셨는데 가끔 남자부 선방과 여자부 선방에 나오셨다. 얼마나 가만가만 오시는지, 대부분의 사람은 오신지도 모른다. "아무개 나왔느냐?"고 물으실 때 대종사님이 오셨음을 알게 된다. 당시 교감이셨던 주산종사께서 답변을 하셨다. 대종사님은 꼭 안 나온 사람만 집어 물으셨다. 총부에서 거주했던 사람 가운데 자주 좌선에 나오지 않는 사람을 더 챙기셨다.

이렇듯 남자부 선방과 여자부 선방에 오셔서 선을 잘 하고 있는지, 졸지는 않는지 살펴 주시곤 하신 것이다. 그리고 나오지 않은 사람을 훤히 아시고 묻고 챙기셨다.

대종사님께서 새벽 좌선시간을 매우 중요하게 여기셨다. 좌선에 빠지는 사람을 일일이 챙기신 것은 좌선이 수행에 기본이기 때문이 아닐까 생각된다. 곧 삼학 가운데 제일 먼저 수양을 말씀하셨고, 수양에 염불도 있지만 좌선을 특별하게 시키셨으니 좌선이 차지하는 비중이 컸다고 봐야 할 것이다. 수양은 사심잡념을 제거하고 일심을 모으는 것으로 밝히셨다. 좌선을 통해 몸에 있어서는 불기운을 내리게 하고 물 기운을 오르게 하며, 마음에 있어서는 망념을 쉬고 진성(眞性)을 나타내도록 하셨다.

　나는 삼학공부라 할 때 제일 비중이 크고 제일 먼저 해야 하는 공부가 새벽좌선으로 일심을 모아야 한다고 생각한다.

　또 대종사님께서 삼학을 수양·연구·취사라고도 말씀하셨지만 일심·알음알이·실행이라고 하신 말씀이 더욱 더 마음에 와 닿는다. 일심·알음알이·실행이라는 용어가 수양·연구·취사라는 용어보다 더 쉽게 와 닿고 바로 이해가 되고 실행까지 이어질 수 있는 표현이라고 생각된다. 수양과, 자성의 정을 세우자 보다 일심은 쉽게 할 수 있는 일로 다가온다. 사심잡념을 없애고 한 마음으로 있는 것이기 때문이다. 사리연구 보다 알음알이가 취사보다 실행이라는 용어가 몸에 딱 안 와 닿는다. 알음알이는 진리를 알아 가라는 것이요 실행은 교법을 실천해야 한다는 강한 뜻으로 새겨진다.

　그래서 나는 삼학 가운데 제일 먼저 있고, 비중 있는 것이 선을 해서 일심 모으는 공부라고 생각하고 있다. 내가 그렇게 생각하는 것은 대종사님을 모시고 새벽 좌선하는 분위기가 그와 같았기 때문이다. 특히 좌선을 안 하는 사람에 대해 일일이 지적하시고 좌선을 할 수 있도록 촉구하신 것은 제자들에 대한 대종사님의 대자대비다.

　남포등 불빛 아래 오는 잠을 참아가며 일심을 모으고 있는 제자들을 살피셨던 대종사님이 아련히 그려진다. 그리고 "아무개 나왔냐, 아무개 나왔냐?" 하고 몇 사람을 거명하시는 성음이 지금도 들리는 듯하다. 영성을 맑히고 맑은 영성하나가 일심정력(一心定力)이 될 때 수도인으로서 큰 힘이 발휘될 것이다. 또한 좌선으로 모은 영단이 성불의 지름길이며 열쇠라는 것을 나는 강조하고 싶다.

대종사님 진짓상

　대종사님의 생활상 가운데 진짓상 올리는 일을 여러 차례 담당했었다. 진짓상을 들고 갈 때는 어떤 그릇인지, 어떤 음식이 담아져 있는지 살핀 다음, 아주 조심스럽게 들고 갔다. 대종사님은 조식은 주로 조실에서 드셨고, 점심 저녁에는 식사하는 수가 적을 때는 남자 어른들이 드시는 자리에 합석도 하셨다.
　진짓상을 보면 겨울에는 놋그릇 반상기에 차려 올렸고, 여름에는 사기그릇을 사용했다. 반찬은 사육은 일체 쓰지 않고 채소류를 해드렸다. 대종사님은 채소를 좋아하셨고, 김치·김칫국·콩나물국을 좋아하셨다. 진짓상에 자주 올라가는 찬은 작은 뚝배기에 보글보글 끓는 된장이었다. 진지 잡수시는 것도 공부라고 가르쳐 주신 대종사님은 대중과 합석하실 때도 늘 바른 자세로 딸그락거리는 소리를 내지 않고, 말씀도 없이 조용히 잡수셨다. 바로 식불언(食不言)하신 것이다.
　여름에는 생수나 숭늉에 밥을 말아 잡수시기도 하셨는데 수저로 밥을 뜰 때 대개는 우측에서 좌측으로 밥을 뜨는데 좌측에서 우측으로 뜨시는 것을 뵈었다. 그렇다고 왼손잡이는 물론 아니시다. 그런데 수저를 뜨실 때 좌측에서 우측으로 뜨셨던 것이다.

　상추쌈도 무척 좋아하셨는데 1943년(원기 28) 5월 16일 대각전에서 생사법문(生死法門)을 마지막으로 설하시고 점심으로 상추쌈을 드시고 발병하셔서 치료받으시다가 열반하셨던 것이다.

　나는 상추쌈을 드시고 발병하시어 열반으로 이어진 상황이 무척 의심스러웠다. 너무 허망한 일이었기 때문이다. 나뿐 아니라 대부분 그렇게 생각할 것이다. 열반 하시지 않으면 안될 마땅한 이유가 있으셨기 때문에 열반에 드신것으로 밖에 생각할 수 없다. 요즘 많은 반찬을 보면 조촐했던 대종사님의 진짓상이 떠오른다.

인류 구원의 터 신용리

대종사님께서 중앙총부를 익산에 정하시고 1924년(원기 9) 건설을 시작하셨는데 지명이 신용리 신용동이다. 신용은 새 용의 마을, 새 용이 사는 마을이라는 의미이다.

신용리라는 지명에 대해 거슬러 올라가면 대종사님이 탄생하시고, 구도하시고, 대각하시고 최초의 교문을 여신 곳의 지명은 길용리다. 용이 길하다는 것이다. 용이 기쁘다고 하는 얘기는 용이 하늘로 올라가 조화를 부린다는 것이다. 성자의 입장에서 볼 때 길용리는 지명 그대로 득용을 한 자리다. 그래서 세계 인류가 그렇게 기뻤던 자리다. 길할 길자 길용이다.

그리고 교법을 전하기 위해 잡은 터전, 총부의 지명이 신용이다. 새 용화의 터전이다. 길용과 신용은 다르다. 길함에 그치지 않고 그 용이 세상을 구원하기 위해 둥지를 튼 것이다. 미륵사지가 있는 미륵사 상봉의 동쪽편의 지명 또한 신용이다.

우연의 일치인지는 몰라도 익산총부 신용리 터에 대해 나는 다음과 같은 이야기를 들었다. 옛 노인의 말에 의하면 지금 중앙총부 대각전과 원로원의 지대가 좀 높은 자리로 1룡(一龍)이라고 한다. 그리고 조실과 총부 구내 한 복판을 2룡(二龍), 대학원대학교와 여자원로 수도원 자리가 3룡(三龍), 효도마을 복지시설·병원·정화

여자원로수도원까지가 4룡(四龍)이라고 한다. 그리고 철길 넘어가 오룡(五龍)이다. 이 지역은 행정구역 이름으로 현재 오룡동이다.

대각전과 원로원의 1용으로 시작되어 용이 쭉 누워서 끝이 오룡으로 간 지형이라는 것이다. 신용리는 전체가 새 용이 시작한다는 의미로 새 회상의 시작을 의미한다고 볼 수 있다. 일용에서 오룡까지 꼬리를 친 형국이다.

이 신용리에 원광대학교 또한 설립되었다. 이는 대종사님이 대학을 설립하여 세계 인류를 구원할 인재를 양성하기 위한 요람임을 내정하신 것으로 생각된다.

원광대학교는 행정구역 이름으로 계룡리까지 뻗어 있다. 닭 계자로 날으는 용이다. 용이 물속에 살다가 등룡 한다는 것이다. 원광대학에서 인재를 양성하여 사회와 세계에 진출시키고 있다. 탄생지 길룡과 신용 그리고 계룡까지 다 보시고 터전을 잡으신 것이 아닌가 한다.

신용리는 미륵사가 1,400년 전에 익산에 건립된 것에서부터 그 뿌리가 이루어졌다. 대종사님께서 길용에서 탄생하시고, 신용에 터전 잡으셨으니 이는 우연한 일이 아니다. 무왕이 이산에 천도하고 미륵삼존불이 오셨다고 미륵사를 창건한 것이 그 뿌리라고 할 수 있다. 미륵회상, 용화회상을 건설하기 위해 오신 성자이시기에 탄생부터 용의 지명에서 나시고, 대각하시고, 세계 총본부의 터전을 신용에서 펼치셨다. 이것은 내가 〈마한백제문화연구소〉에서 익산지역에 대해 섭렵하면서 알게 된 사실이다.

총부 앞마당의 연못

중앙총부 앞에 큰 호수가 있었다. 지금의 상황으로 보면 '총부 앞에 어찌 호수 있었겠는가?' 하는데 분명히 총부 앞에까지 큰 호수가 있었다. 내가 처음 총부에 왔을 때인 72년 전에 중앙총부는 구조실과 공회당, 대각전, 구정원이 있었고, 원광대학교는 물론이고 기타의 건물들도 지어지지 않았던 때이다.

중앙총부 산업부는 현재 원광대학교 캠퍼스 내에 있었고, 원광대학교와 원광대학병원 자리는 논과 밭, 과수원과 산, 그리고 여러 마을이 있었다. 그리고 그 사이 지금 원광대학교 내의 수덕호까지 황등제호(黃登堤湖)의 물이 들어왔다.

지금은 총부에서 원광대학교의 호수인 수덕호가 잘 보이지 않지만 당시는 건물이 없어서 수덕호자리까지 들어오는 황등제호의 물을 훤히 볼 수 있었다. 황등제호는 임피·옥구 지역에 물을 대주기 위한 저수지(지금의 농업기반공사)로 만들었다고 보고 있다. 그리고 황등제호가 어느 때에 만들어졌는지 역사적인 기록은 찾을 길이 없는데, 단 하나의 기록이 있다면 유형원(柳馨遠, 1622~1673)의 《반계수록磻溪遂錄》에서 그 근거를 찾을 수 있다.

《반계수록》에는 나라에 삼대 제호가 있는데, 고부 눌제와 김제 벽골제, 그리고 황등 제호이다. 문헌으로 밝힌 백제의 삼대 제호이다. 황등제호를 중심으로 서쪽을 호서라고 하고, 남쪽을 호남이라고 한다는 기록도 같이 수록되어 있다.

그동안 전라남북도를 왜 호남이라고 하는지, 충청도를 호서라고 하는지 궁금했다. 그리고 누가 그런 명칭을 지었는지는 모르나 《반계수록》의 근거로 봐서 일찍이 남쪽을 호남, 서쪽을 호서, 그리고 영남도 이런 의미로서 명칭이 생기지 않았나 생각하고 있다. 《반계수록》에 나오는 삼대 제호가 지금은 다 없어지고, 저수지 일부만이 남아 있다. 고부 룰제도 제방, 벽골제도 제방, 황등제호도 제방으로, 둑을 쌓아서 물을 막아 놓았던 것이다.

황등제호는 1932~1935년에 없어졌다. 일제 때 일본인들이 대아리저수지와 경천저수지에 수원을 확보하고 보니, 대아리저수지와 경천저수지만으로도 충분히 농업용수, 생활용수를 충당할 수 있게 되었다. 그러므로 황등제호는 자연히 없어지게 된 것이다. 황등제호가 있을 때 대종사님께서 중앙총부에서 미륵사와 임상리 방향을 다니실 때에 배로 다니셨다.

황등제호는 원광대 동쪽 문 끝으로 해서 제2 운동장과 미술관 앞으로 해서 수덕호까지 들어왔다. 그리고 그 물이 영등동을 거쳐서 어양농 계곡으로 흘러갔으니 약 70만평이나 되는 굉장히 큰 호수였다.

나는 가끔 대종사님께서 대학을 세울 것을 전제하시고, 수덕호까지도 생각하시면서 총부를 신용리에 정하셨다고 생각해 본다. 미래를 훤히 보시고 터전을 잡으셨을 것이기 때문이다.

한 제자가 대종사님께 "서울에서 큰 박람회를 개최 중이라고 하오니 한 번 관람하고 오심이 어떠하오니까?" 하고 여쭈었더니 대종사님께서 "큰 박람회 하나를 일러 주리니 잘 들어보라."고 하시면서 "여기서 보는 저 배산이나 황등호수는 옮겨다 놓지 못할 것이요."라고 말씀하셨다. 1928년의 법문이다. 눈앞에 펼쳐진 박람회를 알리시는 법문으로 배산과 황등호수를 예로 드신 것이다. 이 말씀으로도 황등 제호가 당시까지 있었음을 알 수 있다.

나는 얼마 전 황등 제호가 다시 복원된다는 소식을 듣고 퍽 다행스럽게 생각했다. 그것은 새만금 지역이 1억2천만 평이나 되는데 그 내부에 1/4 정도를 호수로 만들어, 호수 안에 여러 시설을 할 계획이라고 한다. 그리고 이 호수에 들어오는 물이 김제의 동진강과 익산의 만경강에 흐르는 물을 수원으로 할 수밖에 없는데, 수질이나 수량의 부족을 보완하기 위해서는 금강하구에 흐르는 물의 일부를 원래 있었던 황등제호로 끌어 저수했다가 만경강을 통해 새만금호수로 들어가도록 한다는 것이다. 이렇게 될 때 수질정화와 수량은 확보될 것이기에 그 같은 계획이 수립 중에 있다고 하였다.

금강하구 성당포구의 물이 함열을 거쳐 황등에 제호를 이루고, 그 물이 익산 시내를 거쳐 만경강으로 흐르게 한다는 야심찬 계획이 하루 속히 실행되기를 기대한다.

익산시내에 황등 제호의 물이 흘러 만경강을 따라 새만금 호수에까지 가게 된다는 것은 생각만 해도 기분 좋은 일이다. 익산시내는 산이 배산 하나뿐이고 미륵산이나 함라산은 멀어서 삭막한 도시라고도 할 수 있는데, 호수가 생기고 그 물이 시내를 따라 흐르게 되면 한층 아름다운 도시로 변할 것이다. 그리고 그 호수가 원광대학교 동문 바로 옆 주차장으로 흐르게 된다고 하니 총부와 대학 앞에 생기는 호수는 정말 낭만적이라고 할 수 있다.

일정 때의 규모는 70만평이나 되었는데 이번에 만들 예정인 호수는 그렇게 넓게 할 필요는 없다고 생각한다. 일찍이 철학자 탈레스는 물이 생명수(生命水)로서 우주만유의 근본이라고 하지 않았는가? 익산에 예전과 같이 물을 가두는 호수가 만들어지고 그 호수에서 익산시민들이 즐기고 그 물이 환경을 개선하는 방향으로 나아갈 계획이라고 하니 무척 반가운 일이다.

총부 앞의 호수라고 표현했는데 황등 제호가 생기면 익산 시내가 한층 아름다운 도시가 되고, 호수 가까이에 있는 원광대학교와 중앙총부가 물처럼 부드럽고 훈훈함이 더할 것으로 기대된다.

원광대학교 수덕호

무엇을 구하러 왔느냐

대종사님 당시 선진 가운데 정남으로 신심과 공부심이 아주 철저한 분이 계셨다. 신심과 공부심이 철저하였기 때문에 주위에는 많은 후진이 따랐고 그분을 굉장히 존경했다. 연세로나 공부의 정도로나 교단에서 상당한 위치에 계셨던 그분이 어느 날 딴 생각이 났다. 그 딴 생각이라는 것이 무엇이냐 하면 바로 '산에 들어가 불경 공부를 철저히 해 보고 싶다.'는 것이었다.

그분은 대종사님 문하에 온 것이 후회가 되었거나 싫은 생각이 나서가 아니라 절에 가서 불경공부를 깊이 있게 해서 통달해 보고 싶다는 것이었다. 그분께는 그럴 만한 소질도 실력도 충분했다.

'당신 생각으로는 삼학과 사은사요의 교법으로 공부하면 불보살이 될 것을 확신하면서도 불보살 되는 공부는 좀 미루고 불경공부를 더 해서 일종의 학자로서의 역할을 해 보고자 하는 생각이었지 않았겠는가?' 라는 의미로 나는 생각 되었다. 이 뜻이 주산종사에게 전해졌고, 주산종사는 대종사님께 말씀드렸다.

대종사님께서는 크게 놀라시고 노여워 하시며 "나가려는 사람 어떻게 붙들어 매겠느냐? 그런 생각 가지고 있는 사람은 나가라고 내버려 둬야지. 나가라고 해라." "당장 나가라고 하라."고 하셨다.

그 선진은 아주 나갈 생각으로 그런 것은 아니었는데 일이 그렇게 되자 보따리를 싸서 사가에 갖다 두기까지 하였다. 상황이 이렇게 되자 주산종사를 비롯해서 옆에 계시는 분들이 만류를 했다. "자네의 처지가 어느 처지인데 그러느냐" "대종사님께서 얼마나 심려하시겠느냐?" 등 여러 사람의 설득으로 그분은 불경공부 하러 산에 가겠다는 생각을 접게 되었다.

그 선진은 잘못 생각했다고 사죄드리고자 대종사님 뵙기를 청했다. 그러나 "나는 그 사람을 개별적으로는 만나고 싶지 않다. 대도정법이 싫어서 나가려는 사람을 내가 뭐하려 잡겠느냐? 나가라고 하라." 하시고 만나시려고 하지 않으셨다. 그래도 주산종사님이 누누이 "본인이 잘못을 뉘우치고 있으니 용서하십시오."라고 말씀드리니, "그러면 대중을 집결시키라. 대중에게 사죄하고 용서 받아라." 그 선진은 대종사님께 나가서 불경공부를 더하겠다고 직접 말씀 드리지도 못했고, 사죄 또한 직접 드리지 못했던 것이다.

이 일로 대중이 선방에 모였다. 이때가 임오(1942, 원기 27) 동선 때로 기억되는데 대중의 수가 많았다. 경진동선 2~3년 후로 선객도 있어서 공회당에 사람들이 꽉 찼다. 또 공부시간 직전으로 다 모였다. 대종사님께서도 나와 계셨다.

그 선진은 포플러 나무를 한 묶음 옆에 끼고 들어왔다. 나도 매를 맞아 보았는데 한두 개의 매로 맞아보았지 그렇게 한 다발의 매는 처음 보았다. 그는 "나이는 먹었어도 철이 없어서 철없는 생각이 났습니다. 그런데 주위에서 권유하는 소리에 크게 반성하고 잘못을 뉘우칩니다. 대중들에게 큰 죄를 지었습니다. 대중께서 이 매를 가지고 때려 주세요. 그렇게 하시도록 매를 가지고 왔습니다." 라고 하며 대중 앞에 경건하게 사죄했다.

주산종사가 대종사님께 말씀드렸다. "어찌시겠습니까? 용서해 주시죠." "내가 왜 용서하느냐, 나는 못한다고 하지 않았느냐? 대중에게 물어라. 대중의 뜻을 따라 정하라."

주산종사는 대중을 향해서 "이 동지가 좀더 불경을 공부하고 싶은 의욕 때문에 본의 아니게 딴 생각을 했었습니다. 보시는 바와 같이 매를 한 다발 끊어 와서 때려 주시고 용서해 달라니 매를 때리시고 용서하시렵니까, 어떻게 하시렵니까?"

지금 생각해도 민주주의다. 존경했던 분이 잘못했다고 매로 때리고 용서해 달라고 하니……. 대중 가운데 한 분이 "저 동지가 대종사님 문하에 들어와서 다른 사람이 존경할 수 있도록 공부했는데, 본인이 말했듯이 철없는 생각이 났던 것이 잘못이지 그것을 반성하고 다시 뉘우치면서 매를 때리고 용서해 달라고 비니, 우리 대중들은 한 번 실수한 것으로 생각하고 용서를 해 주면 좋겠습니다."라고 발언을 했다. 주산종사가 대종사님께 "어떻게 할까요?" 하니 "아! 대중에게 물어봐." 하셨다. 주산종사는 "동지 발언대로 용서 하오리까?" 하니 한 목소리로 "용서하지요." 했다.

이러한 상황을 지켜보신 대종사님께서는 끝내 용서한다 못한다는 말씀은 하지 않으셨다. 그리고 다음과 같이 말씀하셨다.

"대관절 너희가 여기 무엇을 구하러 왔느냐? 불경을 읽어 가지고 터득하려고 나가겠다고 하니 여기 올 때 부처되고 보살되려고 온 것이 아니고 불경 배워 통달하려고 온 것이 아니냐? 내 교법은 불경에서 나온 정수로 만든 것이다. 불경이라는 것도 읽어서 불보살이 되게 하려는 것이 아니냐? 그 불교의 정수를 가지고 쉽게 불보살이 될 수 있도록 법을 만들어 놓았다. 불보살이 되려면 법이 쉬워야 실천하지, 불경같이 많은 양을 언제 읽고 실천하겠느냐?

그래서 교법을 쉽고 간명하게 밝혔고, 잘 실천할 수 있도록 만들어 놓았는데 너무 쉬워서 탈이다. 너무 쉽다는 것으로 더 어려운 불경 공부를 하겠다고 하니 한탄할 일이다."

대중에게 '여기 무엇 하러 왔는가? 마음 깊이 반성하고 다시 챙기라.'고 하신 것이다.

그 선진은 대중으로부터 용서를 받고 대종사님의 훈증으로 새롭게 생활하게 되었다. 이런 기록은 《대종경》에 실리지 않았다. 나는 그 자리에 있었고, 대종사님의 그 같은 법설을 받들었다. 그리고 평생 "무엇을 구하러 왔는가를 생각하라"고 하신 대종사님의 성음과 그때의 상황을 잊지 않고 있다.

그 선진님은 후일 더욱 대중의 존경을 받았고, 대종사님께서 열반하신 후 얼마 지나지 않아 열반하셨다. 한문을 참 잘하셨고, 불경에는 남달리 능하셨던 선진으로 기억하고 있다.

만사 만법에 능통하신 대종사님

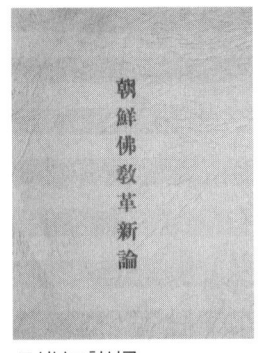

조선불교혁신론

《조선불교혁신론》에서도 밝혔듯이 교단을 운영하고 교단에서 생활하는 데에 있어서 시주나 동령에만 의지하지 아니하고 자력생활을 하도록 하기 위해서 대종사님께서 여러 사업을 경영하셨다. 보통 대원정각을 하신 성자라면 우주 만유의 근본 진리로 시비이해가 건설되어 있으니 마음을 잘 사용하도록 가르치는 줄만 알았는데, 대종사님께서는 만사만법(萬事萬法)을 아울러 경영하는 능력까지 길러 주신 것이다.

이는 대종사님이 대각을 이루시고 제자들을 모으신 후, 낮에는 일을 하도록 하시고 밤에는 법문을 듣게 하면서 제일 먼저 하신 일이 저축조합이다. 당시의 상황을 고려해 볼 때 참으로 기발한 생각이다. 나는 대각성자 소태산 대종사님께서 탁월한 경영 능력을 가지셨다는 것을 밝히고 싶다. 제자들로 하여금 근검 절약하게 하셨고, 절식, 금주, 단연 등 불필요한 생활습관을 고치고, 금하도록 하시어 그 돈을 모으고 모아서 기금을 조성하셨다. 저축조합의 기금과 대종사님의 사제까지 합해서 숯을 다량으로 사 두셨다가 세계 1차 대전 발발로 숯 값이 굉장히 오르자 팔게 되어 큰 이익을 보셨다.

　자금이 커지자 그 자금으로 착수하신 일이 바로 몇 천 년 불고한 영광 길용리 앞의 바다를 막아 농토를 만드신 일이었다. 이것은 정부에서도 생각하지 못했고, 돈이 많은 민간인도 생각이 미치지 못한 일이었다. 쓸모없어 버려 둔 갯벌에 제방을 쌓아 언답을 조성하였으니 일정 기에 그런 생각을 하고 제자들과 더불어 언답을 막음으로써 경찰서에서는 언답 조성비를 어디서 구했냐고 취조를 하기도 했다.

　일본경찰은 혹세무민으로 돈을 끌어 모아서 쓰고 있지 않느냐는 의심이었지만 사실이 저축조합과 숯장사를 통해 모아진 기금이 아닌가? 이렇게 천하 만법에 능통하신 성자이셨다.

　익산에 총부를 건설할 때에도 신용리의 땅 값은 아주 싼 곳이었다. 땅값이 싼 지역에 너른 땅을 확보하셨던 것이다. 넓게 마련한 땅에 바로 산업부를 창립하셨다. 산업부에서도 농업에만 주력하게 하지 않고 축산·양잠도 하게 하셨고, 온실까지도 만들어 운영하게 하셨다. 당시 우리나라 사람들은 온실은 생각하지 못했지만 일본사람 몇이 운영하고 있어서 쉽게 배울 수 있었다.

　산업부는 지금의 원광디지털대학교와 로스쿨이 있는 자리로 온실에서는 토마토·딸기·오이·멜론까지도 재배했다. 그리고 새벽이면 이곳에서 나온 야채와 과일을 시내의 시장과 식당, 관료들의 주택을 찾아가 팔았다. 나도 산업부에서 1년이 넘게 근무했는데 주로 닭과 토끼를 관리 하였고, 온실도 경영해서 아침마다 생산된 채소를 시내에 가서 팔았던 기억이 생생하다.

　아울러 보화당 약방을 경영하셨던 것도 탁월한 선택이었다. 이리보화당이 70년이 넘는 역사를 가지고 있는데 당시 호남에서는 제일 크고 먼저 생긴 건재소로 지금까지 그 전통을 이어오고 있으니 감개가 무량하다. 대종사님이 한약건재약방을 운영하게 하시면서 거기에 그치지 않고 병원 또한 설립하도록 하셨다. 대종사님 열반 후에 생겼지만 그 효시가 바로 지금의 원병원 자리에 있던 동아병원이다.

제생의세가 종교의 목적인 만큼, 종교의 본의는 마음병을 고쳐 주는 것이지만 육신병 또한 치료해야 온전한 인격을 이룰 수 있다. 육신병을 치료하기 위해서는 한방과 양방의 병원이 필요했고, 보화당건재상은 병원 건립을 위한 최초의 사업이었다.

이런 흐름을 이어 오늘날 원광대학교 의과대학병원이 만들어졌다고 나는 생각한다. 교육에 있어서도 교육기관으로 총부에 선원과 영산에 학원을 두셨다. 일제의 방해로 비록 그 뜻을 이루지는 못하셨지만 '유일학원'을 총부 구내에 설립하시고자 각방으로 노력하셨다. 이 뜻이 해방 이듬해인 1946년(원기 31) 5월 1일 전문 교역자 양성기관으로 유일학림이 개설되었고, 그것이 오늘날 원광대학교로 발전하였다.

교화사업은 종교의 본연의 사업으로 대종사님께서 교화 · 교육 · 자선으로 각각 방향 잡아 주셨다. 교화가 본위일진대, 교육과 자선활동 또한 교화의 바탕이 될 수 있도록 하신 것으로 생각한다. 우리 교헌에도 교단의 목표가 교화 · 교육 · 자선이다. 자선사업은 1945년 8 · 15 해방과 동시에 전제동포 구호사업도 했고, 팔타원 황정신행 종사님을 통해 고아원도 한국 사회에서 제일 먼저 운영하게 되었다.

오늘날 사회복지 활동으로 14법인에 200여 기관으로 노인복지병원까지 다방면으로 운영되고 있으니, 이 또한 기본적으로는 대종사님의 경영 능력에 영향을 받은 것이다.

대종사님께서는 사회 전반에 걸친 모든 분야를 종교가에서 아울러 경영하고 이끌 수 있도록 하셨다. 그러니 천하 만법에 능통하신 성자요 전무후무한 성자로, 현재는 물론 만고의 대법으로 교법을 밝혀 놓으셨다는 것이다.

동서고금의 성자들이 한결같이 교화사업, 이른바 선교 사업에만 치중했는데, 대종사님께서는 저축조합을 시작으로 숯장사와 방언공사, 산업부를 통해 농장·축산·과수원 경영·한약과 건재상·교육사업·자선사업까지 교화를 위한 다양한 방향로를 열어 주셨다. 이것이 바로 이소성대의 원칙과 영육쌍전 이사병행으로 낙원세상을 건설하도록 하신 터전이다.

구세주로 오신 대종사님

성인이 다녀간지 오래되면 내놓은 법의 등불이 희미해지고, 급속도로 변하는 물질문명으로 인간의 정신세력은 오히려 쇠약해져서 물질의 노예가 되어간다. 사람들은 도덕이 땅에 떨어졌으니 말세라고도 하고, 인류는 나아갈 방향을 잃고 방황과 혼돈으로 험난한 세상을 살아가고 있다. 근세사회가 그러했으니, 인류의 새로운 이정표가 요청되는 이른바 개벽시대를 맞이하여 도덕으로 천하를 한 집안 삼을 주세성자의 출현을 고대하고 있었다.

대종사님께서는 이러한 개벽시대, 선후천의 교역시대에 탄생하셨다. 그리고 구원겁래(久遠劫來)의 서원으로 우주자연의 현상과 인간의 본질 문제에 의문을 갖게 되셨고, 오랜 구도 고행 끝에 큰 깨달음을 얻어 새 회상을 열으셨다. 그것이 원불교이다. 대종사님의 깨달음과 새로운 회상의 건설에 의해 세계의 추기(樞機)를 한반도로 돌려 놓게 된 것이다. 이를 통해 한반도는 부처의 해 거듭 빛나고 법의 수레 다시 굴리는(佛日重輝 法輪復轉) 새 불토로 무궁한 영광을 누릴 성스러운 땅이 되었다. 곧 대종사님의 깨달음은 진리의 등불이 다시 밝혀지는 날이었고, 그 등불은 바로 일원대도로서 각각 시대의 정신계를 지배해 왔던 2~3천년 된 유교·불교·도교의 가르침을 거듭나게 하고, 서양에서 들어온 기독교까지도 거듭

나게 하였다.

  대종사님께서는 "세계의 모든 종교도 그 근본 되는 원리는 본래 하나"라 하시고, "모든 종교의 교지(敎旨)도 이를 통합 활용하여 광대하고 원만한 신자가 되자"고 하셨다. 이는 모든 종교의 교법도 통합 활용하여 새 진리인 일원의 교법으로 완전무결한 새 회상에서 만 생령을 진급시키고 서로 불보살이 되어 극락을 누리도록 하신 것이다.

  옛 성자들도 중생들의 욕심으로 타락한 마음병을 고쳐 불보살을 만들어 지상에 낙원을 건설하기 위해 법계에서 보내오신 구세주다. 인도에 태어나신 서가모니 부처님과 이스라엘의 예수님, 중국에서 태어나신 공자님이 오랜 세월 인류구원을 위해 교화에 전력하셨음에도 불구하고 급속도로 발전하는 물질문명에 현대인의 욕심은 더욱 치성하여 각 나라의 범죄가 날로 증가하고 있다.

  우리나라도 감옥의 수감자가 2008년(원기 93) 통계에 의하면 6만명이 넘었고, 미국은 230여 만명이라고 한다. 더욱이 큰 문제는 강력범죄가 날로 증가하고 있으니 이는 그냥 지나칠 수 없는 심각한 상황이라고 할 것이다. 특히 최근에 언론에서 다루어지고 있는 성범죄는 사회적으로 심각한 문제가 되고 있다. 왜 우리 사회에 범죄자가 이렇게 증가할까?

  나는 오래 전부터 범죄자가 증가하는 원인을 생각해 보았다. 그 원인으로 첫째, 옛 성자들의 교법이 2천년이라는 세월 속에 그 빛이 바랬다는 사실을 들고 싶다. 낡은 교법은 실천에까지 옮기기 쉽지 않다는 것이다. 둘째, 물질문명은 사람의 욕심을 더욱 치성하게 하여 그 욕심으로 범죄가 날로 증가하고 있다는 것이다. 셋째, 성자들의 교법이 이론과 학술에 치우쳐 실천궁행을 등한시한 경향이 있다는 것이다. 결국 과거 법계에서 보낸 구세성자들의 교법은 현대인이 실천하기 쉽지 않게 되었고, 사람의 욕심 또한 억제하지 못하게 됨으로써 범죄가 증가하는 것이다.

이런 파란고해의 세상에 법계에서는 새 주세불로 대종사님을 보내신 것이다. 우리가 살고 있는 지금, 이 시대는 후천도수로, 진급기요 문명세계라고 한다. 문명사회로 가는 진급기에 욕심으로 범죄가 증가하고 도탄에 빠진다면 어찌 진급기요 문명사회라고 할 수 있겠는가? 법계에서는 대종사님 뿐 아니라 "창생을 위해서는 죽어도 여한 없다"고 하신 9인 선진님들까지 보내셨으니, 그 행적을 주의깊게 살펴 볼 필요가 있다.

대종사님께서는 현대인의 위기를 진단하신 결과 옛 성자들의 교법을 중생들이 신수봉행하지 않고, 소홀히 하고 있음을 지적하셨다. 글은 글대로 나는 나대로 성경현전을 선반에 올려놓기만 했다는 것이다. 법이란 실천하라고 제정한 것인데 실천하지 않으니 혼란을 초래하게 된다. 우리나라의 헌법이 민주헌법으로 참 잘 만들어졌다고 하는데 국회의 진행이 원활하지 못하는 것은 법을 시행하지 못함에 따라 나타나는 현상으로 보지 않을 수 없다. 교통법규 또한 제대로만 준수한다면 수천명, 수만명의 사상자는 발생하지 않아도 될 것이다. 분명, 한사람의 사상자도 발생하지 않을 방법이 교통법규에 있건만 이를 잘 지키지 않고 있으니 통탄할 일이다.

국가의 형법은 범행한 후 범죄자를 처벌하는 법이요, 종교의 교법은 마음공부로 욕심을 제거하고 양심을 회복하여 범죄를 예방하는 법이다. 그러므로 강력범죄가 증가하는 것의 그 근본적 책임은 우리 종교계에 있다고 해도 과언이 아니다.

최근세 변혁의 시기에 법계에서 보내신 대종사님의 문하에 들어

온 우리는 대종사님을 구세주로 모시고 그 밝힌 교법을 실천하여 이 지상에 낙원을 건설하는데 주력해야 할 것이다.

> 《정산종사 법어》 기연편 11장
>
> 말씀하시기를 「과거에 모든 부처님이 많이 지나가셨으나 우리 대종사의 교법처럼 원만한 교법은 전무 후무하나니, 그 첫째는 일원상을 진리의 근원과 신앙의 대상과 수행의 표본으로 모시고 일체를 이 일원에 통합하여 신앙과 수행에 직접 활용케 하여 주셨음이요, 둘째는 사은의 큰 윤리를 밝히시어 인간과 인간 사이의 윤리 뿐 아니라 천지 부모 동포 법률과 우리 사이의 윤리 인연을 원만하게 통달시켜 주셨음이요, 세째는 이적을 말씀하지 아니하시고 오직 인도상 요법으로 주체를 삼아 진리와 사실에 맞는 원만한 대도로써 대중을 제도하는 참다운 법을 삼아 주셨음이라, 아직도 대종사를 참으로 아는 이가 많지 않으나 앞으로 세상이 발달하면 할수록 대종사께서 새 주세불이심을 세상이 고루 인증하게 되리라.」

계룡산 신도안의 <불종불박>명 선돌

중앙총부 대종사성비 옆에 복원한 '불종불박' 명 선돌

　대종사님께서 가끔 '불종불박(佛宗佛朴)' 명 선돌에 대한 말씀을 하셨다. 계룡산 아래 신도안의 조선개국 당시 대궐을 짓던 초석에 새겨진 글로, 세상에는 무학(無學)왕사의 필적이라고 전한다. '장차 불교가 으뜸이 되는 세상이 오는데 그때의 부처님은 박씨' 라는 뜻이다. 이 원석은 현재 신도안의 군사시설 내에 보존되어 있고, 1976년(원기 61) 주위의 초석들과 함께 지방문화재로 지정되어 있다.

대종사님께서는 1936년(원기 21) 4월 21일, 이공주종사와 전음광선진 등 10여명의 제자들을 데리고 신도안에 가셨는데, 그 때 이 선돌이 화제가 되었다. 내가 대종사님 문하에 출가하기 2년 전의 일이다.

신도안의 대궐 터는 1392년 조선을 개국한 태조 강헌대왕(이성계)이 이듬해 무학(無學)왕사와 권중화(權仲和) 등을 시켜 건설하던 도읍지이다. 어떤 일인지 대궐 터 공사는 중단되고 도읍은 지금의 서울인 한양으로 옮기게 됨으로써, 초석들만 남아 오늘에 전한다. 계룡산은 산맥이 회룡고조(回龍顧祖)하여 산태극 수태극(山太極 水太極)을 이루는 곳으로 유명하다. 이러한 풍수지리설의 원리를 들어, 일찍이 예언서인 《정감록(鄭鑑錄)》에는 정(鄭)씨 8백년 도읍지로 내정된 곳이기도 하다.

대종사님께서 신도안에 가셨을 때 논산군 두마면 남선리의 이원리화 교도댁에서 3일간 유숙하시고 24일에 귀관하셨다. 그 승경(勝景)과 함께 수양의 터로 좋다고 칭찬하셨다.

"이곳에 수양원을 지어라. 인재가 많이 나올 자리니라."

대종사님께서 중시하신 이 신도안에는 이듬해인 1937년(원기 22)에 남선리 출장소가 서고, 초대교무로 지환선(池歡善)선진이 발령되었다. 《회보》 35호(1937.6월호)에는 〈이원리화 선진의 계룡

탐승기〉가 실려 있다. 그 글은 이렇다. 「거음(去陰) 8월 3일은 본회 계룡산 수양원 선원(禪員)들의 탐승(探勝)가던 날이었습니다. 사실을 말씀드리기 전에 먼저 동기부터 말씀하자면 우리 신도(新都) 내에도 본 회원 홍대인각씨의 특지로써 금춘(今春)부터 원불교(불법연구회) 계룡산수양원이라는 간판을 걸게 되고, 따라서 장소가 신도 내 명소의 하나로 잡히는 곳인 만큼 5, 6 동지가 모여 지나간 하선을 이곳에서 치르게 되었으므로 이를 기념한다는 의미로써 계룡산 전부를 구경하기로 되었던 것입니다. 오전 9시 경에 임시 교무 서대원 선생을 선두로 하여 제일 먼저 신도 내에 화제 거리가 되어 있는 불종불박(佛宗佛朴)이라 써 있는 바위를 구경하였던 바, 이 바위는 이태조가 처음 이 신도 내에다 도읍을 정하려고 3일 동안이나 역사를 할 때 갖다 놓은 돌이요, 불종불박이라 각(刻)한 글자는 무학대사의 필적이라 하는데, 이는 무학대사가 장래에는 "불법이 주교가 되고 그 때의 부처님은 박씨"라는 것을 예시함이라 하여 다른데 보다도 신도 내에는 불교가 많은 모양이며, 또 어떤 분은 불박(佛朴)을 부처님의 덩치라 해석하여 그 바위를 떼어다 석불(石佛)을 만든 일도 있고, 또 어떤 박씨 한 분은 자기가 자칭 박불(朴佛)이라 하여 불법을 선전하고 다닌 일이 있다 하니, 하여간 이 불박불종이 비록 무형한 바위이나 여러 사람의 마음을 많이 끄는 모양이었습니다.(하략)」

최근 대종사님 당대의 동선·하선의 《선원일지》가 발견되었는데, 그 안에 대종사님의 법문이 적지 않게 초록되어 있다. 1937년 1월 17일(음 병자 12.5)에는 불종불박과 관련하여 법문하셨다.

"(전략) 천지만물 허공법계를 포함한 일원상 숭배를 하자. 모든 사람이 미신에 끌려서 미륵불을 찾는다는 것이 돌을 미륵불이라 하며, 어떤 사람은 불종불박(佛朴佛宗)이라고 써진 돌을 떼어다 미륵불을 조성하여 숭배한다. 그러나 미륵불은 다른 것 아니라 천지만물 허공법계가 곧 미륵이며 또는 자비불을 지(知)한 때가 곧 미륵세계라, 부처(佛)께서는 중생을 보실 때 불상이 여기시고 어여삐 여기시여서 악도로 떨어진 중생을 건져주는 것이 불(佛)이니, 사은(四恩)께서는 자비로써 우리 중생을 구제하여 주시니 미륵불이며 심불(心佛)이다."하시더라.

그 후 대종사님께서는 1943년(원기 28) 신도안을 한 차례 더 다녀오셨다. 정산종사께서도 그 곳을 다녀오셨는데, "계룡산에 정씨 왕이 난다는 것은 닭이 울면 날이 새고 바른 법이 나타난다는 뜻이다. 《정감록》에 이런 말이 있다. 왕씨는 나를 벗 삼고(王氏友我) 이씨는 나를 노예 삼고(李氏奴我) 정씨는 나를 스승 삼는다(鄭氏師我) 하였는데, 이는 불교를 두고 한 말이다. 선교는 하늘이라면 불교는 땅이며 유교는 사람이다. 지금은 땅에서 올라오는 세상이다. 불교 세상이다. 대종사의 노덕이 세계를 주재해야 되며 꼭 주재하게 된다." 그리고 1959년(원기44) 이인의화 선진님과 정산종사께서는 "앞으로 30년 후에는 신도안의 판도가 완전히 달라질 것이다."고 하셨다.

정산종사님께서 하루는 지맥을 잘 보는 충산 정일지 선진을 불러 다녀오게 하셨다는 일화가 있다. 충산님은 신도안 골짜기 일대를 둘러보고 "농사도 안 되고, 천하에 빈(貧) 터"라고 보고 드리니, 정산종사님께서 "충산이 뭘 아신다고 그런 말을 하느냐?"고 하셨다. 정산종사님께서 열반하신 후 충산선진이 부산진 교당에 와서 윤주현교무에게 "내가 선법사님(정산종사) 영전에 잘못을 사뢸 일이 있다. 신도안 터를 잘못 본 일이다. 나중에 내가 계룡산 상봉에 올라가 내려다보니, 신도안은 천하의 귀(貴) 터이더라. 우리나라 어디를 가 보아도 이 보다 나은 귀 터는 내가 보들 못하였다. 신도안을 내려다보니 산세가 만조백관이 조공을 올리는 형국이었다. 다만 '시루봉' 하나가 돌아서 있는 형국이었다. 그래서 사람들은 이 산봉우리를 '역적봉'이라 하였다."고 말했다 한다.

이에 대해 대산종사님께서는 "싫어봉이니 역적봉이니 그런 소리 당체 하지 마라. 성인을 맞이하려고 돌아선 형국이 아니냐. 영성봉(迎聖峯)이라 하거라."하셨다. 1962년(원기 47) 7월10일, 대산종사께서는 충산 선진과 계룡산 상봉을 오르시다가 갑자기 가을 날씨 같이 시원한데, "억조창생의 개복지(開福地)를 마련하니 천지의 보조를 받게 되는구나. 억조창생개복처(億兆蒼生開福處) 천불만성발아지(千佛萬聖發芽地)'로 계룡산은 억조창생의 복을 여는 땅이니 천불 만성이 싹트리라."고 글귀를 내리셨다.

정산종사께서는 열반하기 4년 전인 1958년(원기 43) 4월 당시 재무부장이었던 성산 성정철선진과 조갑종선진, 두 분을 신도안으로 보내 현지 상황을 조사하여 불종불박 땅을 매입하도록 하셨다. 성산님이 "돈이 없어서 못 삽니다."고 누차 말씀드리니 정산종사께서 언성을 높이시며 "내가 산다고 말만 해, 사는 수가 있으니"라고 하셔서, 성산님이 "예, 그러면 사 볼랍니다."라고 말씀드리니 "보화당에 가 보라"고 하시어 가보니 두 말 없이 돈을 내 주었다고 한다. 성산 선진은 후에 "성현이 하시는 일인데 현실로 보이는 것만 가지고 불가하다고 하였으니 내가 멍청이여. '예' 하고 대답만 하면 일이 절로 풀리게 되어 있는데, 내가 고지식하게 당장 돈 없는 형편만 생각하고 깊은 뜻을 헤아리지 못하였으니, 얼마나 답답하셨을까."라고 회상하였다.

대산종사님 당대에 개척된 신도안의 삼동원은 그렇게 이루어졌다. 정산종사님의 만년에 신도안 개척을 재촉받은 대산종사님은 당시 《교리도해》를 만들어 강의하셨는데, 교리공부를 하며 교도들이 법열에 찼고, 대구교당 김지원행 교도의 희사로 신도안에 대지 1,123평을 매입하게 되었다. 이후 신도안 삼동원이 크게 개척되었는데, 1989년 정부의 6.20사업으로 신도안 주민들의 철수가 완료되고 육·해·공군 참모본부가 들어오면서, 계룡산은 새로운 면모를 갖추게 되었다. 현재의 벌곡에 소재한 삼동원은 신도안에서 철수하면서 대체된 시설이다. 재미있는 것은 2010년(원기 95) 현재, 참모본부 중앙지에 계룡대 내에 원불교 법당이 신축중에 있다. 신도안 삼동원 터에서 가까운 지역이니, 참 인연이란 묘한 것이다.

나는 원광대학교 마한백제문화연구소 소장으로 재직하면서 대종사님의 법문을 새기면서 '불종불박'의 초석이 우리 회상과 뗄 수 없는 인연이라고 생각하게 되었다. 그래서 참모본부를 방문하여 한 쪽에 모아둔 원석을 실측 딕본해 화강석에 원형 그대로 복원하여 대종사님 성비 옆에 복원하는 사업을 추진하였다. 그리고 이렇게 새겼다. 〈불종불박명(佛宗佛朴銘) 선돌: 이 돌은 조선왕조의 태조 이성계가 개국 이듬해(1393) 계룡산으로 천도하기 위하여 왕궁을 건설하다가 중단한 궁궐터에 남아 있던 수백기의 초석 가운데 하나로 '불종불박(佛宗佛朴)'이란 명문이 새겨져 있다. 이 명문은 무학대사가 새긴 것으로 구전되는데, 원불교 삼동원 옛 터에 있던 것을 원형 그대로 복원하여 여기에 세운다. 원기 84년(1999) 9월 9일 문산 김정용 짓고, 현담 조수현 삼가 쓰다.〉

시중에 나와 있는 남사고(南師古, 1509~1573)의 예언서 《격암유록(格菴遊錄)》을 읽어보니, "정(鄭)도령은 진인(眞人)이며, 성인(聖人)이며, 미륵불이며, 그 미륵불이 박(朴)씨로 호남(湖南)에서 태어났다."고 밝히고 있다. '불종불박' 과 같은 내용을 예언하고 있는 것이, 박씨 성으로 태어나신 대종사님과 관련이 있는 것으로 생각된다.

스승 찾아오신 정산종사

정산종사

나는 할머님(金海運)과 아버님 (金道一)으로부터 정산종사님에 대한 말씀을 자주 들었다. 할머님은 정산종사님을 만국에 한 분 계시는 어른으로 모셨고, 정산종사님에 대한 말씀에는 늘 희열심이 솟구치셨다. 그렇기 때문에 출가의 길을 걷고 있는 아산 형님과 내게 정산종사님은 만국 양반으로 각인 되었다.

정산종사·주산종사 형제분은 6~7세에 이미 신동이라고 불렸다고 한다. 송씨 문중에서 공산(恭山 宋浚弼, 1869~1943) 선생에게 한문을 배우는데 한번 가르치면 바로 아셔서, 공자님처럼 생이지지(生而知之)하셨다고 한다. 10세 안에 사서삼경도 다 아셨다니 신동 아니신가?

정산종사께서 이렇게 어린 시절 유학자의 가문에서 공부를 하시다가 '선인들의 옛글인 사서삼경만 읽고, 그것만 알고 산다고 하면 무슨 의미가 있겠는가? 평범하게 글이나 알고 살기보다는 남을 지도하는 특별한 인물이 되어야 하지 않겠는가?' 하는 생각을 하게 되셨다. '큰 인물이 되어 다른 사람의 지도자가 되어야겠다.' 는 생각은 글만 배워서는 이룰 수 없고, 큰 스승을 만나야 된다는 확신을 갖게 되어 스승을 찾아다니기 시작하셨다.

정산종사께서 초기에는 주로 성주에서 가까운 큰 사찰인 해인사가 있는 가야산으로 가셔서 3~4년을 치성드리며 이곳 저곳을 다니셨다고 한다.

일제초기인 당시에는 증산교가 온 나라에 퍼져 있었던 때였는데, 치성꾼을 통해 상도(上道)에 송찬오(宋贊五, 법명 赤璧, 1874~1939)를 찾아가면 큰 스승을 만날 수 있다는 말을 듣고, 전라도로 오셨다. 송찬오는 증산(甑山 姜一淳, 1871~1909) 선생의 제자로 보천교(普天敎)의 간부였다.

전라도로 오신 정산종사님은 정읍 태인에서 당시 차천자(車天子)로 알려진 보천교 교주 차경석(車京石, 1880~1936)과 증산 선생의 수부(首婦)인 고판례(高判禮. 1880~1935) 등을 만나 보셨으나 염원하던 분들이 아니었다.

그래서 스승 만나기를 잠시 접고 금산사 뒤쪽에 위치한 대원사(大院寺)에서 기도하고 계셨다. 스승을 만날 염원으로 1년쯤 계시는 도중 우리 할머님께서 찾아가서 결국 우리 집으로 모셔 오셨다. 정산종사께서는《정산종사 법어》기연편 6장에 "내가 일찌기 경상도에서 구도할 때에 간혹 눈을 감으면 원만하신 용모의 큰 스승님과 고요한 해변의 풍경이 눈앞에 떠오르더니, 대종사를 영산에서 만나 뵈오니 그 때 떠오르던 그 어른이 대종사시오 그 강산이 영산이더라."고 하셨다. 이미 대종사님의 성안을 보셨고, 영산성지를 아셨던 것으로 볼 수 있다.

그런데 대원사에 계시다가 우리 집 정읍 화해리에 계시면서 대종사님을 만나심은 어떠한 연유이실까? 나는 이것이 늘 궁금했다. 그리고 이것은 나의 화두가 되었고, 우리 가족과 대종사님, 그리고 정산종사님과의 인연이 특별하다고 생각하며, 두 분의 여래(如來)가 우리 가족들 가까이에 계셨음이 가슴 벅찬 자랑이다.

경상도의 신동 정산종사께서 전라도로 오시어 구세주이신 대종사님을 내가 태어나기 7년 전에 우리집에서 제우하심이 나를 더욱 환희심이 솟구치게 한다. 나는 두 분 여래의 역사적인 만남과 경륜을 길이 전할 것이다.

만남을 위한 이심전심

하루는 정산종사께서 우리 아버님(김도일)에게 "오늘은 먼 데를 가십시다." 라고 하셨다. 아버님은 "그러지요."하시고 아침 식사를 하신 후 정산종사님을 모시고 길을 떠났다.

정산종사님은 평상시에도 가끔 정읍역 방향으로 나들이를 하셨다고 한다. 그것은 기다리는 스승님이 정읍역으로 오실 거라는 예감으로 나들이를 하시지 않았을까 생각한다.

그 날은 다른 때와는 달리 정읍에 있는 정거장으로 가셨는데, 정거장에 들어서자마자 젊은 사람들의 난투극이 벌어졌다고 한다. 코피도 나고 난장판이 되어 있는 상황을 보시더니 인상을 찌푸리시며 "우리가 올 때가 아닌가 보네." 하시며 그냥 되돌아 나오셨다고 한다. 이런 일이 있었는데 뒤에 사산 오창건 선진님에게 들으니 정산종사님이 정읍 정거장으로 가셨을 때 쯤 영광에서는 대종사님께서 팔산 김광선 선진님에게 "오늘 장성역에 가면 조그마한 사람이 누구를 찾고 기다릴 것이니 그런 사람이 있으면 같이 오라."고 하셨다고 한다. 팔산님께서 장성역으로 떠날 준비를 하고 있는데, 대종사님께서 다시 부르시더니 "아직 때가 아니다. 올 것 같지 않다. 안 가도 되겠다."고 하셨다는 것이다.

대종사님과 정산종사님께서 영성으로 통하셨고, 동시에 아직 때

정산종사님을 모신 가족(앞줄 오른쪽부터 정산종사, 조모 김해운, 부친 김도일, 형 김인용, 필자, 누이 김순혜)

가 아님을 말씀하셨다고 생각할 수밖에 없는 상황이라고 우리 아버님께서 말씀해 주셨다. 정산종사님은 그처럼 찾아 헤매시고 고대하신 큰 스승님을 뵈러 가는데 난투극에 피까지 보게 되니 때가 아니라고 판단하셨을 것이고, 대종사님께서는 정산종사님이 오시려다가 다시 때를 기다리시는 것을 단번에 아시고 팔산님께 가지 말라고 하신 것으로 생각된다. 정산종사님에 대한 얘기는 우리 아버지와 할머님께 들었고, 대종사님에 대한 얘기는 사산 오창건 선진님께 들었는데 말씀이 서로 일치했다.

 이같이 두 어른은 이미 법계에서 약속한 대로 영광과 성주에서 9년 사이로 탄생하셨지만 영성적 대화로 결국 정산종사님의 기다리심에 대종사님이 직접 찾아 주시어 만남이 이루어졌다. 정산종사님은 "평생에 기쁜 일 두 가지가 있노니, 첫째는 이 나라에 태어남이요, 둘째는 대종사를 만남이니라." 하시고, "모든 사람이 스승님의 은혜를 다 같이 느낄 것이나, 나는 특히 친히 찾아 이끌어 주신 한 가지 은혜를 더 입었노라."고 하셨다.

약속된 만남

화해 제우비(際遇碑)

대종사님께서 영산성지(靈山聖地)에서 밤마다 별자리를 자주 보셨다고 한다. 그리고 올 사람이 가까이에 와 있다고 말씀하시곤 하셨다고 한다. 그리고 하루는 팔산 김광선(八山 金光旋, 1879~1939) 선진님을 정읍 화해리로 보내셨다. 그리고 몇 달 지나지 않아 직접 찾아오셔서 정산종사님을 만나셨으니 이는 법계에서 약속된 만남임을 알 수 있다.

'대종사님과 정산종사님이 무슨 까닭으로 우리 집 화해리에서 만나셨을까?'가 화두였던 나는 할머니 말씀을 들으며 '이는 분명 두 분 여래께서 이 땅에서 태어나기로 약속하셨고 새 교법으로 새 회상을 건설하실 계획을 세우셨다'는 확신을 하게 되었다. 곧 대종사님께서 구세주로 이 땅에 오신 것도 당신 마음대로 오신 것이 아니라 법계의 결정에 따르셨다는 것이다. 대종사님이 분명히 《대종경》 전망품 1장에 "세상이 말세가 되고 험난한 때를 당하면 반드시 한 세상을 주장할 만한 법을 가진 구세 성자(救世聖者)가 출현하여 능히 천지 기운을 돌려 그 세상을 바로잡고 그 인심을 골라 놓나니라."라고 하셨다.

그 당시만큼 인류사회가 혼란하고 험난한 때가 또 있겠는가? 세계 각처에서는 전쟁으로 고통받고, 무지와 가난·질병, 그리고 도덕은 땅에 떨어져 퇴폐할 대로 퇴폐한 세상이니 말세라고까지 해야 할 것이다. 이 같은 말세 현상을 보고 법계에서 인류를 구원하고 고해에서 헤매는 중생들을 낙원으로 인도 시킬 수 있는 성자를 배정하셨을 것으로 생각한다. 부처님·공자님·예수님 등의 구세 성자도 이미 그 같은 계획 하에 다녀가셨다고 생각한다. 그리고 대종사님 차례가 되어 대종사님께서 오신 것으로 믿는다.

부처님이나 예수님·공자님이 다녀가신 시대 또한 세상인심이 혼란해서 도탄에 빠졌을 때였다. 그러니 과거로부터 현재에 이르기까지 그 시대에 적합한 법을 가지고 성자들이 출현하시어 세도의 인심을 바로 잡을 수 있도록 성자를 보내는 것이 순리라고 아니할 수 없다.

2~3천년 전에 나오신 성자의 법이 학문적 연구의 근간은 되고 있으나 현대인들이 실행하기 쉽지 않았다. 실행하지 않으므로 윤리 도덕이 그 빛을 발하지 못하고, 새 법으로 새 판을 짜서 나오실 수밖에 없었던 것으로 볼 수 있다. 그 성자들이 바로 대종사님과 정산종사님이다. 그렇지 않으면 어찌 한국에 태어나셨겠는가? 약속을 하셨으니까 한국에서 태어 나셨고, 경상도와 전라도에서 태어나셨어도 만나셔야 했으니 두 분이 때로는 서로 찾아 다니셨고, 때로는 서로 때를 기다리셨다.

또한 대종사님이 영광 땅에서 대각하셨고 정산종사님이 어려서부터 큰 인물이 되어야겠다는 각오를 갖고 스승을 만나려고 방황하시다가 전라도로 오셔서 우리 집에서 대종사님을 만나셨다. 그리고 대종사님께서는 10인 1단의 중앙자리를 비워 두시며 "우리가 만일 그 사람을 만나지 못하면 우리 일이 이루어 지지 못한다."고까지 하시며 정산종사님을 기다리셨고, 찾으셨다.

팔산 김광선 선진님이 다녀가시고 난 후 한 달쯤 지나 대종사님께서 우리 집에 오셔서 정산종사님과 같이 가셨다. 마지막 인류 구원의 구세주로 진리 계에서 오시어 그대로 이행되는 과정이었다.

나는 지금도 의문이 풀리지 않은 바가 있다. 바로 대종사님과 정산종사님의 만남에 우리 할머니가 끼어 있었고, 우리 할머니는 어떻게 한 번 뵙고 만국에 한 분 밖에 없는 분이라고 하시며 정산종사님을 '만국양반' 이라고 부르셨을까? 그리고 할머니 할아버지께서 사용하시던 방을 두 칸으로 나누어 윗칸에서 정산종사님이 기거하실 수 있도록 하셨을까? 우리 할머니도 대종사님과 정산종사님의 인연에 끼어 있어야만 했던 중요한 일로 생각된다.

누가 시킨 것도 아니고, 내다 본 것도 아니니 진리계의 약속으로 밖에 생각되지 않는다. 여기에서 태어난 나도, 우리 집안 식구들도 과거에 대종사님과 정산종사님을 모시고 다녔던 인연으로 오늘날 이 회상에서 이 교법을 받들며 살아가고 있다는 생각이 든다.

정산종사님이 어떻게 우리 집에 계셨고, 구세성자이신 대종사님을 우리집에서 만나시고, 우리 또한 그 인연으로 이 회상에서 한 분야를 맡아 일하게 되었는가? 이것이 전부 우연이 아니고 세세생생 모시고 다니는 중차대한 인연일 것이다.

나는 대종사님을 끝으로 이제 더 이상의 구세주는 나오지 않실 것이라고 본다. 아니 다시 나오실 필요가 없다고 생각한다. 마음공부로 불보살 만들어 버리면 낙원이 되는 것이니 낙원 세상에 구세성자는 무엇하러 나오시겠는가? 중생이 없는데 부처가 무슨 일을 하실 것인가? 대종사님이 내놓으신 교법은 인류를 끝내 불보살로 만들 것이다.

화해리에 팔산님을 보내시다

하루는 촌로가 오셔서 정산종사님과 인사를 나누고 계셨다. 할머님이 두 분의 형세를 보니 전혀 모르는 사이 같았는데도 다정하게 윗방으로 들어가시더니 무슨 말씀이 그리도 많은지 계속해서 얘기를 나누시니, 할머님은 퍽 궁금하셨다. 밖에서 귀 기울여도 아주 작은 목소리로 소곤소곤 말씀을 나누셨기 때문에 들리지 않았다.

할머님께서 저녁상을 올리자, 드시고 또 얘기를 나누시더니 한밤중까지도 주무시지 않으시고 얘기를 하셨다. 할머니는 잠도 주무시지 않고 얘기 나누는 모습이 하도 이상해서 염치 불구하고 방으로 들어가 앉아 계셨다.

정산종사님께서 "어머님 가셔서 주무세요. 송씨 문중에서 오신 어른이신데 문중에서 밭 팔고 논 팔고 시제 지내고 하는 얘기를 하십니다. 그 얘기를 재미있게 듣고 있습니다."

할머니는 정산종사님께는 섭섭하지 않았지만 찾아 온 손님에게 몹시 섭섭했다. 그 어른은 이튿날 아침을 들고 가시는데 뒷 꼭지가 미웠다고 말씀하셨다.

정산종사님께서는 거듭 문중 일에 대해 말씀하셨다고 하며 할머니를 안심시켜 드렸다고 하니 정산종사님과 할머님과의 인연도 특

정산종사 　　　　팔산 김광선 선진

별함을 알 수 있다. 아버지 말씀에 의하면, 뒤에 알고 보니 그 분이 팔산 김광선 선진님으로 대종사님 하명으로 우리 집에 오셨다고 한다. 이때가 1917년(원기 2)으로 대종사님께서는 조단을 짜서 발표하시고 중앙자리는 비워 놓으신 상태였다. 그리고 팔산님께서 "어찌 중앙은 비워 두십니까?"라고 여쭙자, "이 자리는 올 사람이 있다."고 하셨으니 제자들은 그 올 사람이 누군지, 언제 오는지 궁금해 할 수밖에 없었다. 그리고 이날 대종사님께서 팔산님에게 "징읍역에서 내려서 북쪽으로 가면 분명 화해리 마동이라는 마을이 나올 것이다. 그 마을 김 아무개의 집에 송 모가 와 있을 것이니 앞으로 데리러 간다고 하고 오라."고 하시며, 우리 집을 상세히 일러 주셨다고 한다.

　팔산님은 주저 없이 우리 집을 찾아 오셨고, 하룻밤 묵으면서 정산종사님과 오랫동안 얘기를 나누셨던 것이다. 우리 할머님은 팔산님의 내왕이 심상치 않았는데, 그 근심을 정산종사님이 미리 아시고 위로하여 안정이 되도록 하셨던 것이다.

강연대회에서 10갑

제1회 교리강연대회 수상기념 사진(1940). 앞줄 중앙의 대종사님 앞의 앉은 사람이 필자

부상《수양연구요론》과 《금강경》

1940년(원기 25, 庚辰) 4월의 어느 날, 주산종사가 보화당약방에 근무하고 있는 나를 부르셨다. 나는 주로 자전거를 타고 심부름을 다녔던지라 그날도 자전거를 타고 총부에 왔다. 보화당약방에서 총부까지는 약 20여분이 걸렸다. 주산종사를 뵈니 "정용아, 너 이번 지방대항 교

리시합 강연회가 있으니 강연 한 번 해볼래?" 하셨다. 나는 깜짝 놀랐다. 그리고 "제가 아는 것이 없는데 어떻게 강연대회에 나가요?"라고 말씀 드리니 "내가 다 써 줄 테니 해라. 내일 다시 오너라." 하셨다.

나는 다음날 주산종사님이 써 주신 원고를 받았다. 원고의 주제는 '원망생활을 감사생활로 돌리자' 였다. 원고를 받아서 하룻밤에 다 외웠다. 그리고 다음날 주산종사님에게 가서 쭉 외웠더니 "하룻밤에 다 외웠냐."고 하시며 고저장단, 제스처까지 일일이 가르쳐 주셨다. 특히 원고 중간쯤의 "'원망이란 이 물건이야말로 참으로 무서운 폭발탄이올시다!' 라는 부분에서는 탁자를 탁 쳐라."고 까지 지시하셨다. 그리고 송대에 가서 연습하고 며칠 후에 당신 앞에서 한번 더 해 보라고 하셨다. 나는 연습을 하고 주산종사에게 가서 했더니 "됐다."고 하셨다.

나는 주산종사님이 친아버님처럼 느껴졌다. 정산종사님은 주로 영광에 계셨고 주산종사님이 총부 교감으로 계셨고 나를 친히 총부에 오도록 하셨으니 의지가 되었다. 강연 원고도 써 주시며 고저장단까지 일일이 가르쳐 주셨으니 특별한 사랑을 받았다고 생각하지 않을 수 없다.

당시 총부에서는 창립 제1대 제2회의 결산 총회를 하는데 시국 관계로 기념행사는 일체 할 수가 없었다. 그래서 정례 총회에 지방 회원들의 교리 강연회를 처음으로 개최하기로 하였다. 2회말 총회이니 뭔가 프로그램이 있어야 했는데, 다른 행사는 일본경찰이 막기 때문에 할 수가 없어서 교리강연대회라도 하기로 한 것이었다.

이날 강연자는 30여명이었던 것으로 기억한다. 강연 순번은 뽑기로 정했다. 그런데 나에게는 뽑으라고 하지 않았다. 내가 제일

어리니 먼저 문을 열라는 것이었다.
 대각전에서 강연이 시작되었는데 대종사님께서는 법좌에 앉아 계셨다. 내가 강연을 하기 위해 연상에 올라가서 보니 사람들이 꽉 차 있었다. 빽빽하게 앉아 있는 사람들의 얼굴이 보였다.
 나는 다 외웠고, 주산종사님 앞에서 리허설도 해서 그대로 했다. 특히 중간 부분의 '원망이야말로 참으로 무서운 폭발탄이올시다!' 하고 탁자를 탁 치는 순간 박수소리가 터져 나왔다. 엄청나게 큰 박수소리에 나는 몹시 놀랐고 당황했다. 그리고 박수소리가 좀처럼 그치지 않았다. 박수소리와 함께 나는 무슨 말인가를 하다가 '아니구나' 하고 다시 원고를 찾아 이어서 강연을 마쳤다.
 나의 강연이 끝나자 대종사님께서 말씀하셨다.

"정용이가 원체 잘했다. 내가 정용이의 점수를 먼저 밝혀야겠다. 제목도 잘 잡았고, 내용도 참 좋았다. 그런데 박수소리에 놀라서 어 먼 소리를 좀 했다. 그래서 12갑에서 2갑 줄이고 10갑을 주겠다."

 심사도 강평도 대종사님께서 직접 하셨고, 문열이인 내 강연이 끝나자 바로 점수를 밝히신 것은 특이한 예이다. 이는 30여명의 강연자 중에 최연소인 16살 소년이라는 점을 특별히 배려하신 것이 아닌가 생각된다.
 내가 한 강연의 평가와 점수를 끝내고 다른 사람들의 강연이 이어졌다. 이날 강연에서 나는 특등을 했고, 3갑으로 도양교당 이병호 교도가 일등을 했다. 상으로는 《수양연구요론》과 《금강경》을 주셨다.
 강연을 하는 데도 일본 경찰 5명이 보고 있었다. 그들은 공책을 놓고 우리가 하는 일을 전부 적었다. 황이천 순사도 일본경찰로 와서 보았는데 나와 옆자리에서 점심을 먹었다. 황순사는 "정용아, 너 강연 참 잘 하더라. 그런데 네가 길을 잘못 든 것 같다. 너는 사회 정치계로 나갔으면 좋았을 것 같다. 웅변을 그렇게 잘하니 너는 길을 잘못 든 것 같다."고 말했다.

강연 후 나는 선진님들의 칭찬을 오랫동안 받았다. 특히 전주여관과 국밥집을 운영하신 이인의화 선진님은 내가 약 배달을 할 때마다 "정용아, 너 강연 한번 해 봐라."고 하셔서 여러 차례 했다. 뿐만 아니라 6~7분 걸리는 강연을 총부 어른님들 앞에서도 수 없이 다시 했다.

이렇게 일제강점기에 여러 가지로 압박과 탄압을 감당해야 했다. 곧 전국 각지의 교도들이 함께하는 총회이니 감시를 강화했고, 총부에서 준비하는 모든 일들을 철저히 간섭했던 것이다. 그런 가운데도 굴하지 않고 정례총회와 지방회원의 교리강연회를 겸행하여 성황을 이루었던 것이다.

당시 교도수는 5,954명이었고, 전무출신은 80여명이었으며, 교당수는 21개소였다. 그리고 당년에 대덕·호덕 등 교당이 신설되었다. 특히 일본 대판에 교당이 설립되어 초대교무로 박대완 선진님이 부임한 일은 새 회상 해외 포교의 효시이며, 1937년(원기 22)에 신영기(申永基)는 총부 사무실을 희사하고, 1940년에 몇 몇 특지가는 총부 도서실을 마련, 총부의 면모를 향상시켰다. 이런 시기에 내가 대종사님께 강연 10갑을 받고 특등을 했으니 대종사님께서 내게 주신 특별하신 자비다. 그리고 일제의 압박과 탄압에도 굴하지 않고 새 회상 건설에 만전을 다하신 대종사님의 위대하신 성혼이 이 회상과 함께하심을 느낀다.

개교100년,
나가지 않는 한 책임지리라

대종사님께서는 "나무토막도 불성만 갊아 있으면 부처 만들 자신이 있다."고 말씀하시곤 하셨다. 또 "창립한도(원기 100)안에 들어오는 사람은 그가 나가지 않는 한 책임지겠다."고 말씀하셨다.

이 같은 말씀을 하실 때 자주 드신 예화가 있다. 그 예화는 부안에 사는 이진사 이야기다. 이진사 이야기는 여러 차례 말씀해 주셔서 또렷하게 기억한다.

"이진사라는 유학자가 있었는데 어느 날 유학자들이 모여 화전놀이를 갔다. 내소사(來蘇寺) 주변으로 갔는데 소나기가 내려 모두 절로 들어갔다. 불교에 대해 부정적으로 바라보고 가까이에 절이 있어도 쳐다보지도 않고 살았던 이진사는 비를 피하기 위해 어쩔 수 없이 절 안으로 들어가게 된 것이다.

절에서 비를 피하고 있는데 법당에서 "대방광불화엄경 대방광불화엄경" 하며 경 읽는 소리가 들렸다. 이진사는 경 읽는 소리에 머리가 쇄락해지고 마음에 깊이 와 닿는 것이 있었다. 마음이 뭉클해진 이진사는 '불교에도 숭고한 점이 있구나.' 라고 느끼게 되었다.

그 후 어느 날 밤, 꿈을 꾸었는데 꿈에 어디를 가게 되었다. 그 곳에는 색색의 도포를 입은 신선들이 바둑을 두고 있었다. 평소 바둑을 잘 두었던 이진사는 자기도 바둑을 두고 싶은 생각이 들었다. 그러자 검정 도포를 입은 신선이 "도포를 벗어 줄 테니 바둑을 두겠느냐"고 물었다. 이진사는 감사하게 생각하고 받아서 막 입으려고 하는 순간, 허공중천에서 "어떻게《대방광불화엄경》 소리를 들은 사람이 가죽을 둘러 쓸 수 있느냐?" 하고 큰 소리가 울렸다. 이진사는 그 소리에 깜짝 놀라 잠에서 깨었다. 잠에서 깬 이진사는 꿈이 하도 선명하여 '아침이 되면 꿈에 본 곳에 가 보아야지' 했다.

다음 날 아침, 머슴이 "진사님! 어젯밤에 황구가 강아지 다섯 마리를 낳았는데, 검정 강아지 한 마리는 죽어 있네요."라고 말하는 것이었다. 이진사는 황급히 강아지를 낳았다는 헛간으로 가 보았다. 황구가 강아지를 낳은 장소는 바로 신선들이 바둑 두었던 곳이었다. 이진사는 '내가 검정도포를 입었으면 검정 강아지로 태어날 뻔 했구나.' 라고 생각하니 아찔했다.

이진사가 비를 피하러 가서《대방광불화엄경》 읽는 소리를 들었던 것이 얼마나 다행한 일이며 그 독경소리를 듣게 되어 축생보를 면할 수 있었다는 것을 깨달았다. 이진사는 바로 불교에 입문하여 수도하게 되었고 큰 성과를 올려 불과를 얻었다."

대종사님께서 이 예화를 통해《대방광불화엄경》 읽는 소리 한번 들었던 인연으로도 악도를 면하게 되었는데, 창립한도인 100년 안에 입교해 내 법을 들은 사람은 내가 책임지고 제도할 수 있다고 하신 것이다.

내가 생각해도 개교 100년 안에 이 회상에 입문하여 공부한 사람은 절대 강급되지 않을 것 같다. 그래서 대종사님께서는 "책임까지 지시겠다."고 하지 않았는가 하는 생각도 든다.

그 만큼 이 법에 대한 확신이 있으셨고, 이 법대로 공부하면 언젠가는 불과를 증득할 수 있음을 밝히신 것이다. 다행히 교문에 입문했으니 우리 또한 대종사님께서 밝혀 주신 교법을 잘 실행하면 부처된다는 확신으로 공부해 가야 할 것이다.

특히 대종사님께서는 처처불상 사사불공, 무시선 무처선의 동정간불리선법을 제시하셨고, 상시훈련, 정기훈련, 일기법 등으로 물샐틈없는 공부길을 제시하셨다. 《대방광불화엄경》을 듣기만 해도 악도를 면했는데 무량법문을 받들면서 사는 제자들이 어찌 진급하지 않겠는가? 그래서 더욱더 "개교 100년 안에 들어온 사람으로서 나가지 않는 한 책임지겠다."고 말씀하시며, 특별한 인연임을 강조하신 것이다.

개교 100년(2015)이 눈앞으로 다가왔다. 더 많은 사람들이 이 도문에 입참할 수 있도록 교화에 매진하고 이 도문에 입참한 사람들은 더욱 법력이 증진되도록 공부해야 할 것이다.

소태산대종사의 생생한법문
생불님의 함박웃음

2010년(원기 95) 3월 20일 초판 1쇄 발행
2010년(원기 95) 6월 15일 초판 3쇄 발행

　　　　저자 김 정 용
　　　　발행 원불교출판사
　　　　인쇄 원 광 사

연락처　570-754 전북 익산시 신용동 344-2
　　　　원불교중앙총부 남자원로수도원
　　　　전화 063-852-5011

출판등록 제 7호(1967. 7. 1)　정가 10,000원
ISBN 978-89-8076-156-2　　　(03200)